우리의 임무는
게임을
만드는 것입니다

우리의 임무는 게임을 만드는 것입니다

벼랑 끝의 닌텐도를 부활시킨 파괴적 혁신

Disrupting the Game

레지널드 피서메이 지음 | 서종기 옮김

이콘

일러두기

① 원서에서 이텔릭체로 강조한 부분은 모두 고딕으로 처리했습니다.
② 본문에서 인용된 도서는 『』로, 잡지는 「」로, 영화·티비 프로그램 등은 《》로,
  게임 시리즈는 〈〉로 표기했습니다.

브롱크스의 철부지에게 이 삶에 필요했던 모든 것,

특히 그중에서도 가장 중요했던 사랑을 안겨준 부모님과 형.

그동안 내가 이끌었던 만큼 또 나를 이끌어주었던 우리 아이들.

그리고 함께 살아오며 내가 해온 모든 노력에

격려를 아끼지 않은 인생 최고의 동반자 내 아내 스테이시.

당신들께 이 책을 바칩니다.

시작하며

참 다행스럽게도 지금까지 내 삶은 능력과 기회가 맞물린 구간을 줄곧 밟아왔다. 이 말은 행운이란 '준비가 기회와 맞물리는 지점에서 일어난다'고 했던 로마시대 철학자 세네카[Lucius Annaeus Seneca]의 명언을 내 나름대로 바꿔 써 본 것이다.

그러나 나는 운을 타고난 사람은 아니었다.

나는 카리브해의 섬나라 아이티에서 미국으로 이주한 부모님 아래서 태어나 뉴욕 브롱크스[the Bronx] 슬럼가의 허름한 공동주택에서 어린 시절을 보냈다. 그래도 그럭저럭 공부를 잘한 덕에 장학금을 받고 코넬대학교에 입학할 수 있었다. 사회생활 초기에는 좋은 직장에서 훌륭한 상사들과 함께하기도 했지만 때로는 훌륭하다는 말과는 아주 거리가 먼 회사와 사람들을 만나기도 했다. 그러다가 닌텐도 오브 아메리카[Nintendo of America]의 사장이 되고 그 역할을 성공적으로 완수해낸 것은 운이 좋아서가 아니라 매번 주어진 기회를 최대한 활용한 덕분이었다.

나는 끝없는 호기심으로 새로운 경험을 통해 배우는 데 몰두했다. 그리고 질문하기를 멈추지 않았다. 나는 한정된 몇 가지 관심 분야만이 아니라 세상만사에 능통하고 싶었다. 단지 지식을 위한 지식이 아니라 한 사람의 리더이자 파괴적 혁신●을 추구하는 디스럽터disrupter로서 활용할 수 있는 지식을 원했다. 지식은 처음 접할 때는 도저히 손쓰기 어려워 보이는 문제들도 능히 풀어낼 획기적인 해법을 찾는 데 큰 힘이 되었다.

기회는 남들이 바로 알아보지 못하는 무언가에서 성공 가능성을 포착했을 때 찾아왔다. 이러한 경험으로 인해 나는 종종 보편적인 예상과 기대를 거스르는 방향을 선택하곤 했다.

차츰 나이를 먹고 경력을 쌓아나가면서 나는 그동안 중요하다고 생각했던 것들을 교훈 형태로 묶어가며 정리하기 시작했다. 그 자료들은 어떤 문제나 결정에 어떻게 접근하면 좋을지 점검하는 데 필수적인 토대가 되었다. 그리고 많은 경험과 주변 사람들에게서 배운 것을 통해 축적된 교훈들은 내가 한층 수월하게 나아가도록 지름길을 마련해 주었다. 또 내가 몸담았던 회사와 나 자신이 섣부른 결단을 내리지 않게 막는 역할도 했다.

● disruptive innovation 또는 disruption. 제품 성능과 서비스의 개선을 바라는 기존 고객들의 요구에서 탈피하여 완전히 차별화된 요소로 소비 기준이나 관심사가 다른 새로운 고객층의 기대에 부응함으로써 새로운 시장을 창출하거나 기존 시장을 재편하는 혁신을 뜻한다. 하버드대학교 경영대학원 교수인 클레이튼 크리스텐슨Clayton Christensen이 저서 『혁신기업의 딜레마』에서 소개했으며 기존의 경영혁신 방식인 존속적 혁신sustaining innovation에 반대되는 개념이다.

　나는 내 인생 이야기와 그 과정에서 얻은 가르침들이 이 책을 읽는 여러분의 역량을 키우는 데 도움이 되었으면 한다. 그리고 여러분 스스로 만든 기회 혹은 눈앞에 펼쳐진 기회를 향해 과감히 달려들기를 바란다.

　내가 익힌 여러 가지 교훈은 '혁신을 위한 핵심'이라는 소제목을 붙여 소개할 생각이다. 각 꼭지는 독자 여러분의 이해를 돕고 현실적인 조언을 전달하고자 이야기 사이사이에 배치해 두었다.

목차

---○---

1부. 빈민가 소년의 꿈

2부. 위기에 빠진 닌텐도를 구해라

1부

빈민가
소년의 꿈

1

친구에게 보내는
작별 인사

교토로 향하던 그날은 여태 경험했던 어떤 출장보다도 힘이 들었다. 6개월도 채 되지 않는 기간에 일본을 세 번이나 방문해서가 아니었다. 이동하는 내내 근처에서 다가오는 태풍 때문에 비행기가 격하게 흔들렸던 탓도 아니었다.

　그런 건 전혀 이유가 되지 못했다. 당시의 출장이 어느 때보다 고되었던 것은, 목적지가 나의 상사이자 멘토이며 친구인 닌텐도^{Nintendo} 총괄사장 이와타 사토루^{岩田 聡}의 장례식장이었기 때문이다.

　정말 그랬다. 절친한 친구가 세상을 떠났다는 사실은 비행기를 타고 가는 동안 나를 끝없이 괴롭혔다.

　출장이라고는 해도 그때 내가 준비할 수 있는 것이라고는 일본식 조문 예절을 알아보는 일밖에 없었다. 장례식장으로 들어가 고인^{故人}께 정해진 방식으로 인사를 올리고, 향 가루를 조금 집어서 이마 높이까지 들어 올린다든지 하는 것들을 익혀야 했다. 나는 사람들의 시선이 온통 내게 쏠릴 것임을 알고 있었다. 그곳에 피부색이 검은 미국인이 나 외에 또 있을 리 없었다. 또한 꼭 피부색 때문이 아니더라도 나는 닌텐도 미국 지사의 사장인 탓에 어디서나 주목을 받아왔다.

이와타씨를 마지막으로 본 것은 몇 달 전인 2015년 3월이었다. 내 생일이 코앞에 다가왔을 무렵, 그는 이메일을 보내어 일본에 와달라고 요청했다. 이미 지난 1월 회사의 경영 전략과 신제품을 살피는 임원단 정례회의 참석차 일주일간 일본을 다녀왔기 때문에 당시의 그 요청은 어딘가 이상했다. 그는 그렇게 서둘러 다시 오라는 말을 좀처럼 하지 않는 사람이었으니까.

나는 이 예기치 못한 출장의 목적이 무엇인지 물었지만, 이렇다 할 설명은 없었다. 나는 그가 와달라는 날짜에 이미 아내와 생일 파티 계획을 다 짜두었다고도 말했지만, 그는 들은 척도 하지 않았다. 딱 사흘간 교토에 함께 있어달라는 단호한 대답뿐이었다.

이상한 점은 또 있었다. 보통 이와타씨는 오전 9시에 업무를 시작하는데 그때는 8시 30분까지 자기 사무실로 와달라고 했다. 나는 평소보다 일찍 가야하는 탓에 닌텐도 본사로 들어가는 데 조금 애를 먹었다.

　이른 아침이어서 그런지, 유리와 콘크리트로 장식된 건물 외관과 대리석이 깔린 입구는 평소보다 차갑고 삭막한 느낌을 주었다. 닌텐도는 다른 대다수 일본 회사들과 마찬가지로 일반 직원들의 근무시간이 엄격하게 정해져 있다. 본사 건물에서는 업무 시작을 알리는 종소리와 점심시간의 시작과 끝을 알리는 종소리를 들을 수 있다. 다만 내 기억에 하루의 끝을 알리는 종소리는 들어본 적이 없다. 어쩌면 회사는 직원들에게 퇴근 시간이 언제인지까지는 알릴 필요가 없다고 여겼는지도 모른다.

　천만다행으로 이와타씨의 비서가 일찍 나와 있었다. 그녀는 내가 출입할 수 있도록, 또 승강기를 탈 수 있도록 도와주었다. 경영진 사무실이 위치한 7층에 올라가려면 전용 승강기를 타야 했는데 그 시각에는 전용 카드키가 있어야만 그 승강기를 쓸 수 있었다.

　이어서 도착한 곳은 이번 출장 중에 내가 사무실로 쓸 수 있는 작은 회의실이었다. 나는 외투를 벗고, 사내 무선인터넷망에 로그인했다. 닌텐도는 보안에 매우 철저해서 회사 임원인 나조차도 방문할 때마다 로그인용 계정과 비밀번호를 배정받아야 했다. 나는 본사를 방문할 때면 인터넷 상태를 확실히 확인한 뒤 회의를 시작할 수 있게 늘 회의장에 일찍 도착했다.

　시곗바늘이 정확히 8시 반을 가리키자 다시 이와타씨의 비서가 와서 나를 사장실로 안내했다.

　이와타씨는 당시 10년을 훨씬 넘게 닌텐도의 총괄사장으로 있었지만, 전임자들이 쓰던 널찍하고 멋들어진 기존의 사장실에서 일하지 않았다. 오히려 그는 업무용 책상 정면에 기다란 회의용 탁자를 붙인 단순한 형태의 사무실을 선호했는데, 이와타씨의 방에는 프레젠테이션을 하거나 개발 중인 비디오게임을 시연할 때 쓰는 커다란 텔레비전 두 대와 온갖 책, 게임 타이틀, 게임기 부가장치, 컨트롤러 등으로 가득한 책장이 있었다. 그 모습은 회사 사장이라기보다는 게임 개발자의 공간에 더 가까웠다.

만날 때마다 통상 나누던 인사 뒤에 그는 자리에 앉자고 했다. 표정을 유심히 살피던 내게 그는 곧바로 왜 이번 출장을 고집했는지 밝혔다. "레지, 암이 재발했어요."

충격이었다. 분명히 이와타씨는 지난 담관암 수술 이후로 체중이 줄어든 상태였고 여전히 병마와 싸우는 중이었다. 그러나 그가 발산하는 에너지만큼은 이전과 다름없었다. 며칠 전에는 닌텐도의 모바일게임 시장 진입을 위해 대대적인 투자를 하겠다는 큰 발표도 했다. 지금까지의 정황으로는 마치 암을 완전히 이겨낸 듯 보였다. 허나 수심에 찬 그를 직접 마주하고, 자신의 상황을 직접 전달하고자 나를 일부러 교토까지 부른 그 모습에 내 불안감은 불현듯 커졌다. 그때부터 나는 그의 한마디 한마디를 놓치지 않으려고 주의를 기울였다.

우리는 한참 동안 그의 상태와 차후의 치료에 대해 이야기했다. 이와타씨는 앞으로 시도해 볼 몇 가지 최첨단 치료법을 자세히 설명했다. 또 그 외에도 아내가 전반적인 식생활 개선을 위해 매일 아침과 점심에 특별한 건강 주스와 단백질 음료를 직접 만들어서 챙겨준다는 말도 했다. 그는 병세에 도움만 된다면 무엇이든 해볼 생각이었던 것 같다.

잠시 후 대화 분위기는 사뭇 달라졌다. 이와타씨는 이런 말을 꺼냈다. "레지, 방금 한 얘기는 당신을 교토로 부른 용건들 가운데 하나일 뿐이에요. 지금 내가 하려는 말은요, 우리가 같이 상의해야 할 일들이 있다는 겁니다. 조만간 있을 신작 게임기 출시에 대해서 말이죠. 당신이 출시 초기에 낼 게임들을 살펴보고 게임기 시제품도 직접 다뤄봤으면 해요. 이번 프로젝트는 정말 빈틈없이 진행해야 합니다. 이 기기가 닌텐도의 미래를 좌우할 테니까요."

이렇게 대화 주제가 급변하는 것은 이와타씨와 함께 일할 때면 흔히 있는 일이었다. 그는 매사에 본인보다 회사를 우선시했다. 필시 그의 머릿속은 이랬을 것이다. 자기 형편이 어떠한지는 다 털어놨으니 이제는 일 이야기를 할 차례라고.

남은 출장 기간 동안 우리는 몇 차례 회의를 이어가며 훗날 닌텐도 스위치^Nintendo Switch로 불릴 신제품에 관하여 자세히 논의했다. 회의 중에는 오로지 업무 이야기만 오갔지만, 우리끼리 식사를 할 때나 저녁 늦게 회의를 마치고 호텔로 돌아왔을 때 머릿속에는 내 친구의 병에 관한 생각이 맴돌았다.

나와 이와타씨의 우정은 깊었다. 우리는 서로의 역량에 감탄

해 마지않았고 그러한 존경심은 곧 우정의 기틀이 되어주었다. 이와타씨는 우수한 게임 개발자이자 프로그래머였다. 그는 '포켓몬스터' '별의 커비' '스매시 브라더스' 등 닌텐도 역사에 큰 획을 그은 위대한 게임들을 만드는 데 공헌했다.

나는 마케터이자 비즈니스 디스럽터로서 소비자의 관점과 상업적 지식을 융화하여 새로운 가능성을 만들어내는 일을 했다. 우리는 서로를 믿는 동시에 도전을 안겨주는 그런 관계였다.

일례로 Wii의 출시를 앞두고 미주 시장을 대상으로 광고 영상을 만들던 때 우리의 우정은 큰 빛을 발했다. 2006년 가을, 당시 나는 닌텐도 미국 지사의 영업·마케팅 총괄전무에서 사장 겸 최고운영책임자로 막 승진한 상태였다. 그 광고는 일본인 영업사원 두 사람이 미대륙 곳곳에서 닌텐도의 최신 기기를 홍보하는 모습을 그리며 전용 컨트롤러인 Wii 리모컨에 초점을 맞추었다.

그에 앞서 이와타씨는 교토 본사에서 관련 부서들을 이끌며 Wii 리모컨의 개발을 진두지휘했다. 이 장치의 핵심이자 혁신 요소는 리모컨을 쥐고 움직이며 게임을 즐기게 하는 동작인식 기술이었다. 예컨대 사용자가 직접 리모컨을 휘둘러 야구게임 속의 배트나 테니스게임 속의 라켓을 움직이는 식이었다.

우리의 광고는 Wii 리모컨을 써서 게임을 얼마나 다양한 방식으로 즐길 수 있는지 잘 표현했고 큰 흥미를 불러일으켰다.

그뿐 아니라 두 일본인 영업사원이 미대륙 곳곳에서 만난 평범한 가족들과 함께하는 모습은 재미도 있었고 친근한 인상도 주었다. 광고 영상에서 두 사람은 그들과 여러 가지 Wii 게임을 즐겼고 그중 몇몇은 우스꽝스러운 동작과 버릇을 보여주기도 했다. 모두 편안하고 화기애애한 분위기에서 자연스레 우러나온 모습이었다. 이 광고 시리즈는 오늘날 유명 광고 문구로 자리매김한 "Wii would like to play"°라는 대사로 시작했다.

나는 광고사 레오 버넷Leo Burnett과 함께 기획한 그 광고안을 적극 지지했고 이와타씨에게는 정식 공개일에 앞서 완성된 영상을 미리 보여주었다. 그런데 광고 개시 일주일을 앞두고 이와타씨가 우리집으로 직접 전화를 걸었다. "레지, 여기 교토 사람들에게 그 광고를 보여줬더니 우려의 목소리가 나왔어요." 일본 임원들의 지적은 이해했다. 광고 속에서 서양인 가족들과 어울리는 일본인 사원들의 모습에 지나치게 격이 없고 채신이 없다는 것이었다. 이어서 이런 말도 나왔다.

"레지, 그 광고는 수정할 필요가 있겠어요." 다시 말해서 우리 광고의 핵심이자 흥행 요소를 내치라는 소리였다. 그 부분을 바꾸는 것은 광고를 아예 폐기하는 셈이나 다름없었다. 마케팅 일을 하며 쌓아온 내 경험은 그 선택이 잘못되었다는 신호를 보냈다. 나는 우리 광고가 세간의 시선을 끌어 모으고 성공의 돌파

°　우리를 뜻하는 영어 단어 we와 Wii의 발음이 같다는 데서 착안한 말장난

구가 되리라 예감했다. 내 관점에서는 미국과 캐나다, 남미 지역 소비자들에게 '격 없이 다가가는 일본인 영업사원의 모습'이 전혀 문제될 것 없었지만, 본사와는 이 주제를 두고 서로 밀고 당기기를 계속해야 했다.

　그러다가 이야기가 조금 진전을 보일 즈음 나는 이와타씨에게 말했다. "사장님은 닌텐도의 세계 최대 시장을 담당할 뛰어난 마케터를 원하셨고 그래서 저를 이 회사로 데려오셨죠. 지금까지 제가 어떤 성과를 냈는지도 다 보셨고 얼마 전에는 승진까지 시키셨어요. 마케팅에 있어서는 저를 믿으셔야 해요. 감히 말씀드리지만 여기 미대륙에서 이 광고는 분명히 먹힙니다."

　마치 영겁의 시간처럼 느껴졌던 침묵 끝에 이와타씨는 입을 뗐다. "그 말이 맞군요. 레지, 난 당신을 믿습니다. 그러니 그대로 진행하세요." 광고는 성공적이었고 다른 마케팅 활동들 역시 대박을 쳤다. Wii는 미대륙에서 세계 최고의 실적을 올렸다.

> **● 혁신을 위한 핵심 ●**
>
> 신념과 고집 사이에서 균형을 잘 잡도록 하자. 지금 나는 특정한 행동 방침을 진심으로 신뢰하는 것인가 아니면 그저 자존심을 부리는 것인가? 어렵고 복잡한 판단을 내려야 할 때, 사람은 자신이 어떤 동기로 움직이는지 깨닫기가 어렵다.
>
> 자기 자신에게 솔직해져야 한다. 내가 옳다고 인정받거나 논

쟁에서 이기려는 욕구와, 자신의 깊은 신념을 분리할 줄 알아야 한다. 과연 당신은 어떤 제안을 할 때 그것이 정말 옳고 타당한 일이기에 한다고, 그래서 다른 누군가가 같은 제안을 해도 지지하겠다고 말할 수 있는가?

만약 이 질문에 스스로 확실한 답을 내지 못한다면 그때는 남들이 제시하는 다른 관점과 대안에 마음을 열고 귀를 기울여야 한다. 명료한 질문을 던지고 상대의 의견을 재차 언급하며 충분히 경청하고 있음을 알리도록 하라. 자신이 그 대화 주제를 얼마나 이해하고 있으며 상대의 관점이 어떤 면에서 가치있게 느껴지는지를 잘 드러낼 필요가 있다.

이와 반대로 자기 신념을 고수하기로 했다면 본인의 관점을 최대한 설득력 있게 제시해야 한다. 구체적인 수치나 다른 업계의 사례, 자신의 경험 등을 활용하여 요점을 정확하게 전달하라. 자기 할 말만 늘어놓는 데 그치지 말고, 사람들의 질문에도 귀를 기울여야 한다. 내 생각과 다르다고 해서 마구 깔아뭉개려 해서도 안 된다.

대화 상대와 타협점을 찾자. 서로 의견이 맞을 경우에는 그 점을 명시하고 남아 있는 다른 사안들에 초점을 맞추도록 한다. 때에 따라서는 그것이 적당히 넘겨도 괜찮은, 사소한 일들일 수도 있다. 하지만 또 때에 따라서는 자신의 입장을 확고하게 지켜야 할 필요도 있다.

이와타씨와 나는 Wii의 판촉 전략에 관하여 깊은 대화를 나누곤 했다. 매번 생각이 일치하지는 않았다. 그러나 의견을 계속 주고받으면서 대개는 멋진 성과를 만들어낼 해법을 도출해냈다.

사실 그때는 내 관점을 밀어붙였다고 하는 편이 더 맞지 않을까 싶다. 당시에 나는 내 고집과 다른 의견에 대한 공감을 적절히 조합해가며 그 일을 해냈다. 비즈니스를 할 때는 어떤 아이디어를 세게 밀어붙이고 지지를 구하기도 하면서 밀고 당기는 기술을 잘 활용해야 한다. 그 아이디어가 스스로 나아갈 수 있을 만큼 속도가 붙기 전까지는 말이다.

이와타씨는 2014년 여름에 처음 암 진단을 받고 수술을 받았다. 그 무렵 나는 닌텐도 본사의 글로벌 전략 회의에 참석차 일본을 방문할 예정이었다. 출장에 앞서서 나는 이와타씨에게 병문안을 가도 좋은지 물었다. 이메일을 주고받으면서 그는 이렇게 답했다. "안 됩니다. 일본에서는 그러는 경우가 없어요. 동업자 관계인 사람들은 서로 병문안을 하지 않습니다." 하지만 나는 계속 밀어붙였다. 여름 이후로는 한동안 일본에 갈 일이 없으니 그때 꼭 만나고 싶다고 설명했다. 나는 그가 정말 잘 지내는지 알고 싶었다.

이와타씨는 계속해서 안 된다는 답을 보냈다. "레지, 우리 회사 사람이 나를 보러 오는 건 절대 안 될 일입니다." 나는 업무 관계 때문에 예의상 문병을 간다는 그 생각에 이의를 제기하며 다시 이메일을 보냈다. "무슨 뜻으로 하시는 말씀인지는 알겠습니다만 이와타씨, 저는 닌텐도 오브 아메리카의 대표가 아니라 친구로서 당신을 만나고 싶습니다." 그날 나의 마지막 공세 앞에서 필시 그의 얼굴에는 내게 '안 된다' '불가능하다' 같은 말이 통하지 않는다는 것을 깨달을 때마다 짓던 그 엷은 미소가 떠올랐을 것이다. 결국 그는 생각을 바꾸고 병문안을 허락했다.

병원을 찾아가는 일은 훗날 닌텐도의 6대 사장 자리에 오른 후루카와 슌타로古川俊太郎씨의 도움을 받았다. 당시에 후루카와씨는 닌텐도 경영기획실장으로 교토에서 이와타씨의 오른팔 역할을 했다. 그는 유럽에서 오래 지낸 덕분에 영어를 유창하게 구사했다. 나는 호텔에서 그의 차를 타고 곧장 이와타씨가 있는 병원으로 향했다. 가는 길에 후루카와씨는 나의 방문이 얼마나 이례적인 일인지 재차 강조했다. 그가 말하기로는 바로 며칠 전까지만 해도 이와타씨가 회사 사람은 아무도 병원에 찾아오지 못하게 했다고 한다. 하지만 내가 가는 바람에 그는 그 방침을 철회했고 앞선 48시간 동안 나 이외에 다른 닌텐도 직원들의 방문까지 허용했다.

이와타씨는 나의 방문을 들뜬 기분으로 기다리고 있었다. 그의 아내와 딸도 병실에 와서 기다리는 중이라고 했다. 그 말을 들으니 참 기뻤다. 그의 가족이 함께한다고 하니 회사 동료가 아니라 더욱더 진짜 친구로서 만난다는 느낌이 들었다.

이와타씨의 병실을 찾아가기는 정말 만만치가 않았다. 그가 입원한 교토 대학 병원은 1899년, 그러니까 닌텐도가 설립되고 10년이 지나서 처음 문을 열었다. 그뒤로 이 병원은 수차례 개보수를 거쳤고 그중에는 닌텐도 창업주 가문인 야마우치山內가의 기부로 지어진 병동도 있었다. 표지판에서 영어를 거의 찾아볼 수 없는 가운데 오래된 병동과 새 병동을 잇는 미로 같은 복도들 사이에서 만약 후루카와씨가 곁에 없었다면 나는 절대 이와타씨의 방을 찾지 못했을 것이다.

우리가 방안에 들어섰을 때 이와타씨는 환자복을 입고 서서는 함박웃음을 지었다. 나는 그를 만날 때마다 늘 그랬듯이 악수를 했다. 우리는 편안한 분위기에서 그의 병세가 어떻게 회복되는 중인지 이야기했다. 안색은 좋아 보였다. 그의 얼굴에는 화색이 돌았고 건강한 기운이 뿜어져 나왔다. 머리는 이와타씨 특유의 스타일대로 빗질하여 가운데 가르마를 탄 상태였다. 머리카락 길이가 평소보다는 조금 길었고, 거기에 조그만 타원형 안경까지 껴서 마치 1960년대의 존 레논이 일본인으로 변신한 것처럼 보였다. 그는 아내 분을 내게 소개하면서 영어를 할 줄 모르는 그녀를 대신해 바쁘게 통역을 했다. 그리고 이어서 나이가 스물 몇 살쯤 되어 보이는 딸을 소개했다. 그녀는 나를 만나서 굉장히 신이 난 듯했다. 이와타씨가 말했다. "레지, 내 딸이 당신의 열혈 팬이랍니다." 나는 이렇게 대답했다. "정말요? 사장님 가족 중에 제 팬이 있는 줄은 꿈에도 몰랐네요."

그는 피식 웃었고, 우리는 이와타씨가 중간에서 통역을 하는 가운데 즐거운 대화를 나눴다. 대화를 나누던 중, 그의 딸이 휴대전화를 꺼낸 뒤 병실에서 같이 셀카를 찍어도 되느냐고 물었다. 이와타씨는 그 말에 웃으면서 나에게 괜찮다면 한 장 부탁한다고 말했다.

나는 당연히 된다고 했지만 한 가지 문제가 있었다. 나는 키가 너무 컸고 그녀는 키가 너무 작았다. 그래서 한 화면에 우리 두 사람을 동시에 담기란 쉽지 않았다. 그 순간 이와타씨가 장난기 어린 웃음과 함께 눈을 반짝이며 우리를 도우러 나섰다. 그는 사진사를 자청하며 휴대전화를 손에 쥐었고, 우리의 모습을 여러 장의 사진에 담아 딸에게 큰 기쁨을 선사했다.

● 혁신을 위한 핵심 ●

인간관계가 갖는 힘이란 참으로 중요하다.

이와타씨는 단순히 내 윗사람이 아니었다. 그는 내 비즈니스 감각만을 보고 나를 평가하는 사람이 아니었다. 그는 내 친구였고 그와의 우정은 단지 닌텐도에서 이룬 성공만이 아니라 내 삶에도 큰 변화를 일으켰다.

함께 일하는 모든 사람과 친구가 되라는 뜻은 아니다.

달리 말하면, 상대방에 대한 이해가 깊어질수록 그 사람과 함께하는 일의 효율이 더 높아지고 성과 역시 극대화된다는 것이다. 사람의 배경이나 관점, 경험 등을 이해하면 주어진 문제를 해결하기는 더 수월해진다. 이는 상사와 부하 관계, 동료와 동료 관계에 모두 해당된다.

비즈니스 세계에서는 3가지 유형의 관계가 필요하다. 우선 당신보다 먼저 어떤 일을 해보고 그 일을 시작하는 방법을 알려줄 코치가 필요하다. 코치는 당신을 타이르는 사람이다. 또 하나 필요한 것은 함께 대화를 나눌 수 있는 멘토다. 멘토는 일을 하는 과정에서 미묘한 부분을 짚어주고 다른 접근법이나 대안적인 발상을 제시해주는 사람이다. 마지막으로 필요한 것은 후원자다. 후원자는 당신에 관하여 긍정적인 이야기를 하는 사람이다. 이 점은 특히 당신이 없는 곳에서 더욱 두드러지게 나타난다.

내 머릿속에는 이와타씨의 병실에서 보냈던 행복한 시간과, 그로부터 약 일 년 뒤에 치러진 장례식의 모습이 나란히 각인되어 있다. 특히 조문 당시에 있었던 일들은 지금도 생생하게 기억난다. 그날 나는 닌텐도 오브 아메리카를 대표하여 온 사람들과 함께 도쿄에 도착한 뒤 오사카로 곧장 다른 비행기를 타고 가서, 교토까지 기차를 타고 갈 예정이었다. 다른 출장 때와는 경로가 달랐다. 평소 같았으면 바로 고속열차인 신칸센新幹線을 타고 교토까지 갔을 것이다. 신칸센 쪽이 시간은 조금 더 걸려도 더 안정적으로 갈 수 있으니까.

그러나 조문 기한은 그날 저녁까지였고, 태풍과 난기류 때문에 비행시간이 예정보다 늘어나 우리는 시간에 쫓기는 중이었다. 그래서 다들 비행기 화장실에서 옷을 검은 정장으로 미리 갈아입어야 했다. 나 정도 되는 덩치로서는 비행기가 격하게 흔들리는 와중에 그러는 것이 꽤나 큰 도전이 아닐 수 없었다.

다음 교통편으로 갈아탈 시간이 빠듯했기에 승무원에게 양해를 구해 탑승객 중 가장 먼저 내릴 수 있었다. 그뿐 아니라 입국 수속장도 빨리 지나가도록 도움을 받았다. 그러나 수속을 거치는 사이, 다음 비행편의 출발이 늦어지거나 취소될지 모른다는 소식이 들려왔다. 우리는 원래 계획대로 오사카까지 비행기로 가서 기차를 타느냐, 아니면 신칸센으로 곧장 교토까지 가느냐를 결정해야 했다. 일행의 시선이 내게 몰렸다. 판단을 잘못하면 조문 시간에 못 맞출 수도 있는 아슬아슬한 상황이었다.

내 선택은 신칸센이었다. 신칸센은 출발과 도착 시각이 정확했고 목적지 도착이 1분만 늦어도, 심지어는 예정보다 더 빨리 도착해도 승무원들이 사과를 할 만큼 일정을 잘 지키는 열차였다.

그러나 교토역에 도착했어도 정말 시간이 촉박했다. 조문 장소인 절까지 택시를 타야 했지만 그마저도 줄을 서서 기다려야 하는 바람에 시간이 더 걸렸다. 동행한 직원 한 명이 미리 전화를 걸어 우리가 도착할 때까지 조문 시간을 좀 늘려달라고 부탁했지만 그쪽에서 그런 편의를 봐줄지는 알 수 없었다.

겨우겨우 목적지에 도착했지만, 남아 있는 사람은 별로 없었다. 들기로는 그날 우리가 오기 전까지 천 명이 넘는 조문객이 찾아왔다고 한다. 그 많은 인원을 닌텐도 직원들이 안내했다고 하는데 돌아보니 낯익은 얼굴들이 있었다. 거기서 가장 직위가 높은 사람은 키미시마 타츠미^{君島達己}씨였다. 그는 과거에 닌텐도 미국 지사 사장으로 일하며 나를 고용한 인물이다. 당시는 닌텐도 본사의 경영본부장을 맡고 있었으며 이후에는 공식적으로 이와타씨의 뒤를 이어서 닌텐도의 5대 사장이 되었다.

우리 일행이 늦게 도착한 탓에 이와타씨의 관에는 다음날 장례식에 쓸 관포가 이미 씌워져 있었다. 마음을 가다듬으며 비행기 안에서 외운 조문 절차를 밟으려 할 때 키미시마씨가 관에 계신 고인을 직접 뵙겠느냐고 물었고, 나는 그러겠다고 했다.

나는 이와타씨의 앞에 한참을 서 있었다. 이제는 정말 내 친구이자 멘토이며 닌텐도에서 나를 인도해주었던 그가 떠났다는 사실을 받아들여야 했다. 나는 그렇게 이와타씨에게 작별 인사를 보내고 내 지난 세월을 떠올리며 닌텐도에 어떤 유산을 남기고 싶은지를 깊이 생각하기 시작했다. 그리고 그 뒤의 삶까지도.

2

독재자, 비행소년, 핏자국

인생에 관한 내 기본적인 관점은 '고되다'는 것이다. 그러므로 앞으로 계속 나아가 성공하려면 자신의 내면에서 힘과 투지를 발견해야 한다고 믿었다. 이와타씨가 세상을 떠났을 때 내 머릿속에는 그러한 생각이 다시금 떠올랐다. 그러나 사실 이 개념은 아주 일찍부터 형성된 것이다.

나는 8살까지 뉴욕의 브롱크스에 살았다. 그 나이에는 주변의 다른 시각이라든가 상황에 관해 잘 모르기 마련이다. 대개는 본인이 속한 현실만을 알고 지내게 되는데, 그때 우리 가족 네 사람이 몸담은 현실은 바퀴벌레와 쥐가 들끓고 침실은 겨우 하나에 매번 5층까지 걸어 올라가야 하는 슬럼가 공동주택 세입자의 삶이었다.

부모님은 그것이 힘든 상황임을 확실히 알고 있었다. 아이티에서 나고 자란 두 분은 특권층 집안 출신이었다. 1940~50년대의 아이티는 오늘날의 모습과 사뭇 달랐다. 국가경제가 지금보다 튼튼한 편이었고 중산층과 상류층이 존재했으며 이들 계층은 최고 수준의 교육을 받을 수 있었다.

그 시절에 우리 양가의 할아버지들은 아이티 정부에서 요직을 담당했다. 친가의 앙리^{Henri} 할아버지는 아이티 군대에서 고위 장교로 복무했다. 나는 나중에 좀 더 자라서 할아버지가 아이티를 방문한 드와이트 아이젠하워$^{Dwight\ D.\ Eisenhower}$ 미국 대통령이나 다른 카리브해 국가들과 중앙아메리카의 정치인, 군 관계자들을 만나 함께 찍은 사진을 보고 당시 이야기를 전해들었다. 알고 보니 할아버지는 아이티 군에서 계급이 두번째로 높은 사람이었다.

할아버지가 살던 집은 정말 으리으리했다. 우리 아버지를 포함하여 자녀가 7남매나 되어서 그랬는지 온가족이 살던 주택은 건물과 대지가 상당히 크고 넓었다. 나중에 모두 출가한 뒤에는 호텔로 바꿔도 될 정도였다. 집의 겉면은 달걀 껍질 같은 색으로 꾸며졌고 마룻바닥은 반짝이는 마호가니 재질이었다. 커다란 수영장이 있는 마당의 바깥쪽에는 히비스커스 꽃이 쭉 피어 있었다. 나는 열 살 때 그곳을 딱 한 번 가본 적 있는데 지금도 마치 그날 보고 들었던 이국적인 식물들의 모습과 새소리가 선명하게 떠오르는 것 같다. 정말이지 그런 풍경은 나중에 어른이 되어서 다른 열대섬들을 방문하기 전까지 한 번도 접한 적이 없었다.

외가의 카미유^{Camille} 할아버지는 아이티의 최고 명문학교를 나온 의사였다. 외할아버지는 캐나다와 미국에서도 추가로 학위를 취득했는데 그 기관 중에는 하버드대학교도 있었다. 그 뒤에는 아이티 국립의과대학에서 교수로 일하면서 아이티 민주 정부의 보건·교육부 장관 자리까지 올랐다.

외할아버지는 어디를 가든 주목을 받았다. 키가 훤칠했고 두뇌가 명석했을 뿐 아니라 영어와 파리식 프랑스어를 정확한 발음으로 완벽하게 구사하는 분이었다. 어렸을 때는 나더러 책을 낭독해보라 하고는 단어를 잘못 읽을 때마다 발음을 일일이 바로잡아준 적도 있었다.

1951년에 정부 고관들의 부정부패를 목격한 외할아버지는 비리 세력과 결탁하길 거부하고 자리에서 물러났다. 그러나 장관직을 박탈당한 데 그치지 않고 입막음을 위해 한동안 감옥 생활까지 해야 했다. 이후 1957년에 이르러 아이티 정부는 잔인한 독재자 프랑수아 뒤발리에^{François Duvalier}를 지도자로 맞이하게 되었다.

뒤발리에가 권력을 남용하며 학정을 일삼던 당시에 외할아버지는 오히려 목소리를 더 높였다. 그는 뉴욕의 국제연합^{UN} 본부로 직접 가서 아이티의 실정과 국민들이 겪는 고난을 알리고자 했다. 그런데 출국 전 정부는 아이티를 벗어나 UN에서 연설을 할 경우 다시는 고국으로 돌아올 수 없을 것이라고 협박했다. 나라에서 추방당할 위험에도 불구하고 철저한 원칙주의자였던 외할아버지는 미국으로 건너가 반드시 할말을 하겠다고 마음을 굳혔다. 그러나 롤랑드^{Rolande} 외할머니와 나이가 어렸던 자크^{Jacques} 외삼촌은 그때 함께 미국으로 가지 못하고 아이티에 남게 되었다.

  뒤발리에의 경고대로 아이티를 떠난 외할아버지에게는 입국 금지 처분이 떨어졌다. 외할머니는 외삼촌을 데리고 뉴욕에서 남편을 만나기로 계획을 세웠지만 정부는 절대로 출국을 허용할 수 없다며 막아섰다. 결국 외할머니와 외삼촌은 일가친지의 보호 아래 숨어살아야 하는 지경이 되었다. 그 뒤로 외할머니는 외할아버지를 일평생 다시 보지 못했다.

  그렇게 카미유 할아버지가 뒤발리에의 폭정에 맞서던 시기에 친가의 앙리 할아버지는 미국 마이애미의 아이티 영사관으로 파견을 나간 상태였다. 당시 열아홉 살쯤 되었던 아버지는 할아버지의 파견지로 함께 따라나섰다. 그리고 거기서 난생처음으로 인종적인 차별과 편견을 경험했다. 아버지는 피부색이 대다수 흑인들보다 옅은 편이어서 라틴계나 그 밖의 다른 민족으로 오해받았던 것 같다. 그래서 백인들을 위한 공간과 흑인들의 공간 어디에도 발을 들이지 못했다.

  마이애미에서의 생활이 너무나도 싫었던 아버지는 몇 달 뒤 퀸스와 브롱크스, 브루클린 자치구에서 아이티인 공동체가 속속 형성되고 있던 뉴욕시로 거처를 옮겼다. 그리고 그곳에서 어머니를 만났다. 사실 두 분은 이미 십대 시절에 아이티의 상류층 사교파티 같은 행사를 통해 얼굴을 알고 지내던 사이였다고 한다.

부모님은 1958년에 부부의 연을 맺고 저 앞에서 이야기했던 브롱크스의 그 공동주택에 세를 들어 살기 시작했다. 한데 당시 그 지역의 분위기는 날이 갈수록 험악해지고 있었다.

정의 구현

우리 형과 내 나이가 각각 여섯 살, 네 살 정도 되었을 즈음, 우리 둘은 일요일이면 부모님 심부름으로 집에서 두어 블록 떨어진 잡화점에서 「뉴욕 데일리뉴스New York Daily News」지를 사오곤 했다. 신문값으로 25센트씩 손에 쥐고 가면 그때마다 사탕을 사먹을 잔돈이 남았다. 하루는 형과 내가 잡화점으로 걸어가는데 열 몇 살 쯤 된 녀석들 둘이서 길을 가로막고 돈을 내놓으라고 했다. 사실 나도 그렇지만 특히 우리 형은 한 성깔 하는 아이였다. 그렇다고는 해도 감히 십대 청소년들과 싸울 생각은 하지 않았다. 우리는 그냥 돈을 내어주고 집으로 달음박질을 쳤다.

어머니는 대낮에 벌어진 날강도질에 노발대발하면서 우리를 데리고 잡화점으로 향했다. 그놈들은 여전히 그곳에 있었다. 어머니는 물었다. "어떤 자식들이야?" 우리가 손가락으로 가리키자 녀석들은 황급히 도망쳤다. 그러자 어머니도 뛰기 시작했다.

거리를 내달리는 십대 청소년들을 쫓아서 서른 살 먹은 아줌마가 있는 힘을 다해 달리고 그 뒤를 어린 아들 둘이서 쫓아가는 꼴을 한번 상상해보라. 그건 그야말로 가관이었다.

그러다가 두 녀석은 어딘가의 공동주택 앞에 멈춰 섰다. 그곳에는 서른 살 전후쯤 되어 보이는 사내 다섯이 어슬렁대고 있었다. 그중에서 인상이 제일 험상궂은 사람이 무슨 일이냐고 물었다. 한 녀석 입에서 "저 미친 여자"가 자기들 뒤를 계속 쫓아온다는 말이 나왔다. 그 말에 어머니가 외쳤다. "그래, 너희가 우리 아들 돈을 삥뜯었는데 내가 가만히 있을까?" 아니나다를까 두 녀석은 그런 적이 없다고 부인했다. 질문을 던졌던 남자가 무서운 표정으로 우리를 노려보고 곧이어 녀석들에게 눈길을 돌렸다. 잠시 후에 그는 두 녀석에게 말했다. "그 돈 내놔." 그중 하나가 마지못해서 50센트를 건넸다. 남자는 돈을 받아서 어머니에게 돌려주었다. 그곳은 우리집에서 다섯 블록이나 떨어진 외진 곳이었기에 당장 벗어나야 했다. 어머니는 우리 손을 꼭 잡고 뒤로 돌아섰다. 그리고 고개를 꼿꼿이 세운 채 집이 있는 방향으로 걸었다. 뒤편의 사내들 쪽으로는 한 번도 돌아보지 않았고 형과 나 역시 그랬다. 우리 돈을 빼앗았던 놈들이 야단맞는 소리가 들렸다. 우리는 다시 잡화점으로 돌아가서 아버지가 볼 신문을 샀다.

> **● 혁신을 위한 핵심 ●**
>
> 결말이 어떻든 간에 말로만 그치지 말고 정의를 실천하라. 항시 그릇된 일에 맞서고 최선의 결과를 내기 위해 행동하라. 나의 외할아버지는 독재자 뒤발리에게 저항했다. 어머니는 우리 형제의 돈을 훔쳐간 녀석들에게 정면으로 맞섰다. 내 머릿속에는 아주 어릴 적부터 자신의 신념을 지키고 올바르게 살아야 한다는 관념이 뿌리깊이 박혀 있었다. 우리 형제는 옳고 그름에 관한 그 시절의 교훈을 어른이 된 뒤에도 변함없이 본받고 있다.

고된 삶 속에서도 앞으로 또 앞으로

늘 위태롭던 브롱크스에서의 생활은 어느 여름 일요일 아침에 마침내 한계를 맞았다. 당시에 우리 가족은 뉴저지 북부의 어느 호수로 종종 여행을 떠나곤 했다. 그곳은 대도시 뉴욕에 뿔뿔이 흩어져 살던 우리 친척들의 회합 장소였다. 모임 날이면 우리는 아침 8시쯤에 집을 나섰다. 그래야 호숫가에 좋은 자리를 잡을 수 있기 때문이었다. 그날이 되면 아버지는 나와 어머니, 형이 나가기 전까지 다섯 층을 몇 번씩 오르락내리락하며 아이스박스나 담요 등을 차에 실었다.

그러던 어느 날 아침에 소동이 일어났다. 아버지는 차에 짐을 싣고 다시 집으로 돌아와서는 어머니와 굉장히 심각한 표정으로 대화를 나눴다. 떠날 시간이 되자 어머니는 형과 나를 한쪽으로 끌어당기더니 이렇게 말했다. "계단을 내려가서 차를 타기 전까지 꼭 엄마 말대로 해야 해. 절대 아래를 보지 말고 위만 봐야 한다. 부탁이니 꼭 그렇게 해주렴."

하지만 겨우 6살 먹은 아이더러 엄마가 뭔가를 간청할 때, 그것도 당장 계단을 내려가야 하는데 도무지 이해할 수 없는 말을 한다면 어떻게 되겠는가? 두말할 것도 없이 아이는 반대로 행동하고 만다!

나는 집밖으로 나오자마자 고개를 아래로 떨구었고 어머니가 왜 우리더러 그러지 말라고 했는지를 깨달았다. 핏자국이 옥상에서 내려오는 계단부터 우리집 문 앞을 지나 아래층 계단으로 점점이 바닥에 찍혀 있었다. 자국은 계단을 내려갈수록 점점 많아졌고 크기도 제일 작은 동전에서 엄지손가락 한마디 정도로 커졌다. 1층에 도착해 건물 현관을 나서니 사람들이 다니는 길 사방에 피가 뿌려져 있었다. 듣기로는 전날 밤에 웬 남자가 옥상에서 칼에 찔린 뒤 피를 흘리면서 간신히 건물 밖까지 걸어 내려갔다고 한다. 남자는 어떻게 목숨을 건졌지만, 그 사건으로 인해 우리 부모님은 반드시 브롱크스를 벗어나 형과 나에게 더 나은 삶을 안겨주겠다고 다짐하게 되었다.

아버지는 본업과 부업을 가리지 않고 일주일에 엿새를 일했다. 우리 가족은 버는 돈을 최대한 저축했고 다행히도 롱아일랜드의 브렌트우드에 작은 주택을 한 채 마련할 수 있었다.

● 혁신을 위한 핵심 ●

나는 기회란 것이 그 시절 브롱크스의 잡화점에서 사먹던 사탕과 마찬가지로 절대 그냥 주어지지 않음을 일찍부터 깨달았다. 인생은 절대 만만하지 않다. 그런 만큼 전력을 다해야 한다. 인내해야 한다. 투지를 내보여야 한다. 인생에서 겪는 여러 가지 경험은 사람을 강하게도 약하게도 만든다. 나는 강해졌다. 원하는 것을 구하는 법을 배웠다. 나는 우리 가족에게서 배운 이 가르침을 여전히 유념하며 살고 있다.

3

카유가호수를
굽어보는 그곳

나는 브렌트우드에서 쑥쑥 성장했다. 1960년대 후반과 1970년
대에 그 지역은 요즘 모습과 많이 달랐다. 당시는 인구가 꽤 많
았다. 얼마나 많았느냐면 주요 학군 내에 더 작은 학군이 동서
남북으로 4개씩 나뉠 정도였다. 우리 가족이 사는 지역은 브렌
트우드 북부였다. 이사하고 몇 년이 지나서 브렌트우드 북부
와 서부의 고등학교들이 하나로 합쳐졌다. 그리고 동부와 남부
의 고등학교들도 하나로 합쳐졌다. 각 학교의 졸업생은 해마다
700명이 넘었다.

내가 살던 동네는 거주인구의 대다수가 백인이었다. 빈곤율
은 낮았고 부모들은 보통 다 맞벌이를 했다. 우리 가족은 꽤 눈
에 띄는 존재였다. 그 일대에 흑인이라고는 우리뿐이었기 때문

이다. 학교 아이들 대부분은 우리를 거리낌없이 받아들였지만 개중에는 나나 형을 괴롭히려는 녀석들도 있어서 가끔 싸움이 나기도 했다. 우리 형제는 절대 호락호락하지 않아서 인종차별에 목숨 건 얼간이들을 빼고 누구도 두 번 다시 싸움을 거는 경우는 없었다. 어른들 중에는 경계의 시선을 보내며 자식들에게 우리를 멀리하라는 사람도 있었다. 그래도 예전에 살던 브롱크스보다는 그곳이 훨씬 더 안전했다.

학교에서는 학업 능력별로 학생들을 나누어서 가르쳤다. 다행히도 나는 성격이 아주 밝은 친구들과 함께할 수 있었다. 우리는 중학교 과정부터 우등반에 속했다. 그리고 고등학교 3, 4학년에 올라서는 대학 수준의 수업을 들을 수 있었다. 당시 뉴욕주는 한 학년이 끝날 때마다 학업성취도 평가시험을 시행했다. 이 시험 결과에는 여러 대학교가 관심을 보였고 내게는 고등학교 1학년 말부터 일부 대학교의 안내책자가 전달되기 시작했다. 부모님도 학교의 진학지도부도 졸업 후의 내 진로를 어떻게 준비시켜야 할지 모르던 차에 찾아온 좋은 소식이었다.

우리 부모님은 아이티의 학제를 잘 알고 대학 학위에 준하는 교육과정을 마쳤지만 미국의 교육제도는 경험해본 적이 없었다. 그래서 두 분은 주립대와 사립대의 차이점을 파악하는 데 도움을 주지 못했고 명문대들이 즐비한 아이비리그 역시 거의 알지 못했다.

대학 지원서

우리 고등학교의 진학지도는 제대로 진행되지 못했다. 겨우 2명에 불과한 상담교사가 3학년 700여 명, 4학년 700여 명을 관리해야 했기 때문이다. 거기서 학생들이 얻는 것은 아주 일반적인 정보밖에 없었다. 기껏해야 어느 학교는 좋은 곳이고 또 어느 학교는 들어가기가 쉽다느니 하는 수준이었다. 그 덕에 나는 갈 대학교를 스스로 찾아야 했을 뿐 아니라 지원 방법까지 직접 알아봐야 했다.

1970년대 후반에는 요즘처럼 통일된 입학원서 양식이 없었다. 학교마다 지원서가 제각기 달랐다. 수기로 원서를 쓰거나 타자기를 이용해 공란을 채워야 했다. 어느 쪽이든 시간이 많이 들기는 마찬가지였다.

원서를 넣을 때 돈이 드는 것도 문제였다. 대학별로 내 시험 점수를 확인해달라고 냈던 수수료가 정확히 얼마였는지는 기억나지 않는다. 하지만 당시로서는 원서 한 장에 필요한 25달러가 마치 250달러처럼 느껴졌다. 내 입장에서 여기저기 원서를 뿌리는 전략을 쓰기란 불가능했다.

또 한 가지 큰 문제는 등록금을 어떻게 장만하느냐였다. 부모님은 모아둔 돈이 거의 없었다. 우리집 사정으로는 대출을 받기도 어려웠다. 등록금은 오롯이 나 혼자서 책임져야 했고 결국 학교를 다니는 데 드는 비용이 지원해주느냐가 선택하는 주된 기준이 되었다.

그런데 마침 우리 학교에는 학군단에 지원하여 등록금을 마련하려는 친구가 있었다. 그래서 나도 그 방법을 알아보기 시작했다. 우선 학군단 장학금은 육군, 해군, 공군 모든 군에서 제공했다. 학군단은 일류대학교라면 어디에나 있었다. 장학금에는 모든 수업료와 기숙사 및 교과서 대금, 매달 쓸 생활비까지 포함되었다. 학군단에 지원해도 처음 2년간은 군사적 의무가 없었다. 그러나 3학년이 시작될 때부터는 군인으로서 책임을 짊어져야 했다. 이 길을 택한다면 2학년에서 3학년으로 넘어갈 무렵에 고민이 깊어질 것이 뻔했다.

재미를 위해, 장학금을 받기 위해 했던 경쟁

내게는 대학 등록금을 구할 길이 또하나 있었다. 바로 체육특기생 장학금을 받는 것이었다. 나는 어릴 적부터 다양한 운동을 해왔다. 그중에서 가장 열정을 쏟은 종목은 농구였다. 나는 우리집 마당 진입로에 세워둔 농구 골대 앞에서 몇 시간씩 슛 연습을 하곤 했다. 세찬 빗줄기도 나를 막지는 못했다. 겨울에는 내가 직접 삽으로 집 앞에 쌓인 눈을 치우고 계속 연습을 했다. 그러다가 중학교 1학년이 되어 학교 농구부에 지원했다. 하지만 그해에는 농구부원이 되지 못했는데, 알고 보니 나는 마지막에 아쉽게 탈락한 몇 명 중 하나였다. 그 사건은 내 농구 열정에 오히려 더 불을 지폈다.

나는 축구도 좋아했다. 축구는 아버지가 특히 사랑하는 스포츠였고 우리 부자는 종종 함께 시합 중계방송을 보곤 했다. 그래서 나는 3월의 광란^{March Madness}•보다 월드컵을 먼저 알았다. 키가 크고 사이드스텝이 빨랐던 나는 타고난 수비수였다.

운동은 내 경쟁 욕구와 충동을 방출하는 통로였다. 나와 친한 친구들은 모두 운동을 좋아했고 학교생활에도 착실했다. 그렇게 늘 함께 공부하고 관심사를 공유한 덕분에 우리는 끈끈한 결속력을 다질 수 있었다. 친구들과 나는 몸으로 부대끼는 스포츠 외에도 온갖 놀이를 함께했고 그중에는 비디오게임도 있었다. 세계 최초의 가정용 게임기인 마그나복스 오디세이^{Magnavox Odyssey}를 비롯하여 아타리^{Atari}와 콜레코^{Coleco}를 가지고 논 것도 다 그 친구들 덕분이었다. 비디오게임은 우리가 내내 붙어 다니던 그 시절에 좋은 놀잇감이 되어 주었다.

나는 가을이면 축구를, 겨울이면 농구를 했고 봄에는 재미삼아 육상부 활동도 했다. 투포환, 원반던지기, 멀리뛰기, 세단뛰기, 중거리달리기 등 다양한 종목에서 선수로 뛰었는데, 그렇게 힘쓰는 경기와 달리는 경기에 다 참여하는 사람은 매우 드물었다. 사실 육상은 축구와 농구 시즌에 대비하여 체력을 관리하려고 한 것이었다. 그래도 일부 시합에서는 1위를 하기도 했고 육상, 축구, 농구 세 부문에서 모두 학교 대표선수로 선발되기도

• 매년 3월에 개최되는 미국 대학농구선수권 토너먼트를 일컫는 표현으로, 3월마다 미국 전역을 열광시킨다는 데서 이러한 별칭이 붙었다.

했다.

내 운동 실력에는 대학들도 얼마간 관심을 보였다. 디비전 1 쪽은 아니었고 규모가 작은 디비전 3°에 속한 학교들이었다. 여러 곳에서 자기네 학교의 장점을 소개한 안내문과 질문지가 날아들었다. 한 대학팀은 우리 고등학교 농구부의 예전 감독님이 사령탑을 맡은 참이었고 그분이 개최했던 농구캠프에는 나도 참가한 적이 있었다. 여기저기서 부르는 손짓에 기분이 으쓱했지만 나 자신이 엘리트 수준의 선수는 아니라는 것을 너무 잘 알고 있었다. 내가 대학교에 들어갈 가능성은 아무래도 몸보다는 머리를 쓰는 쪽이 더 나아 보였다.

꿈의 학교

고민 끝에 나는 뉴욕주에 속한 대학교 3곳에 지원서를 썼다. 우선 시러큐스대학교는 안전한 선택지였다. 그곳은 합격이 거의 확실했고 운동부 중에 강한 팀이 여럿 있어서 관심이 갔다. 그다음은 호바트앤드윌리엄스미스 칼리지였는데 이 학교는 남자 축구부가 강한 편이었고 내게 장학금을 지급할 의향도 있는 듯했다.

내가 가장 가고 싶었던 학교는 코넬대학교였다. 아이비리그

° 전미 대학 체육 협회NCAA가 주관하는 대학 스포츠 리그는 경기력과 시설, 관중수 등을 기준으로 디비전 1에서 3으로 나뉘며 각 디비전은 여러 개의 컨퍼런스로 또 나뉜다.

소속인 이 학교는 교육면에서 그야말로 최고였다. 학군단 제도
도 마련되어 있어서 그쪽 장학금을 받으면 처음 두 해 동안은
학비를 낼 필요가 없었다. 또한 코넬대학교는 역사적으로 주정
부로부터 토지를 무상으로 지원받은 랜드 그랜트^{landgrant} 교육시
설이기도 했다. 1960년대에 제정된 관련법으로 인해 이 학교의
일부 단과대학들은 뉴욕주 출신 학생들에게 수업료를 감면해
주었다. 내가 지원한 전공 학부는 바로 그런 단과대에 속했다.
그래서 만약 3학년 때 학군단 입단을 번복하더라도 딱히 학비
걱정을 할 필요가 없었다.

● **혁신을 위한 핵심** ●

되돌아보니 나는 직장생활을 하며 일을 풀어가던 방법들을
과거에도 써왔던 모양이다. 당시에 나는 가장 기본적인 목
표, 즉 어떻게 일류대학의 학비를 마련할지를 살피는 데서
시작했다. 나중에 회사일을 하면서도 나는 목표를 투명하게
규정하는 것을 우선시했다.

한 기업의 중역으로서 회의에 참석할 때는 항상 회의의 목표
가 무엇이고 우리가 살필 최종 결정 사안이 무엇인지 정확히
확인하고자 했다. 목표가 불명확할 때는 회의를 잠시 멈추고
질문을 던졌다. 우리의 목표는 무엇인가? 왜 우리가 지금 이
곳에 모였는가?

목표가 뚜렷하지 않으면 그것을 달성하기 위한 최적의 경로를 파악하기가 어렵다. 오늘날 많은 조직들은 지나치게 반응이 빠르다. 대개는 한걸음 뒤로 물러나 궁리하거나 최종목표를 분명히 확인하지도 않고 기회를 향해 급히 달려들거나 한 문제에 내내 집착한다.

일단 목표가 명확해지면 나는 여러 가지 대안을 시험해보고 다른 선택지들을 살펴보았다. 그리고 성공적인 결과를 낼 수 있는 몇 가지 가상 시나리오를 써가면서 계획을 세웠다. 표현만 보면 이러한 의사결정 과정이 인간미 없이 분석에만 치우친 듯 느껴질지도 모르겠다. 하지만 내 판단에는 항상 정서적인 자각과 직감이 함께 녹아 있었다. 어떤 선택지가 전략상 우리 목표에 들어맞고 타당하다는 느낌이 들면 나는 그 감각에 집중했다. 그 끝에서 결정은 거리낌 없이 내려졌고 그렇게 판단이 서고 나면 나는 그대로 나아갔다.

다행히 3곳 모두 합격통지서를 보내왔다. 다들 학자금 지원도 약속했다. 거기에 나는 공군 학군단 장학금까지 받게 되었다. 나는 최종적으로 코넬대학교를 선택하고 기숙사 입주를 위해 이타카와 카유가호수가 내려다보이는 캠퍼스에 처음 발을 들였다. 이는 훗날 내 삶을 좌우할 중요한 결정 가운데 하나였다.

지적 호기심과 현실의 충돌

본격적인 학기 시작에 앞서서 나는 공군 학군단 오리엔테이션의 일환으로 4년간의 수강 일정을 짜고 담당 지도교수와 상담해야 했다. 그 시절에 수강신청이란 일일이 수작업으로 해야만 하는 일이었다. 우선 두께 5센티미터짜리 강의 안내서와 코넬대학교 이타카캠퍼스의 모든 학부 및 대학원 수업명이 빼곡히 적힌 작은 인쇄물이 필요했다. 거기에는 강의 개요와 담당 교수 이름, 수강 요건 등이 포함되어 있었다. 그 외에는 별다른 정보가 없는 상태로 4년간의 학업 계획을 세워야 했다.

나는 수강 계획표를 충실하게 채웠다. 처음 몇 학기는 학기당 15학점 정도로 일정이 그리 빡빡하지 않았다. 그러나 강의 소개서를 읽다보니 호기심을 자극하는 수업들이 눈에 띄었다. 해양학, 우주 속의 우리 지구, 괴물과 신화, 과학기술과 사회 변화, 와인과 증류주 개론 등이었다. 나는 경영·재무 전공 이수에 꼭 필요한 필수 강의와 함께 이 수업들을 추가했다. 당시 내 계획대로라면 3학년 때 학기마다 20학점에 가까운 수업을 들어야 했다. 또 4학년이 되어서 들어야 할 수업량은 학기당 거의 25학점에 달했다.

나는 이 계획을 내 지도교수였던 브루스 앤더슨[Bruce Anderson] 교수님과 함께 살펴봤다. 교수님은 학생들에게 재무와 회계를 주로 가르치는 한편으로 협동조합을 연구하는 데 힘썼다. 우리는 처음부터 죽이 잘 맞았다. 그에게는 카리브해와 아프리카를 오가며 수차례 현지 조사를 한 경험이 있었다. 그래서인지 아이티 출신 가족과 문화를 배경으로 둔 내가 친근하게 느껴졌던 모양이다. 그는 진지하게 툭툭 내뱉는 말로 사람을 웃길 줄도 알았다. "이보게 레지군, 대부분 졸업반이 되면 그 마지막 해는 쉬엄쉬엄 가려고 한단 말이야. 그런데 왜 자네는 4학년 때 이만큼이나 많은 학점을 이수하려는 건가? 다른 학생들이 듣는 수업 2년 치는 족히 되겠어."

나는 코넬대학교에 다니는 것이 세상에 둘도 없는 기회라고, 그래서 지적인 측면에서 도전도 되면서 재미도 있는 그런 수업들을 찾아봤다고 설명했다. 교수님은 고개를 절레절레 저으면서 웃더니 내 수강 계획표에서 1학년 때 들어야 할 수업들 위주로 몇 가지를 수정해주었다. "그럼 일단 이렇게 시작해서 이 실험이 어떻게 될지 한번 지켜보자고."

이후 너무나 당연하게도 4학년 때 50학점이나 되는 수업을 듣는 사태는 일어나지 않았다. 그러나 당시로서는 학군단원으로서 조만간 군복무를 해야 한다는 사실 때문에 학교에서 무엇을 배울지 고민하고 앞으로 4년을 어떻게 보내야 할지 계획을 짤 필요가 있었다.

방향 전환

그래도 학군단에 지원한 덕분에 나는 대학 생활에 지대한 영향을 미친 두 교수님을 만나게 되었다. 한 분은 앞서 말한 앤더

슨 교수님이고 다른 한 분은 리처드 에이플린$^{Richard\ Aplin}$ 교수님이
었다. 에이플린 교수님은 학생들에게 경영 전략을 가르치면서
낙농업 분야와 자본 배분에 관해 연구했다.

공군 학군단 소속으로 2년이 지나서 나는 장학금을 계속 받
고 군복무를 시작할지 아니면 중도 탈퇴를 할지 결정해야 했다.
나는 여태 늘 그랬듯이 이 두 선택지를 내 방식대로 분석하며
공군에서 어떤 일을 할 수 있는지 알아보았다. 일단 시력이 안
좋은 탓에 비행기 조종사가 되는 것은 배제했다. 경영학 학위는
보급 계통으로 가는 데 알맞았다. 그러면 입대 초기에는 비행기
예비 부품 구매 업무를 맡고 나중에 전투기 시험평가 담당 부
서에서 일할 가능성이 있었다. 하지만 그쪽 진로를 더 살펴보니
앞날이 너무 판에 박은 듯 지루해보였다. 항상 그랬듯이 재미없
고 뻔한 길을 가는 것은 내 성미에 맞지 않았다.

그리하여 학군단을 벗어나기로 한 이상 등록금을 충당할 계
획이 필요했다. 그래서 학자금 대출을 신청하고 몇 곳에서 소액
장학금 지원을 받는 한편 여름방학과 학기 중에 계속 일을 하면
서 나머지 비용을 채워 넣었다.

앤더슨 교수님과 에이플린 교수님을 알고 지낸 것은 바로
이 대목에서 큰 도움이 되었다. 나는 두 분 밑에서 처음에는 시
험·과제물 채점자로, 그 뒤에는 채점자들을 관리하고 강의를
보조하는 수업 조교로 일했다. 당시의 경험은 수입보다도 두 교
수님이 교육에 임하는 태도를 직접 보고 배운 것이 컸다. 나는

그들이 해마다 흥미로운 강의를 위해서 자료를 새롭게 재창조하는 과정을 지켜보았다. 그 준비 작업은 정말 꼼꼼하기 그지없었다. 그뿐 아니라 나는 멘토나 코치로서 타인을 이끄는 경험도 맛보았다. 채점 담당 학생들을 책임지는 위치로 올라서면서 근무시간에 그들에게 조언하거나 다른 일반 학생들을 지도하는 역할을 하게 된 것이다.

P&G를 향하여

당시에는 전혀 예상치 못한 일이지만 코넬대학교 경영학과 교수들과 자주 접촉하면서 내 경력에 큰 획을 그을 기회가 찾아왔다. 바로 프록터앤드갬블사$^{Proctor \& Gamble, P\&G}$의 면접 제안이었다.

P&G는 코넬대학생들을 채용하는 데 많은 노력을 쏟는 기업이었다. 엔지니어링과 재무, 영업, 브랜드매니지먼트 등 이 회사에 포함된 모든 부문에서 적극적으로 채용에 나섰다. 브랜드매니지먼트는 P&G 내에서 종합적인 운영관리를 담당하는 직무였다. 이쪽 계열에서는 광고와 홍보, 가격 책정, 제품개발을 포함하여 사업 경영의 모든 측면을 배울 수 있었다. 게다가 일을 해가면서 인력 관리에 관한 책임감 또한 키울 수 있는 영역이었다. 실제로 P&G에서 거의 모든 고위직은 브랜드매니지먼트 출신 임원들로 채워져 있었다. 또한 1970년대와 1980년대, 1990년대를 지나는 동안 포춘 500대 기업을 이끈 수장들 중 상

당수는 P&G나 유사한 소비재 기업들의 브랜드매니지먼트 업무를 맡은 적이 있었다.

브랜드매니지먼트 부문은 채용 과정이 P&G의 다른 직무 계통과는 한참 달랐다. 우선 지원자 대부분이 경영학 석사^{MBA} 출신이었기에 인사 담당자들은 코넬대학교 존슨경영대학원 쪽에 초점을 맞추었다. 면접 인원은 눈 깜짝할 사이에 다 차버렸고 그때마다 회사는 면접장에 임원들 5, 6명을 내보내어 일정을 소화했다.

학사 출신이 그 면접에 이름을 올리는 방법은 학교에서 유력한 교수들의 추천을 받는 것뿐이었다. 그렇게 해서 면접을 보는 학사 출신 지원자는 10명이 채 되지 않았다. 그리고 이 경우는 학교 캠퍼스 내에서 입사 지원을 받는 일반 사례와 달리 회사가 지원자에게 직접 연락을 보낸다. 그래서 모든 일이 소리 소문도 없이 끝나버린다.

지금까지도 나는 누가 나를 P&G 면접에 추천했는지 전혀 모른다. 당시에는 줄곧 금융업계에 취직하는 것만 생각했다. 그래서 3학년에서 4학년으로 올라갈 무렵에는 어떤 은행에서 인턴사원으로도 일했다. 금융 분야 특유의 분석적인 특성이 마음에 들던 터였다. 그때 내가 그리던 미래는 금융기관에서 2-3년간 일하고 2년 더 공부를 해서 MBA를 취득하는 것이었다. 나는 세계시장을 누비면서 성장을 거듭하는 사업 분야와 기업들을 위해 내 열정을 쏟고 싶었다. 그때는 이 계획에만 골몰한 나머지 다른 대안에는 아무 관심을 두지 않았다.

그랬던 내게 P&G에서 온 면접 제안은 실로 충격이었다. 하지만 이 회사를 알아보는 과정에서 그간 학교에서 배웠던 지식들로 인해 호기심이 강하게 일었다. 실제로 회사의 운영 방법을 배운다는 것은 상상만으로도 참 매력적이었다. 한 사업체의 모든 부분을 다뤄본다는 것, 게다가 그런 일을 세계 최상급 기업에서 해본다는 것은 세상에 둘도 없는 기회였다. 코넬대학교에서 보낸 시간과 마찬가지로 이 기회 역시 내 인생을 바꿀 만한 것이었다.

그렇게 졸업을 앞두고 P&G는 앞으로의 내 경력에 가속도를 더할 크나큰 기회를 주었다. 단지 MBA를 따려고 2-3년간 은행에서 아까운 시간을 보낼 필요도 없어졌다.

이 회사에서 정말 성공한다면 아마도 만 25살에 브랜드매니저$^{Brand\ Manager}$가 되고 서른 즘에는 임원급에도 오를 수 있으리라. 성공하지 못한다고 해도 딱히 잃을 것은 없었고 결코 시간 낭비도 아니었다. P&G에서 얻은 경험을 활용해 경영대학원에 진학하고 학위를 취득한 뒤 다시 원래 계획대로 금융 쪽으로 가면 되는 일이었다.

● 혁신을 위한 핵심 ●

내가 이번 장에서 전하고 싶은 것은 P&G로부터 입사 제안을 받고 직장생활을 시작했다는 사실이 아니다. 또 내가 그해 이 일류기업에 입사한 몇 안 되는 학사 출신이라는 사실 역시 주제와는 한참 거리가 멀다.

여기서 배울 점은 지금 가려는 길과는 다른 대안과 결과에 마음을 열어야 한다는 것이다. 우리는 종종 한 가지 계획이나 해결책에만 지나치게 골몰하곤 한다. 흔히 사람들은 P&G나 애플^{Apple}, 디즈니^{Disney}, 구글^{Google} 같은 회사에서 일해야만 행복해질 수 있다고 믿는다. 혹은 금융계통이나 기술계통만 꿈꾸면서 다른 분야에 널린 기회는 거들떠보지도 않는다. 나는 P&G 입사 당시의 경험으로 항시 어떤 계획을 가지고는 있되 그것이 현재 주어진 상황에서도 여전히 유효한지 수시로 시험해야 한다는 것을 배웠다.

처음 생각했던 길과는 다른 대안과 결과에 마음을 연 덕분에 나는 내 장기적인 목표에 부합하는 멋진 첫 직장을 찾게 되었다.

4

유별난 브랜드매니저

모든 조직에는 제 나름의 문화가 있다. 문화는 그 안에 속한 구성원들의 행동을 규정하며 이러한 행동은 주변에 보는 눈이 있든 없든 동일하게 나타난다. 문화는 사람들이 성공하는 방식 역시 규정한다. 문화란 우리가 있는 곳을 둘러싸고 매일 들이쉬는 공기와 같다.

내 기억 속에 P&G의 조직문화는 한 장의 메모, 몇 가지 '핵심인자What Counts Factors'와 '승진 아니면 퇴사up or out'라는 개념으로 이루어져 있다. 그러면 지금부터 하나씩 소개해보겠다.

완벽한 메모 한 장의 가치

P&G에서 일어나는 모든 일은 종이 한 장에 잘 정리된 아이

디어 또는 계획으로부터 시작된다. 출근 첫날 신입사원에게는 명료하고 설득력 있는 메모를 쓰라는 임무가 떨어진다. 보통 한 번에 2개 또는 3개의 메모를 작성하게 되는데 목표는 일주일에 최소 하나 이상의 메모를 윗선에 제출하는 것이다. 그렇게 상사에게 전달된 종이는 이내 손으로 직접 쓴 비평과 함께 작성자에게 되돌아온다.

가장 처음 배우는 것은 메모의 의도를 정확하게 표현하는 방법이다. 이는 작성자 스스로 목적을 뚜렷이 파악하는 데 도움이 된다. 이 메모가 뜻하는 바는 새로운 광고 제작을 제안하는 것인가? 아니면 연구 실적을 요약한 것인가? 또는 제품 가격을 낮추길 권하는 것인가? 목적은 처음부터 뚜렷해야 한다.

메모 작성에서 또하나 중요한 요소는 생각의 얼개를 3가지로 잡는 것이다. 내가 제시하는 아이디어가 통하는 이유 3가지. 연구보고서에서 확인한 주요 정보 3가지. 언제나 3가지다. 신입 시절에 내가 왜 꼭 3가지여야 하는지 물었을 때 돌아온 대답은 아주 단순했다. 말할 것이 하나나 둘뿐이면 설득력이 떨어지고 4개 이상은 과하다는 것이었다. 그곳에서 3은 완벽한 숫자로 통했다. 지금도 나는 말을 할 때면 대개 3가지 근거를 들곤 한다.

실효성 있는 메모란 제안 사항에 관한 부정적 반응을 미리 예상하고, 계획을 진행했을 때 나타날 문제점과 그러한 위험 요인들을 경감할 방안까지 실어, 주위의 우려 섞인 반응에도 반론을 제기할 수 있는 메모다.

완벽한 메모 하나를 완성하는 마지막 인자는 다음 단계가 어떻게 되는지 분명하게 드러내는 것이다. 그러려면 하나의 계획이 어떤 식으로 실행되는지를 완벽하게 파악하는 훈련이 필요하다. 예를 들어, 회사에 새로운 광고를 제작하자고 제안할 생각이라면 메모 작성자는 현재 어떤 광고 제작사와 접촉할 수 있고 그쪽에서 언제 일정이 되는지, 또 광고 촬영과 편집에는 얼마나 시간이 들고 최종적으로 언제 회사 내부에서 결재가 전부 완료되어 완성된 광고를 송출할 수 있는지를 헤아려야 한다. 이렇게 하다 보면 일의 세부 사항을 눈여겨보고 어떤 요소가 비용과 일정에 영향을 미치는지 예상할 수 있게 된다.

만 22세에 코넬대학교를 막 벗어난 나에게 완벽한 메모 한 장을 만드는 작업은 2가지 큰 성과를 안겨주었다. 하나는 업무와 관련한 글쓰기 능력을 대폭 키운 것이었다. 아마 누구라도 상사에게 제출한 문서가 아무 코멘트나 수정 없이 그 윗선으로 바로 올라갈 때는 나름대로 만족감을 느낄 것이다. 솔직히 말해서 그 정도 수준이 되기까지는 꼬박 몇 달이 걸렸다. 그래도 실제로 그런 일이 벌어졌을 때는 정말 기분이 좋았다.

또 하나의 더 큰 성과는 완벽한 메모 한 장을 써내고자 쭉 고심한 덕분에 사고의 흐름이 또렷해졌다는 것이다. 이 작업은 전체적인 상황과 이루고 싶은 목표를 평가하는 안목을 키워준다. 설득하는 기술을 익히게 될 뿐 아니라 내 제안을 뒷받침할 자료나 다른 사례들을 찾는 방법도 배우게 된다. 또한 상대방의 질문을 예상하고 미리 답변을 준비하는 습관도 생긴다. 그리고 제안 사항을 실행하기 위한 사업 계획까지 꼼꼼히 세우게 된다.

5대 인자

P&G의 '핵심 인자'는 회사가 중시하는 가치를 규정한다. 해마다 브랜드매니지먼트 직군의 신입사원들이 이 개념들을 접하고 익히는 만큼 P&G는 그 의미를 분명히 정립하고자 노력해왔다. 물론 시간이 흐르고 비즈니스가 발전함에 따라서 이 개념들 역시 진화를 거듭했다. 내가 이 회사를 다니던 시기에는 5가지의 '핵심 인자'가 있었다.

탁월한 사고력: 중요한 것은 전략과 분석, 창의성이다.

진취성: 쉽게 말해서 일을 벌이라는 뜻이다.

소비자 중심의 혁신: 기업은 계속 수익을 내는 한편으로 소비자의 욕구에 초점을 맞추고 그 점을 해소할 방법을 찾아야 한다.

비즈니스를 증진시키는 광고를 만들 것: 창의적인 협업으로 광고대행사나 미디어 제작소 같은 외부 업체들을 이끌어야 한다.

사람과 팀을 성장시킬 것: 당시만 해도 P&G는 외부 인사의 영입 없이 내부 승진만으로 인재를 발탁했기 때문에 이 항목이 정말 중요했다. 조직 구성원을 관리하는 입장에서는 좋은 후임자를 뽑고 계속 성장시킬 줄 알아야 더 높은 자리로 올라갈 수 있었다.

특히나 바로 마지막 인자에는 이중으로 테두리가 쳐져 있었다. 관리직에 있는 사람에게는 부하 직원들을 교육하고 성장시켜 각자의 능력을 최대한 이끌어낼 책임이 있었다. 하지만 그렇게 사람을 계속 키워내는 시스템 안에서 다음 단계로 올라가지 못한다는 것은 곧 나가라는 말과 다름없었다. 이것이 P&G에 존재하는 '승진 아니면 퇴사'라는 개념이었다. 이러한 압박감은 누구에게나 있었기에, 실제로 이 회사에 들어와 몇 달만 지나면 P&G 출신들의 이직을 도와가며 멋지게 이력을 쌓은 미국 유수의 헤드헌터들로부터 전화가 오기 시작한다.

회사측도 퇴사하라는 말을 대놓고 던지곤 한다. P&G를 다니던 시절에 나는 몇몇 부하 직원에게 "당신은 위로 더 올라갈 역량이 안 된다" "다른 회사를 알아보는 편이 오히려 낫다" 등의 말을 했다. 물론 그런 메시지를 은근히 돌려서 전하기도 한다. 연차가 비슷한 사람들 사이에서 누군가의 승진을 누락시키면서 말이다. 이럴 경우 곤란한 상황이 벌어지기도 하는데, 간혹 승진 여부와는 무관하게 회사 쪽에서 꼭 남아줬으면 하는 사람이 있기 때문이다. 하지만 진급에서 밀린 입장에서는 조바심이 날 뿐 아니라 헤드헌터에게서도 계속 연락이 오는 탓에 금세 이직을 생각하게 된다.

● 혁신을 위한 핵심 ●

우리는 비즈니스를 생각할 때 조직문화와 그에 대한 적응 여부를 종종 간과하곤 한다. 그러나 직원들이 특정한 상황이나 서로를 대하는 행동 방식에 근본적으로 어떤 요소들이 깔려 있는지를 알아둘 필요가 있다.

만약 당신이 직급이 낮은 사원이라면 이렇게 자문해보길 바란다. "나는 이 회사의 문화에 어떻게 적응할 텐가?" 내 경험상 직원을 잘못 채용했다고 판단될 때 이유는 대개 그 사람의 업무 능력이 부족해서가 아니라 적응력이 떨어져서였다.

당신이 회사의 고위 간부라면 질문의 난이도는 훨씬 더 높아진다. "현재 우리 기업문화 중 긍정적인 부분은 무엇인가? 변화가 필요한 부분과 그렇지 않은 부분은 무엇인가?" 애초에 완벽한 문화란 없다. 또 당신이 새로운 비즈니스 환경에 맞게 진화하지 않는다면 당신이 속한 회사와 그 조직문화는 이내 뒤처지고 말 것이다. 진정 유능한 리더들은 자신이 속한 조직문화를 세심하게 살피고 명확히 정의할 줄 안다.

멘토의 가르침

다행히도 나는 좋은 멘토의 도움으로 P&G의 조직문화를 잘 파악할 수 있었다. 그 멘토는 밥 길^{Bob Gill}이라는 사람이었는데 처음 만났을 때 직급은 브랜드매니저 바로 위인 애드버타이징부 매니저^{Associate Advertising Manager}였다. 코넬대학교 졸업생 채용 담당자였던 그는 내가 더 높은 연봉 때문에 금융계 지원을 잠시 고민하던 그때 P&G 입사를 제안하고 얼른 결정하라고 압박했다. 그 과정에서 나는 연봉 인상을 요구했고 결국 교섭에 성공했는데, 그 덕에 밥은 내게서 브롱크스 출신의 거친 기질을 목격하게 되었다.

지금 생각해보면 정말 웃긴 일이다. 우리가 마주보고 열띤 협상을 벌이던 그때 밥은 책상 서랍에서 작은 주머니칼을 꺼내어 만지작거렸다. 아마도 그런 행동을 하면 내가 겁을 먹을 줄 알았던 것 같다. 하지만 그딴 협박은 별것도 아닌 지역에서 살았고 더 심한 것도 많이 본 나였다. 나는 쿡쿡 웃으면서 연봉을 올려달라고 밀어붙였다. 나중에 알고 보니 신입사원의 연봉 인상이란 어지간해서는 일어나지 않는 일이었고 학사 출신에게는 더더욱 있을 수 없는 일이었다. 그뒤 나는 P&G에서 보낸 8년 가운데 5년을 그가 관리하던 부서에서 일했다.

밥의 부서가 아닌 데서 일하던 초기에 나는 아직 브랜드매니저로 승진하지 못한 채 좌절을 맛보고 있었다. 같은 해에 입사한 동기들이 먼저 승진했지만 아무리 봐도 그동안 내가 올린 실적이 더 뛰어나다는 생각이 들었다. 그렇지 않아도 나를 눈여겨본 헤드헌터들이 P&G보다 연봉이 훨씬 높은 다른 회사로 옮기길 권유하던 차였다. 그렇게 시곗바늘은 '승진 아니면 퇴사'를 가리키며 째깍대고 있었다.

결국 나는 병가를 내고 이직 제안을 한 회사들 중 한 곳을 방문하기로 했다. 우선은 면접 전날 그쪽 관계자들과 늦은 저녁식사를 함께했다. 아마 그건 내 평상시 모습을 평가하는 자리였을 것이다. 이어진 다음날은 고위직 임원들을 상대로 한 면접의 연속이었다. 그리고 모든 과정이 끝난 뒤 나는 곧바로 합격 통보를 받았다.

밥은 내 사무실 전화번호와 집 전화번호를 모두 알았다. 병가를 냈던 날 그는 양쪽에 같은 메시지를 남겼다. 돌이켜보면 내가 너무 속 보이는 짓을 했다. 그전까지 나는 3년 넘게 회사를 다니면서 병가라고는 내본 적이 없었다. 한데 느닷없이 병가를 낸 날이 마침 금요일이었으니 뭔가가 있다고 생각할 만도 했다.

나는 집으로 돌아와서 그에게 느즈막이 전화를 걸었다. 그러자 대뜸 하는 말이 바로 다음날, 그러니까 토요일에 자기 집으로 오라는 것이었다. 뭔가 낌새가 이상했다. 다른 회사의 채용 면접을 보겠다고 근무를 빼먹은 터라 살짝 불안한 마음이 들었다.

밥이 사는 집은 내 예상을 한참 벗어나 있었다. 그곳은 철거 작업이 한창 진행 중인 낡은 주택으로, 밥은 기존 집의 토대에 쓸 만한 부분을 남기고 새집을 지을 생각이었다. 거기서 그는 홀로 커다란 해머를 휘두르며 석고벽을 깨고 있었다. 어딘가 우스꽝스러운 광경이었다. 밥은 40대 후반으로 대학 시절에 했던 미식축구 때문에 허리가 안 좋았다. 키는 나보다 작았는데 보아하니 아무래도 그 큰 쇠망치를 계속 힘차게 휘두르지는 못할 것 같았다. 다행히 나는 편한 옷차림이었다. 그래서 그는 남는 해머를 가리키며 대화를 나누는 겸해서 일을 좀 거들어달라고 했다.

밥은 전날 내가 결근한 것을 안다고 말했다. 그뿐 아니라 P&G 상부의 상당수가 그 사실을 안다고도 했다.

"레지, 어제 자네가 다른 곳 면접을 봤다는 걸 다들 알고 있어. 다음번에 그런 일이 있을 때는 말이야, 티 안 나게 주 중반에 면접을 보거나 일찌감치 휴가를 내어놓고 보도록 해."

그는 다시 말을 이었다. "내가 자넬 여기로 오라고 한 건 자네의 비밀이 들통났다는 걸 알려주고 싶어서가 아니야. 인내심을 가지라는 거지. 회사는 자넬 정말 아끼고 있어. 자네 미래는 여기에 있단 말이야. 하지만 일단은 참을성 있게 기다릴 필요가 있어."

내 대답은 이랬다. "밥, 저보다 별로 한 일도 없는 사람들이 승진하는 걸 그냥 참고 보기가 힘들어요. 직속 상사는 저를 도와줄 생각도 없는 것 같고요." 내 직속 상사는 얼마 전에 다른 사람으로 바뀐 상태였다. 전임자가 출산휴가를 냈기 때문이다. 그

선배는 내가 입사한 이래 많은 가르침을 주었고 늘 지원을 아끼지 않았다. 하지만 그녀가 없는 상황에서 내 편은 아무도 없는 것 같았다.

"레지, 회사에는 자네를 밀어주려는 사람이 많네. 그러니까 잠시 참고 기다리기만 하면 돼. 곧 좋은 기회가 올 테니까. 그리고 다른 회사로 가지 않고 여기 P&G에 남아서 브랜드매니저가 되는 편이 자네한테도 더 만족스럽고 커리어에도 이로울 거야."

밥은 멘토로서 가능한 모든 조언을 내게 해주었다. 언제나 솔직했고 허튼소리는 일체 하지 않았다. 그는 내게 진짜 조언을 해주었다. 내 앞날을 열어줄 티켓은 P&G에서 브랜드매니저가 되는 것이라고, 성공하기 위해 MBA나 다른 자격증이 필요하지는 않다고 말이다.

● 혁신을 위한 핵심 ●

어떤 조직들은 사원들에게 경험 많은 선배를 자문 역할로 배정하기도 한다. 나도 닌텐도에서 이 제도를 도입하고 조언을 담당한 이들을 '멘토'라고 불렀다. 그러나 사실 이 명칭은 잘못 사용한 것이다.

진정한 멘토링 관계는 시간이 지나면서 자연스럽게 형성된다. 일부러 누구를 누구에게 배정해서 만들어지는 관계가 아니다. 멘토링의 기반을 이루는 것은 경험이 적은 직원을 더 성장시키고 능력을 키우려는 당사자들 상호간의 욕구다.
멘토는 어떤 방향을 제안하고 인도하는 사람이다. 보통 무엇
을 어떻게 하라는 식으로 지시하지는 않는다. 또 멘토는 조
언 대상과 굳이 비슷한 계통의 일을 할 필요도 없고 그 사람
의 보고 체계에 속할 필요도 없다. 그 대신 그들 자신의 기업
문화를 잘 이해하고 유용한 시각과 방향성을 제시할 수 있는
인물이어야 한다.

틀을 깨는 선택

그로부터 몇 주가 지나서 내가 곧 승진한다는 소식이 들려왔
다. 정확히는 승진해서 밥의 부서로 이동하는 것이었다. 그 무
렵 밥은 사내 마케팅 직급 가운데 가장 높은 애드버타이징매니
저$^{Advertising\ Manager}$가 되어 크러시^{Crush}와 하이어스^{Hires}, 썬드롭$^{Sun\ Drop}$
등의 브랜드로 코카콜라$^{Coca-Cola}$와 펩시^{Pepsi}를 상대하던 P&G의
탄산음료 담당 부서를 이끌었다. 나는 이 부서에서 일하면서 내
가 빠르게 변화하는 사업 분야를 얼마나 좋아하는지 깨달았다.
또한 밥은 멘토링에 어떤 힘이 있는지, 한 사람의 멘토가 어떤
변화를 일으키는지를 가르쳐주었다.

이 일을 하면서 배운 것은 그뿐만이 아니었다. 브랜드매니
저로 진급한 지 일 년 정도 지난 뒤 우리 부서에 신입사원을 한
명 받게 되었다. P&G에서 근무한 8년간 나는 해마다 코넬대학

교의 신입사원 모집활동을 담당했다. 수많은 이력서를 확인하는 일부터 교수들을 만나 추천서를 받고 입사 지원자들의 배경 정보를 얻는 일까지 내 손이 닿지 않은 곳이 없었다. 또 그전에 2년 동안은 캠퍼스 현장 면접팀 소속으로 지원자들의 P&G 본사 투어를 담당하기도 했다. 나는 훌륭한 브랜드매니저가 되는 데 필요한 자질과 경험이 무엇인지 잘 알았다.

한데 막상 내 밑에서 일할 사람이 필요할 때가 되고 보니 신입사원 채용 기간이 지나 있었다. 우리 부서에 인력 충원이 필요했던 시기는 초가을이었는데 내 성미로는 다음해 졸업생들이 입사 지원을 하는 여름까지 도저히 기다릴 수가 없었다. 그래서 인사부에 연락하여 지난 채용 과정에서 탈락한 지원자들과 회사로 직접 이력서를 보낸 사람들의 정보를 살펴보기 시작했다.

나는 그렇게 후보자들을 선별한 뒤 전화를 걸어 면접을 봤다. 그리고 우리 부서에 적합해 보이는 후보자 3인을 최종적으로 추린 뒤 내 직속 상사와 함께 검토했다. 이후 그는 밥에게 보고를 올렸다.

내가 고른 후보들은 기존의 입사 지원자들과 좀 달랐다. 그중에서 한 여성 지원자는 나처럼 학사 학위만 가지고 있었다. 반면에 다른 지원자들은 모두 MBA를 취득한 상태였다. 심지어 그녀는 마케팅 종사자도 아니었고, 당시에는 영업 계통 사원들을 모집하는 헤드헌터로 일하고 있었다. 하지만 그녀의 이력서와 전화 면접에서 내가 본 것은 모든 학비를 혼자의 힘으로 마련하고 모험심으로 똘똘 뭉친 강인한 면모였다. 그녀는 나를 떠올리게 했다.

내 상사는 그녀를 지목하며 따지듯이 물었다 "대체 이 여자를 왜 후보로 뽑은 거야?"

나는 이렇게 대답했다. "저는 이 친구 배경이 마음에 듭니다. 제 질문에도 신중하게 답을 했고요. 직접 학비를 벌어서 학교를 졸업했고 현재 일을 하고 있다는 것도 대단하다고 봅니다. 제가 보기에는 배움을 갈구하고 성공을 열망하는 그런 사람이에요."

그는 내 의견에 마지못해 수긍했고 우리는 후보자 3인을 모두 회사로 불렀다. 그러다가 최종 단계에서 누구를 뽑을지를 두고 우리는 갈등을 겪었다. 내 상사는 전통적인 인재상, 즉 남자에다 명문대 출신, 그리고 MBA를 취득한 사람을 선호했다. 반대로 나는 전통적 인재상과는 거리가 멀었던 여성 지원자, 디나 하월^{Dina Howell}을 뽑자고 주장했다. 우리는 열띤 논쟁을 벌였다. 그가 말했다. "이봐 레지, 더 생각해봐야 시간 낭비야. 지금 필요한 건 당장 주는 일을 해내고 계속 성장할 수 있는 믿을 만한 사람이라고."

나는 내 주장을 고수했다. "저랑 같이 일할 사람을 뽑는 거잖아요. 제 직감을 믿어주세요. 장기적으로 잠재력을 제일 잘 발휘할 만한 그런 사람이랑 일해야죠. 그건 디나예요. 분명히 잘할 겁니다. 저는 디나를 채용하고 싶어요."

그렇게 한동안 실랑이를 벌였지만 정말 고맙게도 끝내는 그도 내 생각을 받아들였다. 나는 디나를 채용했고 그녀는 훌륭하게 제 역할을 해냈다. 실제로 그녀는 P&G에서 20년 넘게 근무하며 그곳에서 나와 내 상사의 성과를 압도할 만큼 뛰어난 경력을 쌓았다. 내가 대단한 선견지명이 있는 사람이라면 좋겠지만, 그런 건 아니고 나는 디나가 회사에 더해줄 독특한 경험과 능력을 높게 평가했을 뿐이다. 당시 명문대를 나온 MBA 출신 입사 지원자는 수백 명에 달했다. 반면에 강한 내적동기와 풍부한 경험을 갖추고 새로운 시각을 제공할 인재는 그리 많지 않았다.

나는 이 일로 한 조직의 관리직으로서 다채로운 관점과 경험의 중요성을 난생 처음 깨쳤다. 그리고 이후로도 그때 얻은 교훈을 결코 잊지 않았다.

● 혁신을 위한 핵심 ●

'다양성'과 '포용'이라는 개념이 중요하다고 많이들 말하지만, 안타깝게도 현실에서는 이들을 혼동하고 잘못 쓰는 경우가 많다. 사실 이 개념들은 서로 다르면서도 밀접하게 이어져 있다.

다양성은 우리 인간의 갖가지 특성과 인생 경험이 모두 다르고, 특별하다는 사실을 인정하는 것이다. 이러한 차이 하나하나는 어떤 문제를 해결하는 데 필요한 고유의 시각을 제공한다는 데서 가치가 있다.

포용은 적극적인 태도로 사회공동체나 기업조직에 속한 다양한 사람들의 화합을 도모하고 각자의 차이를 바람직한 방식으로 융화하는 것이다. 이 개념의 핵심은 가지각색의 집단들을 환영하고 존중하는 데 있다.

집단적사고와 대조되는 다채로운 관점은 더욱 폭넓은 잠재적 해법과 '틀을 깨는' 사고를 낳는다. 진정한 리더들은 개인의 삶과 직업적인 면에서 다양성이 필요하다고 굳게 믿고 행동을 취한다. 그들은 더 좋은 결과를 내기 위한 촉진제로서 다양성을 활용하고 이를 토대로 포용의 문화를 만든다.

월권행위

이후 나는 탄산음료 관련 업무에서 약 일 년 만에 발을 빼게 되었다. P&G가 탄산음료 사업을 접고 해당 브랜드들을 팔기로 한 것이다. 나를 포함한 우리 부서의 몇 명에게는 그중 하나인 썬드롭을 처분하는 일이 맡겨졌다. 썬드롭은 미국 중서부와 남부의 일부 주에서 마운틴 듀Mountain Dew와 경쟁하던 음료로, 그쪽 시장만 따지면 판매량이 코카콜라나 펩시에 버금가는 수준이었다. 나는 썬드롭 브랜드를 잘 알았을 뿐 아니라 각지의 유통업자들과도 잘 아는 사이였다.

내 멘토였던 밥은 그 무렵 또다시 나를 불러냈다. "레지, 자네는 아직 사모펀드나 벤처자본 쪽 사람들과 협상을 하고 이런 일을 다룰 만한 준비가 안 됐어. 승진할 기회는 조만간 또 있을 거야. 일단 이번 일에서는 손을 떼고 회사에 그냥 더 머물도록 해."

나로서는 결정을 내리기 어려운 사안이었다. 그때 나는 사모펀드와 벤처자본에 관해서도 잘 알지 못했고 P&G 제품들의 지지부진한 성장률에도 실망감을 느끼고 있었다. 당시에는 자기가 담당한 브랜드를 한 해에 겨우 3~4퍼센트만 성장시켜도 영웅 대접을 받았다. 다행히도 나는 그동안 밥의 지휘 아래서 연간 성장률 15퍼센트가 넘는 브랜드들을 맡아서 일할 수 있었다.

그뒤에 들은 말은 내가 몇 년 전에 맡았던 크리스코^{Crisco} 브랜드 쪽으로 다시 가게 된다는 것이었다. 그 말인즉슨 밥의 부서를 떠나야 한다는 소리였다. 그 몇 년 사이에 제과제빵용 원료인 크리스코 쇼트닝의 판매 사업은 줄곧 하락세를 겪었다. 수익성은 여전히 높은 편이었지만 죽어가는 사업을 맡는다는 것이 나로서는 그다지 내키지 않았다. 그럼에도 불구하고 나는 밥의 조언을 따라서 썬드롭과 함께 다가왔던 기회를 떠나보냈다.

크리스코 브랜드로 돌아가서 좋은 점은 내가 그곳의 업무를 하나부터 열까지 다 꿰고 있다는 것이었다. 그 효과는 복귀와 동시에 즉각 나타났다. 그동안 일을 잘해왔던 기존 직원들은 내 지휘 아래서 훨씬 뛰어난 성과를 냈다. 무엇보다 좋았던 것은 내가 담당 광고대행사를 이전부터 잘 알았고 업무 협력도 서로 원활했다는 점이었다.

당시 그 회사는 막 참신한 광고를 하나 만들어낸 참이었다. 그 영상은 제품에 관한 설명 한마디 없이, 크리스코로 바삭한 파이를 만드는 여성의 손만 보여주었는데, 그 시절의 광고계에서는 이단과도 같은 짓이었다. 그러나 이 광고는 배경음악으로 쓰인 비발디의《사계》와 함께 뛰어난 영상미를 선보이며 주부들에게 정서적으로 큰 만족감을 선사했다.

내가 다시 합류하기 전에 크리스코 담당팀은 광고 영상 끝에 전화번호를 넣고 직접 연락해온 소비자들에게 요리 책자를 무료로 나눠주는 일종의 텔레마케팅 실험을 하고 있었다. 실제로 주부들에게 크리스코를 활용한 요리법을 가르치는 것은 매우 중요했다. 그렇게 해서 완성된 요리를 온가족이 좋아하면 대개는 그뒤로도 쭉 같은 재료를 쓰기 때문이다.

내가 크리스코 브랜드에 재합류한 뒤로 이 마케팅 방식은 한 단계 더 진화를 맞았다. 우리는 요리 책자를 주문하는 소비자들의 거주지역을 분석하고 크리스코 쇼트닝의 판매량이 얼마나 늘었는지 계속 확인했다. 그리고 이 자료를 토대로 광고 전략을 보완하면서 소비자 반응이 가장 좋은 방송프로그램에 더 많은 광고를 내보냈다.

물론 앞서 언급했던 새 광고도 면밀히 검토했다. 사람들의 평가는 몇 년 전 내가 기획에 참여해 컨트리 가수 로레타 린[Loretta Lynn]을 출연시켰던 광고를 포함하여 크리스코의 역대 어느 광고

보다도 좋았다. 특히 새 광고는 젊은 소비층의 관심을 많이 모았는데, 우리가 배포한 요리 책자는 꾸준히 가족의 식단을 계획하고 요리 경험을 차츰 늘려가던 이들에게 꼭 필요한 아이템이었다.

그렇게 우리는 훌륭한 광고 영상과 빈틈없는 광고 전략을 마련했다. 그리고 이 캠페인을 더욱 확대하여 책자에 더 많은 요리법을 싣고 연말연시용 쿠키 쪽에 초점을 맞추기로 했다. 나는 새로운 광고가 크리스코 브랜드의 제품 판매량과 수익을 확실히 늘려줄 것으로 내다보았다. 그러나 우리팀에 배정된 마케팅 예산은 부족했고 광고는 10월 말이나 되어야 전파를 탈 예정이었다. 나는 계획을 앞당겨 9월부터 캠페인을 시작하고 싶었다. 그래서 광고대행사와 미디어업체 쪽에 그렇게 일을 진행해달라고 주문했다.

얼핏 생각하기로는 광고를 몇 주 일찍 내보낸다고 별일 있을까 싶었지만, 실제로는 그렇지가 않았다. 엄밀히 말해서 나는 팀의 예산을 당겨쓴 것이었다. 새 광고가 효과를 못 본다면 내가 크리스코 브랜드의 수익성을 떨어뜨린 셈이 된다. 한데, 그때 내게는 그런 부분에 관여할 권한이 없었다. 상황을 더 꼬이게 한 것은 원래 광고 개시 일정과 함께 내 승진이 결정되어 있었다는 사실이었다.

불행히도, 이 일은 큰 문제로 번졌다. 광고를 계획보다 일찍 시작하면서 회계연도가 다 되어갈 때 크리스코 브랜드와 담당

총괄부서의 수익이 목표치에 미달하는 사태가 벌어졌다. 나는 대행사에 광고를 예정보다 빨리 내보내라고 한 결정에 관하여 모든 책임을 졌지만, P&G는 거기서 그치지 않고 그 회사와의 협업은 더이상 없다고 윽박질렀다. 결국 나는 크리스코 브랜드를 키울 생각에 독단으로 벌인 일이었다고 메모를 써서 올렸다.

결과적으로 크리스코는 그해 모든 예상을 뛰어넘는 성과를 올렸다. 광고비용은 늘었지만 이 브랜드는 지난 몇 년간 한 번도 보지 못했던 수익률을 달성했다. 나는 애드버타이징부매니저로서 다음해에도 그쪽 일을 계속 맡았고 결과도 썩 괜찮았다. 그러나 무단으로 예산을 써버린 문제 때문에 회사에서 내 입지는 한없이 좁아진 상태였다. 그야말로 식물인간이 따로 없었다. 이제는 회사를 나가야 할 때였다.

당시의 경험을 돌이켜보면 업무에 접근하는 발상은 좋았지만 실행 방식이 잘못되었다는 생각이 든다. 광고와 마케팅에 돈을 써서 크리스코의 매출과 수익을 끌어올리려 했던 내 직감은 옳았다. 또한 일단 어떤 사업이 탄력을 받게 되면 업무와 연관된 전반적인 환경이 좋아지는 효과가 있다. 사람들은 그런 사업 분야에서 일하고 싶어한다. 창의성이 샘솟고 새로운 아이디어가 실현되는 그런 곳 말이다.

하지만 내 욕심은 월권행위가 되어버렸다. 그렇게 냅다 일을 저지르기 전에 잘 정리된 한 장짜리 메모를 써서 새 광고에 예산을 더 투자해달라고 윗선을 설득했어야 했다. 그런 제안이 먹히도록 먼저 지지를 구하고 적절한 분위기를 만들었어야 했다. 내 생각을 투명하게 드러내고 사람들을 내 편으로 끌어들였어야 했다.

뒤늦게 깨달은 교훈이었지만, 나는 이를 다음 일터에서 활용하게 된다.

● 혁신을 위한 핵심 ●

실수는 늘 일어나기 마련이다. 그리고 사람은 실수로부터 배운다. 만약 실수를 저질렀다면 우선 스스로 그 점을 인정해야 한다. 대개는 그러지 못하고 변명을 늘어놓거나 남을 탓하는 경우가 많다. 실수로부터 배우고자 한다면, 우선 자기 실수를 인정해야 한다.

그다음 할 일은 본인의 선택이 틀렸음을 분명히 인지하는 것이다. 솔직해지자. 당신이 택한 방법은 효과가 없었다! 당신은 그릇된 결정을 내렸고 결과는 거짓말을 하지 않는다.

그런 경험을 통해 배우고 다시는 같은 실수를 저지르지 않도록 노력하라.

5

한 브랜드를
위기로 몰다

일찍이 P&G에서 나를 계속 빼내려고 러브콜을 보낸 회사가 하나 있었는데, 바로 펩시코^{PepsiCo}●였다.

 P&G의 탄산음료 관련 일을 하던 시기에 코카콜라와 펩시코 쪽에는 나에 관한 소문이 많이 퍼지게 되었다. 그 시절에 이 두 회사는 음료 시장을 주도했다. 그 밑으로는 두 기업으로부터 음료 원액을 받아서 완제품을 만드는 업체들이 탄탄한 생산망과 유통망을 구축하고 있었다. P&G가 생산한 크러시와 하이어스, 썬드롭은 코카콜라와 펩시 쪽 유통업체들을 통해 소매점으로

● 펩시콜라 브랜드의 모회사로, 1965년 펩시콜라 컴퍼니와 프리토레이$^{Frito-Lay}$의 합병으로 펩시코가 탄생했다.

팔려나갔다.

우리 브랜드는 유통업자들에게 수익을 조금 늘려주고 소비자들에게는 조금 색다른 맛을 접하게 해주는, 음료 시장의 곁다리 같은 존재였다. 유통은 지역별로 담당 업체가 다른 경우가 수두룩했다. 그래서 하이어스의 유통을 한 지역에서는 코카콜라 유통업체가 맡고 바로 옆 지역에서는 펩시콜라 유통업체가 맡기도 했다. 이런 상황은 우리 제품을 전국에 출시하는 데 걸림돌이 되었고 결국 나는 각지의 유통업체들은 물론 코카콜라 및 펩시 본사와도 협상하여 도움을 구하는 수밖에 없었다. 그 일로 나는 두 회사의 임원들 사이에서 꽤 유명한 인물이 되었다.

펩시코는 1980년대 중반에 스낵류를 생산하는 자회사 프리토레이로 나를 끌어오려 애썼다. 다만 타이밍도 그렇고 내게 맡기려던 브랜드(롤드골드 프레첼^{Rold Gold Pretzel})도 적절치가 않았다. 그러나 크리스코 사태 이후 나는 다른 기업들의 이직 제안에 더 마음을 열게 되었다.

피자 시장의 판을 흔들다

펩시코 쪽에서 좋은 기회가 찾아온 때는 1991년으로, 제안받은 자리는 피자헛^{Pizza Hut}의 지역 마케팅 책임자였다. 당시 펩시코는 외식업체 세 곳을 보유하고 있었다. 바로 KFC와 타코벨^{Taco Bell}, 그리고 피자헛이었다.

나는 피자헛이 진출한 국내 지역 중 서부를 맡게 되었는데, 그 범위가 오클라호마주를 시작으로 지도 맨 위쪽의 노스다코 타주, 맨 왼쪽의 서부 연안까지 포함하여 미국 본토의 거의 3분의 1에 해당했다. 물론 나 이외에도 나머지 지역을 관리하는 사람이 4명 더 있었다. 우리가 할 일은 지역별로 마케팅 전략을 실행하여 피자헛 본사가 전개하는 전국적인 판촉 캠페인을 뒷받침하는 것이었다.

내가 담당한 지역은 포장과 배달 주문 전문점을 늘린 덕분에, 피자헛의 성장세가 전국에서 가장 빨랐다. 전통적으로 피자헛은 직접 방문하여 식사하는 손님 위주로 장사를 해왔다. 그러나 우리 지역에서 인구가 밀집한 곳은 땅값이 비쌌기 때문에 커다란 붉은 지붕을 올린 피자헛 식당의 개수는 제한될 수밖에 없었다. 반면에 포장·배달 전문점들은 공간을 훨씬 적게 차지하여 건물을 짓는데 드는 비용이 덜었다. 그 무렵 우리 서부 지역은 붉은 지붕을 올린 대형 식당에서 소규모 포장·배달 전문점으로의 전환을 선도하고 있었다.

한데 당시에 붉은 지붕 건물과 포장·배달 전문점의 비율은 피자헛 매장이 들어서는 지역만이 아니라 본사 직영점이냐 가맹점이냐에 따라서도 달라졌다. 가맹점이 서는 쪽은 대체로 시장규모가 작은 편이었고 붉은 지붕을 올린 피자헛 식당이 저녁 외식을 나온 가족들에게 여전히 인기인 경우가 많았다. 그래서인지 가맹점주들은 오로지 포장·배달 주문만 받는 작은 점포를 세우기보다 넓은 식당을 운영하며 포장·배달 주문을 함께 받길 선호했다.

이런 상황에서 마케팅계획은 전담 위원회의 결정에 따라 좌우되었다. 피자헛에는 사측과 가맹점주들을 대표하는 전국공동광고협회[National Cooperative Advertising Association]가 있었다. 기본적으로 각 집단은 2장의 표결권을 보유했고, 마케팅 방향을 결정짓는 다섯번째 표결권은 본사 직영점과 가맹점 가운데 더 큰 수익을 창출한 쪽이 가져갔다. 내가 피자헛에 입사하기 직전에 이 5번째 표결권이 회사에게 있는 상태였다.

지역의 공동광고협회 역시 비슷한 방식으로 현지의 대중매체와 마케팅 전략에 필요한 자금을 댔다. 표결권 역시 수익을 많이 낸 쪽이 다수를 가져가는 식이었다. 서부 연안 위아래 지역의 표결권 가운데 과반수는 내 쪽에 있었다. 딱 한 곳, 워싱턴주의 스포캔을 제외하고.

그 무렵 피자헛의 전국 단위 마케팅은 식당 매장과 1인용 팬피자[Personal Pan Pizza], 그리고 오전 11시부터 오후 2시까지인 점심 시간에 맞춰졌다. 나는 피자헛에 막 들어온 참이라 아직 모르는 게 많았지만 얼핏 봐도 그 계획은 내가 맡은 서부 지역에 맞질 않았다. 우리 지역에는 포장·배달만 하는 가게가 수두룩했을 뿐 아니라, 그런 지점들의 메뉴판에 1인용 팬피자는 애초에 있지도 않았다! 게다가 이 지역은 붉은 지붕을 올린 식당이라도 점심 매출이 차지하는 비중이 아주 작았고, 또 마케팅 방식도 피자헛 브랜드의 전체적인 성장을 끌어올리기에는 모자란 면이 있었다.

이런 부류의 마케팅은 오래전부터 본사 차원에서 큰 힘을 들이지 않고 가맹점주들을 만족시키는 일종의 유화책이었다. 사실 이 방식은 세월이 지나면서 점점 더 효과가 떨어지고 있었지만, 그동안 피자헛 본사는 이런 마케팅 전략이 논의될 때마다 다섯번째 표결권으로 거부 의사를 드러낸 적이 없었다.

나는 본사에서 낸 1인용 팬피자 광고 메시지를 포장·배달 광고 메시지로 덮어버리면 어떨까 생각했다. 그러면 우리 지역 포장·배달 전문점들의 판촉에 힘을 실어줄 수 있을 테니까. 하지만 본사 마케팅 부서는 그런 나를 맹비난했다. 그쪽에서는 지역 협회의 자금으로 전국 단위의 마케팅을 지원하지 않는 나를 협동심 없는 놈이라고 여겼던 것 같다. 그때 나를 옹호해준 사람은 본사의 광고매체 담당자뿐이었다. 그는 내가 요식업에 관해 이것저것 배워나가는 동안 내 편이 되어주었으며 우리 지역 상황이 어떤지도 잘 알았다.

나는 그와 함께 서부 연안 전역에 송출되는 유선방송을 활용해서 우리 쪽의 포장·배달 광고 메시지를 내보내는 방안을 논의했다. 광고주들로서는 유선방송사의 광고권을 사서 서부 연안에 광고를 내보내는 편이 지역별로 일일이 방송프로그램 광고 시간을 사는 것보다 효율적이었다.

본사의 광고매체 담당자는 이 방법의 유용성을 알고 몇 년

째 실행해보려 했지만 한 가지 문제가 있었다. 서부 각지의 모든 공동광고협회로부터 지지를 받아야 했던 것이다. 일을 진행하고 싶어도 내게는 스포캔 지역의 표결권이 없었다. 일단 그쪽 사람들을 내 편으로 만들 필요가 있었다.

지지를 구하는 법

그리하여 나는 스포캔으로 향했다. 그곳의 공동광고협회장을 만나, 내가 추진하는 마케팅이 협회장 본인과 그쪽 가맹점들 모두에게 이롭다고 설득하기 위해서였다. 쉽지 않은 일이었고 그 뒤로 수많은 방문과 전화 연락이 뒤따랐다. 하지만 결국에는 순수한 자료를 토대로 협회장을 설득하는 데 성공했다.

보통 피자헛 식당 매장이 점심 판매로 벌어들이는 돈은 전체 수익의 15퍼센트가 채 되지 않았다. 반면에 포장·배달 주문이 차지하는 비중은 60퍼센트가 넘었다. 마케팅 지원이 없다면 포장·배달 매출은 경쟁업체에 의해서나 소비 자극 요인의 감소로 인해 줄어들 가능성이 있었다.

협회장을 만난 나는 다양한 예상 자료를 들어 스포캔의 피자헛 식당 역시 인근 지역과 마찬가지로 점심 메뉴 판매와 전국적인 판촉 캠페인만으로는 부진한 매출을 채우기 어려울 것이라고 설명했다. 실제로 거기서 식당 매장을 운영하는 가맹점주들로서는 수익 증대를 위해 포장·배달 판매를 촉진할 필요가 있었다.

일찍이 크리스코 사태에서 배웠듯이, 아무리 내 판단이 옳더라도 일을 하려면 우선 나를 지지하는 사람들이 필요하다. 그래서 공식적인 절차를 밟아가며 각지의 공동광고협회로부터 내계획에 관한 동의를 꼭 얻어야만 했다.

● 혁신을 위한 핵심 ●

자신의 생각에 지지를 구하고 사람들을 내 편으로 만드는 것은 비즈니스에서 대단히 중요한 기술이다. 허나 경영대학원에서는 결코 배울 수 없는 것이다. 제각기 맡은 역할이 무엇이든 간에 우리 인간은 항시 누군가에게 새로운 아이디어 혹은 어떤 문제에 관한 새로운 접근법을 '납득'시켜야 하는 입장에 있다. 효과적으로 납득을 시키려면 같은 문제를 두고 다른 사람들이 어떤 생각을 하는지 이해해야 한다. 그들이 생각하는 최고의 해법은 무엇인가? 당신이 제안한 계획에서 그 사람들은 어떤 문제점을 발견했는가? 당신은 이 두 가지 시각을 어떻게 잘 조합하여 최적의 해결책을 도출할 것인가?

상대방의 반론을 헤아리는 것은, 내 생각에 대한 지지를 구할 때 제일 먼저 해야 할 일이다. 당신의 계획이 상대가 안고 있는 문젯거리나 근심을 어떻게 해소할 수 있는지 보여줘야 한다.

일단 설득하는 데 성공했다면 상대에게 당신의 생각을 공개적으로 지지해달라고 요구하라. 내 편을 만드는 일은 획기적인 아이디어를 현실로 앞당기는 실로 유일한 길이다.

우리가 유선방송을 통해서 서부 연안 전역에 내보낸 영상은 공교롭게도 햄과 파인애플을 얹은 하와이안 피자 광고였다. 배경음악으로 드라마 《하와이 파이브 오Hawaii Five-O》•의 주제곡을 쓴 그 영상은 정말 끝내줬다. 서부 연안의 피자헛 식당들은 포장·배달 판매에서 훌륭한 성과를 올렸고, 전국적으로는 우리 쪽 식당들도 포함해서 1인용 팬피자를 중심으로 한 점심 매출이 급격히 증가했다.

그러나 내가 앞서 예측했듯이 당시의 전국 마케팅은 피자헛 브랜드의 전체적인 성장을 끌어올리기에 충분치 않았다. 해당 기간에 총수익이 늘어난 곳은 서부 지역뿐이었는데, 비결은 균형 잡힌 전략을 세우고 유선방송을 잘 활용한 데 있었다. 이는 생각보다 일찍 찾아온 큰 승리였다.

•   미국에서 1968년부터 1980년까지 방영된 인기 드라마로, 한국에서는 1970년대에 KBS에서 《5-0수사대》라는 제목으로 방영되었다. 이 드라마의 주제곡은 KBS의 《일요일은 즐거워》 속 코너 '99초 스탠바이 큐'를 비롯한 여러 예능 방송에서 자주 활용되었다.

업종 전환의 전조

같은 시기에 나는 또다른 배움의 길을 걷고 있었다. 업무가 아니라 순전히 개인적인 일이었지만 말이다. 어릴 적에 친구들 집과 오락실을 들락거리며 비디오게임을 즐겼던 나는 마침내 나만의 게임기를 갖게 되었다. 바로 슈퍼 닌텐도 엔터테인먼트 시스템^{Super Nintendo Entertainment System}, 이른바 SNES●였다.

이 게임기에는 게임팩이 하나 딸려 왔는데 그건 바로 〈슈퍼 마리오 월드〉였다. 그때 나는 정말 쉬지 않고 이 게임을 즐겼다. 특유의 배경음악과 하늘을 날고 물속을 누비는 마리오의 능력에 완전히 빠져 들었다. 결국 나는 게임에서 얻을 수 있는 최대치의 목숨 99개를 가지고, 모든 숨은 장소를 찾아내며 이 게임을 완전히 클리어했다.

그렇게 수많은 스테이지를 깨고 목숨을 모으려면 게임 실력은 물론이거니와 「닌텐도 파워^{Nintendo Power}」나 「일렉트로닉 게이밍 먼슬리^{Electronic Gaming Monthly}」 같은 잡지의 정보도 꼭 필요했다. 나는 열성적인 게이머가 되었다. 게임은 나의 '완벽주의' 성향을 잘 드러냈다. 나는 어떤 게임이든 100퍼센트 완벽하게 끝내지 않고는 못 배기는 사람이었다. 비디오게임이나 상품의 판촉

● 1990년 일본에서 출시된 닌텐도의 가정용 16비트 게임기 '슈퍼 패미컴^{Super Famicom}'의 북미·유럽판 명칭. 북미 지역에는 1991년 여름, 유럽에는 1992년 여름에 출시되었으며 우리나라에서는 현대전자를 통해 '슈퍼 컴보이'라는 이름으로 1992년 말에 출시되었다. 북미판 SNES는 일본·유럽·한국에 출시된 제품들과 기기 디자인이 달랐고 게임팩 호환도 되지 않았다.

캠페인 할 것 없이 매사에 이기고 싶어 했던 내 승부욕, 내 경쟁
심을 부채질한 것은 바로 그런 성격이었다.

나는 주말마다 비디오게임을 파는 상점가를 돌아다니며 새
로운 게임을 찾곤 했다. 그때 내가 사서 즐겼던 SNES 게임은
70가지를 넘었다. 아주 나중에 닌텐도 미국 지사의 영업·마케
팅 총괄전무가 되어서 알고 보니, 평균적으로 SNES 사용자들
이 소유한 게임 개수는 8개 정도였다고 한다. 나는 슈퍼 NES의
슈퍼 게이머였던 것이다.

당시에 〈슈퍼 마리오 월드〉보다 내 마음을 사로잡을 게임은
없으리라고 생각했지만, 〈젤다의 전설: 신들의 트라이포스〉를
해보고는 생각이 달라졌다. 그때 나는 이 게임을 마치 부업처럼
하고 있었다. 낮에는 피자헛의 마케팅계획을 짜고 퇴근 후에는
저녁을 먹은 뒤 밤늦게까지 〈젤다의 전설〉을 붙들고 있었다. 이
게임은 전략적인 사고와 창의성을 함께 요구했다. 게임 스토리
를 진행하며 특정 부분에서 무력으로 적들을 해치울지 아니면
뒤로 물러나 주인공의 체력을 보충할지 선택해야 한다는 점에
서는 전략이 필요했고, 앞으로 나아가기 위해 곳곳에 배치된 퍼
즐을 풀어야 한다는 점에서는 창의성이 필요했다.

나는 어떻게든 게임의 끝을 보고 싶었던 나머지 혼자서 퍼즐
을 풀 수 없을 때는 닌텐도 게임플레이 핫라인^{Nintendo Game Play Hotline}
에 전화를 걸어 도움을 요청했다. 처음 전화했을 때 그쪽에서는
이 게임의 퍼즐을 푸는 기본적인 방법 정도만 이야기했다. 어

쨌든 그 설명은 전혀 도움이 되지 않아서 나는 다시 전화를 걸었다.

"여보세요, 좀전에 전화했던 사람인데요. 아까 통화한 상담사분은 아주 원론적인 설명만 해주셨어요. 저는 정확한 답을 원한다구요!" 얼마 있다가 상담사는 내게 해답을 알려주었는데, 나중에 닌텐도 임원이 되고서 나는 게이머에게 그렇게 직접 답을 알려주는 것이 사내의 금기 사항임을 알았다. 물론 원하는 답을 얻었던 그때는 정말 고마웠지만 말이다.

당시에 나는 이미 결혼을 해서 아이가 셋 있었다. 그중 우리 장남은 나와 마찬가지로 이 〈젤다의 전설〉에 푹 빠져 있었다. 그래서 게임 내에 저장된 세이브 파일도 2개였다. 아들 녀석은 잠들기 전까지 내가 게임하는 모습을 지켜보곤 했다. 그리고 낮에 학교에서 돌아오면 내 세이브 파일을 열어서는 자기가 자는 동안 내가 어디까지 스토리를 진행했는지 확인하고, 다시 본인의 세이브 파일을 열어 똑같이 그 지점까지 게임을 했다.

그러던 어느 날 밤 나는 드디어 최종 보스전에 도달했다. 이번 적만 물리치면 게임을 완전히 끝마칠 상황이었다. 하지만 시계를 보니 거의 새벽 3시가 되었고, 몇 시간 뒤면 출근 준비를 해야 했기에 어쩔 수 없이 게임을 중단했다. 두어 시간 정도를 자고 출근했지만, 회사에 있는 내내 머릿속에는 얼른 게임을 하고 싶다는 생각뿐이었다.

저녁에 퇴근해서 집으로 돌아오니, 아들놈이 잔뜩 신이 나서

꽥꽥 거리는 소리가 들렸다. 가슴이 철렁 내려앉았다. 무슨 일인지는 안 봐도 뻔했다. 녀석은 게임의 내 세이브 파일을 열어보고 그때부터 최종 보스를 이기기 위해 몇 시간이나 게임을 붙들고 있었다. 그러다 내가 현관으로 들어서기 직전에 기어이 끝을 낸 것이다.

녀석은 이 게임을 처음 클리어했을 때 딱 한 번 확인할 수 있는 최종 성적을, 나는 앞으로 절대 못 볼 그 화면을 직접 볼 수 있었다. 나중에 닌텐도에서 일할 때 나는 '젤다의 전설' 시리즈의 아버지이자 제작자인 미야모토 시게루宮本茂씨가 엔터테인먼트 소프트웨어협회 챔피언상Entertainment Software Association Champion Award을 받던 날 수백 명에 달하는 게임업계 사람들 앞에서 이 일화를 이야기했다. 미야모토씨는 이렇게 묻기도 했다. "레지씨, 진짜로 그런 일이 있었어요?" 그 말에 나는 더욱 힘주어 대답했다. "네, 정말 그랬다니까요. 미야모토씨는 제가 닌텐도 직원이 되기 훨씬 전부터 그렇게 저와 제 가족의 마음을 움직이고 있었어요."

잘못을 인정하고, 올바른 길로, 빠르게

1993년 봄, 피자헛의 마케팅 본부장에게서 전화가 한 통 걸려왔다. 용건은 캔자스주 위치타시에 있는 피자헛 본사로 와서 중요한 프로젝트를 맡아달라는 것이었다. 내가 맡은 서부 지역은 당시 '빅풋 피자Bigfoot Pizza'라는 신메뉴의 시험 판매 시장으로 결정된 상태였다. 마케팅 본부장은 내가 본사의 마케팅 부서 소속이 되어, 해당 프로젝트를 대대적으로 관리해주길 원했다.

그 무렵 미국은 경기침체를 겪었고, 피자헛의 경쟁사인 리틀 시저스Little Caesars가 피자 한 판 값에 두 판을 포장 판매하여 인기를 얻던 참이었다. 맛이나 식감은 피자헛에 비할 바 아니었지만 그런 건 문제가 아니었다. 값싸고 양이 많은 음식, 그게 그 시절 일반 소비자들이 원하는 것이었다.

그래서 우리가 내놓은 해답이 빅풋 피자였다. 반죽을 가로 약 30센티미터, 세로 약 60센티미터짜리 직사각형으로 펴서 만든 빅풋 피자는 리틀 시저스 피자 가격과 같았지만 포장 구매만이 아니라 배달 주문도 가능했다.

다행히 빅풋 피자는 회사의 매출과 수익성 증대에 크게 일조했다. 이 피자는 한 판을 굽는 데 10분씩 걸렸는데 과연 각 매장에서 주문량을 다 소화할 수 있는지 계산해봐야 할 정도였다. 저녁에 주문이 몰릴 때면 정말 쉴틈없이 피자를 만들어야 했다. 나는 시험 판매 현황을 살피려고 피자헛 식당에서 저녁 시간을 보내는 날이 많았는데 밀려드는 주문으로 빅풋 피자의 수요를 맞추느라 진이 빠지기 일쑤였다.

더 나아가, 빅풋 피자의 전국 출시를 위해서 피자헛의 전국공동광고협회를 설득하는 일 역시 내 임무였다. 하지만 서부 연안 지역에 광고를 내보내던 때와 같은 문제에 부딪혔다. 커다란 붉은 지붕 매장을 운영하는 가맹점주들에게 포장·배달 판매는 그리 중요한 일이 아니었다. 마침 시험 판매 시장을 더 늘려야 했던지라 나는 그런 가맹지점들에서도 시험 판매를 했고 이후 점주들은 긍정적인 변화를 직접 경험할 수 있었다.

그러나 빅풋 피자의 포장·배달 판매로 수익이 느는 것을 두 눈으로 확인하고, 또 동시에 리틀 시저스의 위협을 체감했음에도 그들은 설득에 쉽게 응하지 않았다. 하나 최종적으로는 다들 우리의 마케팅 전략을 지지하기에 이르렀고 빅풋 피자는 전국 출시와 함께 혁신성을 인정받아 상을 받기도 했다.

이후 나는 빅풋 피자의 판매 추이와 성과를 살폈다. 전국 출시로부터 약 6개월이 지나자, 시장조사에서 문제점이 하나 보였다. 빅풋 피자는 저렴한 가격으로 크게 만들어 파는 만큼 피자헛의 기존 피자들과는 다른 반죽과 치즈를 사용할 수밖에 없었다. 사실, 음식의 질은 들인 비용에 비례하기에 빅풋 피자는 피자헛의 전통적인 피자들보다 질이 떨어졌다. 당시에 시행한 시장조사는 고객들이 그런 차이를 눈치 챘다는 것을 보여주었다.

빅풋 피자의 반죽은 일반 피자보다 얇아서, 소스와 치즈를 제대로 바르지 않을 경우 모서리가 잘 탔다. 또 완전히 익히지 않으면 지방함량이 많은 치즈에서 기름기가 배어나와 피자가 눅눅해지곤 했다. 이런 단점은 리틀 시저스에서도 보였기에 우리는 빅풋 피자에 관한 부정적인 평가를 기꺼이 수용했다. 하지만 그와 동시에 소비자들은 피자헛의 다른 피자들까지 나쁘게 평가하기 시작했다. 기존 음식들의 조리법은 하나도 바뀌지 않았는데도 말이다. 이 문제는 도저히 받아들일 수 없었다.

　나는 본사 경영진에 이 결과를 제출하고 빅풋 피자를 그만 팔아야 한다고 주장했다. 참으로 어이없는 상황이었다. 빅풋 피자의 출시를 열렬히 지지하며 누구보다 열심히 일 해온 사람이 이제는 장사를 접어야 한다고 말하다니.

　물론 거기에는 분명한 이유가 있었다. 나는 우리 음식에 관한 고객만족지수가 얼마나 떨어졌는지 밝히고, 이로 인해 피자헛 브랜드의 좋은 이미지까지 동반 하락할 위험이 크다고 설명했다. 그리고 그동안 우리가 리틀 시저스의 공세를 얼마나 약화시켰는지 보여주면서 이제는 파파존스$^{Papa John's}$처럼 품질로 승부하는 경쟁업체들 쪽으로 눈을 돌려야 한다고 강조했다. 브랜드의 앞날을 길게 내다본다면 확실히 그 방향이 옳았고, 결국 빅풋 피자는 전국의 피자헛 매장에서 모습을 감추게 되었다.

　이 일은 내게 정말 큰 가르침을 주었다. 나는 회사에 수십억 달러의 수익을 안겨준 신메뉴를 내고 그 덕에 여러 가지 상도 받았지만 얼마 지나지 않아서 이 사업을 접어야 했다. 당시의 경험으로 내 머릿속에서는 사업계획을 필히 장기적인 관점에서 살펴야 한다는 것, 또 아무리 고통스러워도 올바른 결정을 추구해야 한다는 생각이 더욱 확고해졌다. 그뿐 아니라 스스로 실수를 인정하고 재빨리 방향을 바꿔 더 좋은 해법을 찾는 것이 중요하다는 깨달음도 얻을 수 있었다.

● 혁신을 위한 핵심 ●

일을 하면서 장기적인 안목을 갖추기란 꽤나 어렵다. 흔히 사람은 새로운 아이디어나 계획으로부터 즉각적인 만족을 얻길 원하기 마련이니까. 일반적으로 기업은 눈앞의 결과에 초점을 맞추고 어떤 결정에서 파생될 수 있는 모든 가능성을 따져보려 한다. 그러나 이러한 사고의 틀에 갇혀서 꼭 해야 할 결정을 미루어서는 안 된다. 자기 나름의 가설과 이론을 세워가며 일하라. '우리가 이렇게 하면 이런 일이 생길 가능성이 있다. 성과는 분명히 크다. 하지만 뒤따르는 몇몇 문제들을 어떻게 완화할 것인가?' 그렇게 하나둘씩 쌓아온 당신만의 가설과 이론들은 점점 더 큰 성공을 불러올 것이다. 자신 있게 앞으로 나아가라.

6

지나친 낙관

참 다행스럽게도 나는 직장생활 초기에 회사일의 어떤 부분이 내게 즐거움을 주는지 깨달았다. 나는 빠른 변화를 좋아한다. 끊임없이 진화하는 비즈니스는 짜릿한 흥분을 안겨준다. 그런 이유로 나는 요식업 관련 일을 무척 즐겼고 나중에 엔터테인먼트와 비디오게임 분야에서도 성공적인 경력을 쌓을 수 있었다.

나는 복잡한 것도 좋아한다. 특히 나는 어떤 비즈니스를 주제로 여러 쟁점과 잠재적인 해결책을 깊이 생각해보고, 각각의 해법을 적용할 때 발생할 수 있는 영향에 관해 검토하기를 좋아한다. 물론 복잡한 일을 맡았을 때 아무것도 못하고 스트레스만 잔뜩 받는 사람들도 종종 있다. 하지만 내게는 그런 상황이 열정적으로 달려들어 문제를 해결하고 소비자들을 흥분시키는 동시에 비즈니스를 진전시키기 위한 도전처럼 느껴졌다.

　나는 한 발 뒤로 물러나 큰 그림을 보고, 도전 과제를 비판적으로 들여다보며, 어려운 상황을 전략적으로 극복하는 방법을 배웠다. 그리고 미리 손쓰지 않으면 크게 불거질 수 있는 작은 사안들을 언제 살펴야 하는지도 배웠다. 이처럼 한편으로는 망원경으로 전체를 조망하며 전략적인 집중도를 높이고, 또다른 한편으로는 현미경으로 작은 부분을 꼼꼼히 살펴보는 균형 잡힌 사고는, 차츰 나만의 핵심역량이 되어주었다.

● 혁신을 위한 핵심 ●

나는 지금까지 여러 직장에 몸담으며 전체 상황을 잘 파악하거나 세세한 일들을 잘 관리하거나, 그렇게 둘 중 어느 한쪽에만 유능한 사람들을 많이 봐왔다. 그러나 최고의 비즈니스 리더들은 두 가지 능력을 동시에 갖추고 필요한 타이밍에, 심지어는 같은 회의중에도 능수능란하게 시야의 폭을 조절하곤 한다.

세계적인 외식기업으로의 변신

　나는 그러한 능력을 판다익스프레스^Panda Express와 판다인^Panda Inn의 모기업인 판다매니지먼트컴퍼니^Panda Management Company: PMC에서 실제로 발휘했다. PMC는 내가 피자헛 다음에 이직한 회사다. 거기서 나는 처음으로 한 부서를 이끌게 되었고 회사 전체 업무를 총괄하는 임원진에도 이름을 올렸다.

 PMC는 가족이 경영하는 비상장기업으로, 당시에 주식상장을 목표로 식당 가맹사업을 확장하면서 급속히 성장하고 있었다. 다른 요식업종과는 다르게, 당시 중국 음식 쪽에는 시장을 선도하는 가맹사업체가 없었다. 지금도 그렇지만 이 분야는 작은 식당을 운영하는 자영업자들이 대다수를 차지했다. 그 시절 미국의 동네 중국집은 주문을 하고도 어떤 음식이 나올지 도무지 알 수 없는 수준이었다. 음식에서 중요한 것은 좋은 맛과 일관성 있는 품질이다. 손님에게 친절하고 성실하게 응대하는 종업원 역시 다른 식당과의 차별화에 한몫을 한다. 그때 판다익스프레스는 이 모든 요소를 아우르는 황금 기준을 세우고 미국 최초의 중식 프랜차이즈 브랜드로 발돋움하려 애쓰던 참이었다.

 판다라는 이름이 붙은 최초의 중식당은 중국계 미국인인 앤드루 청Andrew Cherng과 중식 요리사이자 그의 아버지인 밍차이 청Ming-Tsai Cherng이 1973년 캘리포니아주의 패서디나에 연 고급 중식당 판다인이었다. 이들이 운영하던 몇 개의 식당이 패스트캐주얼fast-casual• 외식기업인 판다익스프레스로 성장하는 데는 앤드루

• 패스트푸드와 패밀리 레스토랑의 중간 개념으로, 패밀리 레스토랑 수준에 가까운 품질의 음식을 종업원들의 서빙 없이 패스트푸드처럼 빠르게 제공하는 식당을 일컫는다.

의 아내 페기 청^{Peggy Cherng}의 역할도 컸다.

1994년에 청씨 일가는 세계적인 외식기업을 만들자는 목표 아래 뛰어난 외식경영 전문가인 조셉 미카트로토^{Joseph Micatrotto}를 고용했다. 나는 바로 다음해에 마케팅 부서의 책임자로 스카우트되었다.

마케팅 부서장은 내가 더없이 바라던 자리였다. 조직규모는 작았다. 하지만 우리 부서원들은 나를 중심으로 요식업 분야의 혁신이 무엇인지를 체계적이고도 명확하게 이해하고 있었다.

당시에 판다익스프레스 식당들은 대부분 쇼핑 시설의 푸드코트에 자리잡고 있었다. 판다 브랜드는 이런 환경에서 특히 눈에 띄었다. 음식의 질이 아주 좋기도 했거니와 오후에 쇼핑몰이 한가한 시간이면 판다익스프레스 종업원들이 푸드코트 근처의 공용 장소에서 잠재고객들에게 맛보기용 음식을 자주 나눠주었기 때문이기도 했다.

나는 쇼핑몰 방문객들이 우리 식당을 더 많이 찾도록 매장 밖 홍보를 더 많이 하라고 독려했다. 또 새로운 요리를 개발하고 이 신메뉴들을 판다의 베스트셀러인 오렌지 치킨^{Orange Chicken}과 더불어 테마별로 홍보하는 데 필요한 전략을 세웠다. 오렌지 치킨은 판다익스프레스에서 세트메뉴를 주문하는 손님들 가운데 60퍼센트 이상이 선택하는 인기 요리였다. 하지만 품이 많이 드는 메뉴이기도 했는데, 닭고기를 준비하고, 반죽을 입히고, 튀긴 다음, 매콤한 오렌지소스에 버무려 볶는 등 여러 가지 과정이 필요하기 때문이었다.

우리는 판다의 수석 주방장과 함께 보기에도 좋고 맛도 좋으면서 오렌지 치킨보다 만들기 쉬운 요리들을 고안해냈다. 이는 소비자와 회사 모두에게 이로운 선택이었다. 이어서 우리는 새로운 메뉴에 어울리는 홍보용 테마를 기획했고 그 덕분에 판다 매장을 찾는 유동인구는 더욱더 늘어났다.

아스파라거스에 문제가?

신메뉴 판촉을 위해서 짜낸 테마들 중에는, '중국의 풍미The Taste of China'라는 것이 있었다. 치킨 아스파라거스 춘장 볶음chicken and asparagus in black bean sauce의 홍보용 테마였는데, 이 요리는 내가 판다 브랜드에서 가장 좋아하는 것이었고 소비자들에게도 정말 인기가 좋았다. 하루에 팔리는 전체 메뉴 가운데 대략 4분의 1을 차지할 정도였으니 말이다. 그런데 구매부 책임자인 데이비드 파슬리David Parsley가 갑자기 나를 찾아왔다. 데이비드는 나와 같은 시기에 PMC의 주식상장을 목표로 함께 채용된 인물로, 우리가 치킨 아스파라거스 춘장 볶음을 개발하고 판촉 전략을 짜며 조직적인 지원을 받는데 큰 도움을 주었다.

그가 근심 가득한 얼굴로 말했다. "레지, 문제가 생겼어요. 아스파라거스에 무슨 마름병인가 뭔가가 발생했나 봐요. 앞으로 몇 주 동안은 아스파라거스 가격이 배로 뛸 텐데, 어쩌면 비용이 예상한 것보다 훨씬 더 커질 수도 있어요."

보통 문제가 아니었다. 아스파라거스는 새로 홍보중인 메뉴들의 재료 중에서 많은 비용이 드는 채소였다. 이렇게 재료 가격이 급등한다면 해당 메뉴를 아예 없애거나 판촉을 그만둬야 하는 상황이 올 수도 있었다. 게다가 회사는 신메뉴를 위해 춘장도 미리 사들인 상황이었다.

대안을 모색하기 위한 비상회의가 열렸다. 준비한 재료들을 못 쓴 채 괜한 비용 낭비로 끝나지 않도록 심사숙고해야 했다. 우리는 메뉴를 치킨 브로콜리 춘장 볶음으로 변경하고 홍보 계획에 새로 추가하기로 했다. 브로콜리는 매장에서 항시 쓰는 재료였고 구매량을 늘린다고 해도 문제될 것이 없었다.

바뀐 메뉴의 이미지 자료와 판촉물을 다시 만들려면 서둘러야 했다. 새 조리법을 도입하고 홍보자료를 모두 바꾸는 데는 2주가 걸렸다. 데이비드는 다른 식자재 거래처를 알아보고 그동안 쓸 아스파라거스를 확보했다. 그리고 새로운 홍보 메뉴에 쓸 브로콜리를 대량으로 주문했다.

이 일화는 어떤 문제 앞에서 한 발 물러서서 그 심각성을 파악하고, 그것이 회사의 재정 건전성에 어떤 영향을 미칠지 살핀 뒤, 세부 요소들을 들여다보며 효과적인 해법을 찾는 전형적인 문제 해결 사례다.

업무 중에 맞닥뜨린 난제들은 곧장 답을 내기가 어렵지만, 어떻게든 해결하고 나면 몇 가지 좋은 점이 있다. 이 사례에서는 두 가지 좋은 점이 있었다. 데이비드와 나는 이미 친한 사이였지만, 그 일로 업무적으로나 개인적으로나 더욱 친해졌다. 또 당시의 경험으로 나는 PMC라는 조직을 두루 신뢰하게 되었고 그중에서도 특히 식당 운영팀에 굳은 믿음을 갖게 되었다. 이러한 관계는 그뒤에 내가 맞이한 도전에서 큰 힘을 발휘했다.

상가 식당 콘셉트

PMC를 주식시장에 신규상장시키려면 강력한 성장 스토리가 필요했다. 물론 새로운 쇼핑몰에 판다익스프레스가 꾸준히 입점했고 또 대다수 지점의 매출이 늘었기에 회사는 계속 성장하고 있었다. 그러나 이미 1990년대 중반에 경영진은 고급 쇼핑몰에 가게를 내는 것만으로는 확장성에 한계가 있다고 느꼈다. 투자자들을 열광시키려면 세계 각지의 어느 거리에서든 쉽게 접근할 수 있는 식당이 필요했다. 바로 동네 중식당과 경쟁하고 포장과 배달 주문까지 가능한 일반 상가 식당이었다.

판다는 이미 이러한 유형의 매장을 내본 적이 있지만, 결과는 실패였다. 따지고 보면 그것은 쇼핑몰 푸드코트에 있는 식당을 그냥 밖으로 옮긴 데 지나지 않았다. 음식을 보온 진열대에 미리 만들어두고, 주문이 들어오면 손님이 보는 앞에서 그대로 그릇에 퍼주는 방식은 여전했다. 별도의 마케팅도 없었고 음식 종류도 쇼핑몰에서 파는 것과 똑같았다. 또 집에서 온가족이 먹기에 적합한 4-5인분 세트메뉴 대신 기존에 두어 가지 요리를 묶어 팔던 세트메뉴에 초점을 맞췄다. 장사가 안 된다고 해도 이상한 일이 아니었다.

나는 회사의 주식상장 계획에 박차를 가할 차세대 매장 설립 프로젝트의 책임자가 되었다.

내가 프로젝트 리더로 선정된 데 모두 찬성표를 던진 것은 아니었다. 내 능력을 의심하던 이들은 이렇게 물었다. "마케팅 일만 하던 사람이 식당 운영이나 소규모 상권 경제를 얼마나 알겠어?" "부동산에 관해서는 뭐 아는 게 있을까?" 새로운 판다익스프레스 식당들이 들어서기에 알맞은 위치를 찾는 것은 정말 중요한 일이었다.

피자헛에서 일할 때 그런 사안을 늘 다루고 접하기는 했지만, 내가 그쪽 전문가가 아닌 것도 엄연한 사실이었다. 기업의 리더들은 종종 특정 프로젝트에 관한 배경지식이나 필요한 기술 등을 온전히 갖추지 못한 채 시험대에 오르곤 한다. 이러한 상황에서 성공을 이끌어 내는 핵심 요소 2가지가 있으니, 하나는 뚜렷한 지향점이고 또다른 하나는 다른 전문가나 외부 경험으로부터 빠르게 배우는 능력이다.

당시 내 머릿속에는 일반 상가의 판다익스프레스 식당이 가야 할 방향이 확실히 잡혀 있었다. 또 이러한 비전을 현실화하기 위해 회사 내의 전문가들에게 묻고 배울 의지도 있었다. 내가 그리던 판다익스프레스의 모습은 소문 그대로 모든 음식 맛이 끝내주는 그런 식당이었다. 거기에다 손님들이 자주 식당을 찾아도 질리지 않을 만큼 다채로운 메뉴를 마련하는 것이었다.

점심시간에 매장 안에서 주문 가능한 세트메뉴와 좌석수는 제한할 생각이었다. 나는 장사의 초점을 포장 판매에 맞추고 나중에는 배달과 드라이브스루 판매도 하자고 계획을 잡았다.

식당 운영에도 변화가 필요했다. 나는 보온 진열대에 미리 만들어둔 음식을 두는 것을 그만두고 주문과 동시에 조리하는 방식으로 바꾸고 싶었다. 그러려면 주방의 화구 수를 더 늘려야 했는데, 어떤 음식들은 지점에 따라서 만들어야 하는 양이 다를 테니 화구 크기를 다양하게 두어야 했다. 화구 수가 는다는 말은 씻어야 할 중식 팬이 그만큼 는다는 뜻이므로 설거지 공간도 더 커져야 했다. 그리고 계산대 앞이 혼잡하지 않도록 손님들 대기열도 더 잘 관리할 필요가 있었다.

마케팅 방식 역시 개선할 부분이 있었다. 일단 피자헛에서 지역 마케팅 일을 할 때 효과를 본 방법을 가져다 쓰기로 했다. 현지 소비자들에게 식당 개점 소식과 메뉴 정보를 담은 우편물을 보내는 것이었다. 또한 성공 전략을 세움과 동시에 라디오나 텔레비전 광고를 포함한 대규모 마케팅을 얼마나 많은 지역에 적용할지도 고려해야 했다.

내가 그리던 그림은 회사측이 생각해온 방향과 달라도 한참 달랐다. 나는 어떻게든 폭넓고 다양한 아이디어를 탐색하길 원했다. 우리 프로젝트팀은 혁신을 좇아서 여러 종류의 패스트캐주얼 식당들을 찾았고 그중에는 중식이나 아시아 음식과 거리가 먼 곳도 있었다. 그리고 그렇게 색다른 콘셉트로부터 많은 아이디어를 얻었다. 그뒤로 '훔치고 재활용하라'는 말은 내 또 다른 신조가 되었다.

새롭게 구상한 판다익스프레스 식당은 모습과 운영 형태가 이전과는 완전히 달랐다. 그 말인즉슨, 내가 회사 내의 수많은 전문가들로부터 온갖 것을 배워야 했다는 뜻이다. 나는 일반 소비자의 눈에는 결코 보이지 않는 식당일의 모든 것을 배우고자 운영팀 사람들에게 질문하고 또 질문했다. 또 판다인 지점들을 찾아가 음식 준비 과정을 살펴보고 우리가 낼 새 식당에 맞게 응용하기도 했다.

그렇게 이전과는 다른 방법과 절차를 마련해가며 그 효용성에 관해 식당 운영팀을 납득시키는 것도 꼭 해야 할 일이었다. 새로운 발상은 언제나 저항에 부딪히기 마련이니까. 나는 새로운 것을 도입하고 시험하는 과정에 항상 그들을 포함시켰다. 이는 변화에 필히 뒤따르는 저항을 이겨내기 위해 내가 찾아낸 유일한 방법이었다.

시험 매장은 두 군데를 내기로 했고 장소는 우리 회사의 부동산 전문가들과 내가 직접 골랐다. 한 곳은 새로운 실험의 일환으로 드라이브스루 판매가 가능한 위치를 선정하고 싶었다. 또 다른 한 곳은 일반 주택가에 가까우면서 점심시간에 인근 상권에서 사람들이 많이 찾아올 만한 위치로 정하기로 했다. 점심과 저녁 주문량의 균형을 적절히 유지해야 한다는 피자헛 시절의 교훈에서 비롯한 결정이었다.

식당이 거리로 나온 이상, 계산대에서 주문을 받는 방식도 기존의 푸드코트 매장과는 달라져야 했다. 손님의 주문과 동시에 주방 직원들이 조리할 음식을 확인하도록 주문표 출력 기능이 연동된 시스템이 필요했다.

최종적으로 나는 PMC 전체 임원진과 이사회에게 새로운 식당의 전반적인 콘셉트를 납득시켜야 했다. 그중에서도 앤드루 청과 페기 청을 이해시키는 것이 제일 큰일이었다. 그들은 회사에서 가장 중요하면서도 누구보다 까다로운 대상이었다. 그도 그럴 것이, 이 사업을 자기 손으로 직접 키워온 업계의 전문가가 아닌가. 두 사람은 내가 구상한 식당의 콘셉트가 복잡하다고 여겼지만, 일반 상가에 들어설 새 매장의 세부 계획에 관해서는 긍정적인 반응을 보였다.

새로 낼 식당 중 첫번째는 캘리포니아주의 맨해튼 비치에 만들어졌다. 나는 틈틈이 매장을 방문했다. 주방이 완성되었을 때는 식당일이 예상만큼 잘 돌아갈지 확인하기 위해 음식 준비 단계를 살피며 이것저것 시험해봤다. 주문량이 가장 많은 시간, 직원들의 부담이 가장 심한 상황을 가정하여 모의실험을 해보았고 몇 가지 바로잡아야 할 점들을 발견했다. 개업일이 다가올수록 압박감은 커졌지만 동시에 활력도 느낄 수 있었다.

● 혁신을 위한 핵심 ●

성공적인 혁신은 언제나 핵심적인 부분, 바로 현존하는 기업이나 브랜드의 주된 가치 혹은 해결이 필요한 주요 문제들로부터 시작된다.

자신이 몸담은 업종과 해당 분야에서 수익을 내는 주요 방편들을 깊이 이해해야 한다. 소비자들에게 우리 브랜드가 어떤 의미로 와닿는지를 파악하라. 특히 소비자가 선택할 수 있는 다른 브랜드들과 어떤 점이 차별화되었는지를 알아야 한다.

판다익스프레스의 경우, 핵심은 맛좋은 음식과 직원들의 훌륭한 서비스였다. 우리는 푸드코트를 벗어나 새로운 매장을 내면서 그 두 가지를 제외한 거의 모든 것을 바꿨다. 물론 맛있는 음식과 질 높은 서비스는 계속해서 우리 식당을 경쟁업체들과 차별화하며 고객들에게 이 브랜드가 갖춘 최고의 편익을 제공했다.

모든 선택과 행동이 옳아도 결과가 늘 옳지는 않다

수익성을 따져보니 새로운 콘셉트의 매장은 점포당 평균 매출이 줄잡아 한 해에 백만 달러는 나와야 했다. 과거에 냈던 일반 상가 식당의 매출이 그 3분의 1 수준이었다는 점을 생각하면, 달성할 가능성이 극히 낮은 수치였다.

다행히 맨해튼 비치 지점이 개업 후 올린 매출은 우리가 잡은 목표치보다 아주 높았고 그뒤로도 쭉 늘어갔다. 소비자들의 반응은 대체로 좋았다. 음식의 질은 더 말할 필요도 없이 좋았다. 또 우리 예상보다 매장을 찾은 손님이 꽤 많았지만 대기 시간 관리도 잘되었다. 이 매장이 올린 성과는 회사에도, 나 개인에게도 크나큰 승리라고 할 수 있었다.

하지만 캘리포니아주의 스튜디오시티에 낸 두번째 지점은 일이 잘 풀리지 않았다. 드라이브스루가 가능한 매장의 부지 매입 인허가가 지연된 탓이었다. 우리가 처음 들었던 것과는 다르게 드라이브스루 방식의 점포를 내려면 부지가 더 넓어야 했다. 우리는 몇 달간 스튜디오시티와 옥신각신했고 건물 공사는 계속 늦춰졌다.

결국 이 지점은 내가 PMC에 재직하는 동안에 문을 열지 못했다. 도중에 앤드루 청과 페기 청이 주식상장 계획을 철회하면서 나와 판다 브랜드가 함께한 시간은 갑작스레 끝이 나버렸다.

새로운 식당 콘셉트가 회사의 성장동력으로서 가능성을 입증했지만, 두 사람은 결국 PMC가 비상장기업으로 남아 천천히 성장하길 바란다고 뜻을 밝혔다. 이에 나와 함께 입사했던 임원들은 하나둘씩 회사를 떠나기 시작했다. 우리는 이 멋진 회사를 단번에 유례없는 수준으로 성장시킬 수 있다고 확신하며 각자 몸담았던 큰 기업에서 이곳으로 왔다. 작지만 강한 조직의 일원이 되는 것은 애초에 우리가 모인 목적이 아니었다.

앤드루, 페기 부부와의 대화는 내 마음을 특히 더 아프게 했다. 그들은 내가 해온 일을 매우 마음에 들어 했고 내게 회사 경영을 맡길 생각까지 하고 있었다. 나는 인간적인 면에서 두 사람을 정말 좋아했고 그런 마음을 말로도 전달했다. 두 사람은 차세대 매장 설립 프로젝트를 맡은 나를 굳게 믿어주었고 나는 그 경험 덕분에 많이 성장할 수 있었다.

그러나 다른 변화가 없는 이상, 최종 결정은 언제나 그들의 몫이었다. 잘 가던 방향을 바꿔 주식상장 계획을 중단하기로 결정한 것처럼, 그들은 현실을 늘 있는 그대로 보지는 않았다. 그 지점에서 나는 이 회사를 떠나야겠다고 결심했다.

● 혁신을 위한 핵심 ●

살다보면 성공을 위해 필요한 모든 일을 해왔음에도, 더이상 그 자리를 지키는 게 불가능해지는 상황이 올 때가 있다. 이는 비즈니스에서나 일상에서나 다 해당되는 말이다. 그런 상황에 부딪히면 우선 정신을 가다듬고 눈앞에 마주한 현실을 이해하라. 그리고 그것을 바탕으로 최선의 결정을 내리도록 하라. 괜한 분노나 원망은 금물이다.

또다른 길

우리 가족과 일가친척들이 모두 동부 해안 지역에 살았기 때문에 나는 되도록 그쪽에서 새 일자리를 찾고 싶었다. 기회는 요식업과 예전에 몸담았던 소비재 분야에서 한 번씩 찾아왔다. 다만 습관처럼 매번 다른 대안을 추구해온 나는 더이상 요식업계 일을 하지 않기로 했다.

내가 택한 또다른 길은 미국에서 기네스흑맥주$^{Guinnes\ stout}$와 바스에일$^{Bass\ ale}$, 하프라거$^{Harp\ lager}$, 필스너우르켈$^{Pilsner\ Urquell}$, 레드스트라이프 페일라거$^{Red\ Stripe\ pale\ lager}$ 같은 수입주류의 유통과 마케팅, 판매를 담당하던 기네스임포트컴퍼니$^{Guinnes\ Import\ Company}$였다. 이 회사를 선택하는 데는 방금 언급한 훌륭한 브랜드들도 한몫했지만, 더 큰 요인은 P&G 출신이자 이후 내 상사가 된 개리 매튜스$^{Gary\ Matthews}$라는 인물 때문이었다.

개리와 나는 P&G에서 같이 일한 적이 없었다. 그는 P&G를 떠나 펩시코로 자리를 옮겼지만 우리는 거기서도 마주친 적이 없었다. 하지만 사업 전략과 브랜드 구축이라는 측면에서 우리는 같은 틀을 공유했다. 또 빠른 변화를 추구하고 공격적으로 수익을 창출하려 한다는 점도 유사했다.

기네스에서 개리와 함께하면서 나는 일을 할 때 잊어서는 안 될 2가지 중요 사항을 다시금 확인했다. 하나는 큰 성장을 일궈내는 데 항상 참신한 아이디어가 필요하지는 않다는 것이다. 기존의 아이디어를 잘 살리는 것만으로도 굉장한 결과를 불러올 수 있다.

내가 입사하기 전부터 기네스는 소비자들을 대상으로 'Win

Your Own Pub'이라는 판촉 캠페인을 벌여왔다. 이는 응모 고객 중 한명에게 아일랜드에 살면서 직접 호프집을 운영하고 매일 같이 맥주잔을 기울일 기회를 주는 캠페인으로, 기네스 매니아들에게는 그야말로 꿈을 실현할 기회였다. 이 아이디어를 낸 담당팀은 이미 술집을 중심으로 홍보활동을 펼치고 있었다. 하지만 소매점을 대상으로는 거의 홍보가 없었다.

그 무렵 기네스는 뚜껑을 열면 흑맥주 안에 질소를 방출하는 장치가 삽입된 캔 제품을 막 출시한 참이었다. 질소는 흑맥주를 잔에 부을 때 진한 거품을 폭포수처럼 쏟아내게 하는 효과를 냈고, 이산화탄소만 함유한 일반 라거 맥주와 다르게 기네스흑맥주에 크림처럼 부드러운 질감을 더해주었다.

나는 'Win Your Own Pub' 캠페인 범위를 신제품과 연계해서 소매점까지 넓히자고 회사에 제안했고, 결과는 대성공이었다. 소비자들은 캔으로 출시된 기네스흑맥주와 혁신 그 자체였던 조그마한 질소 방출용 구슬을 즐겼다. 소매상들 역시 우리 캠페인을 매우 반겼는데, 미국산 맥주보다 수입 맥주를 파는 것이 더 이득이었기 때문이었다.

강한 추진력을 갖고 기존에 잘 활용되지 않은 아이디어를 다시 살리는 것은 성공을 이루는 훌륭한 방편이다. 당시 우리 회사는 기네스 플라^{Guinnes Fleadh}라는 행사를 준비하고 있었다. 참고로 플라는 옛 아일랜드식 춤과 노래를 토대로 한 문화제와 음악 축제를 뜻한다.

첫번째 기네스 플라는 내가 이 회사에 막 합류했을 때 뉴욕시에서 열렸다. 축제가 벌어지는 이틀간 방문객을 모으는 주요 포인트는 행사장에서 기네스임포트컴퍼니의 수입 주류 브랜드만을 제공한다는 것이었다. 지역 내의 유통만 생각하면 성과가 꽤 쏠쏠했지만, 뉴욕시를 벗어나서는 비즈니스 측면에서 전혀 파급효과가 없는 그런 행사이기도 했다.

바로 다음해에 나는 행사 담당팀과 협력하여 기네스 플라를 뉴욕과 시카고, 산호세에서 개최하고 미국 전역에서 우리 상품의 수요가 생기도록 홍보 범위를 넓혔다. 그 덕분에 소매시장에서는 기네스흑맥주와 바스에일, 하프라거가 동시에 주목을 받았다. 그뒤로 우리 회사가 다루는 모든 브랜드의 판매량이 대폭 증가했다. 그렇게 상품 판촉과 연계한 행사는 대성공을 거뒀고 우리는 기네스 플라의 개최 도시 수를 해마다 늘리기로 계획을 수립했다.

이런 상사, 저런 상사

일을 하면서 잊어서는 안 될 두번째 중요 사항은, 훌륭한 상사 없이 성공하기란 불가능하다는 것이다. 마치 누구나 알 것 같지만 실제로는 많이들 놓치는 이 교훈을 나는 기네스임포트컴퍼니에서 배울 수 있었다.

당시에 우리 팀이 좋은 성과를 내면서 내 상사였던 개리는 승진과 함께 영국으로 이동하여 훨씬 더 큰일을 맡게 되었다. 나

는 회사에 들어온 지 그리 오래 되지 않은 참이라 개리의 자리
를 이어받지는 못했다. 대신 그 자리는 기네스 아일랜드 지사에
서 온 어떤 임원에게 돌아갔다.

어쩌면 고국을 떠나서 사는 게 힘들었거나 미국의 복잡한 주
류법을 익히는 게 버거워서, 어쩌면 높은 성과를 계속 내야 한
다는 부담 때문에, 또 어쩌면 그냥 맡은 역할이 잘 맞지 않아서
그랬을지도 모른다. 진짜 이유가 무엇이었든 간에 새로 온 내
상사는 일이 잘 풀리지 않는 것이 나 때문이라고 여겼다. 그는
초반에 업무평가를 하며 이렇게 말했다.

"레지, 자네는 매사를 너무 긍정적으로만 봐. 지나치게 낙관
적이란 말이야."

"더 자세히 말씀해주시면 좋겠습니다만."

"자네는 말이야, 아이디어를 개선하는 데만 주구장창 매달린
단 말이지. 사람들을 바꿔보려고 말이야. 하지만 일을 하다 보
면 포기할 줄도 알아야 하는 거야."

더 말할 것도 없이 나는 이 대화를 나누고 얼마 지나지 않아
기네스를 떠났다. 그자는 썩은 사과 같은 존재였고 그 밑에서는
일하면서 배울 것도, 어떤 즐거움도 없었다.

정말 다행히도 예전 상사였던 개리 역시 영국에서 하던 일이
영 별로였던 모양이다. 그는 기네스를 나와서 자전거 벤처기업
인 더비사이클코퍼레이션Derby Cycle Corporation을 이끌던 참이었다.
사모펀드의 투자를 받아 설립된 더비사이클은 좋은 자전거 브

랜드들을 흡수하여 전 세계적인 판매망을 구축한다는 목표를 내세웠다. 개리는 내게 이 회사의 최고마케팅책임자 자리를 제안했다.

● 혁신을 위한 핵심 ●

훌륭한 상사란 가치를 더해주는 사람이다. 부하 직원의 아이디어를 더욱 확장시킬뿐만 아니라, 사내 정치나 까다로운 동료 관계 속에서 제대로 된 길을 찾는 데 도움을 준다. 또 본인의 경험을 잘 살려 부하 직원을 가르치고 성장하게 돕는다. 최고의 상사들은 아랫사람이 자신보다 뛰어나더라도 위협을 느끼지 않는다. 오히려 그런 상황에서 부하 직원으로부터 배움을 얻고 그 사람이 나아갈 길을 터준다.

물론 일을 하다 보면 그저 그런 평범한 상사를 만나는 경우도 있다. 그런 경우에도 계속 배우고 조직에 공헌하고자 노력한다면 당신은 좋은 성과를 낼 수 있다. 그러나 썩은 사과처럼 주변에 독소를 내뿜는 상사의 경우는 다르다. 최대한 빨리 그 사람에게서 멀어져야 한다. 지금 다니는 회사를 너무 아끼고 사랑한다면, 나쁜 상사를 떠나서 다른 일을 하게 해달라고 요구하라. 만약 그럴 수 없다면 다른 직장을 알아보는 편이 좋다. 썩은 사과 같은 상사들은 좋은 사람들을 끊임없이 곁에서 달아나게 하며 그 흔적을 남긴다. 이 문제는

> 결국 그들 자신을 옭아매고 이후 옮겨가는 팀, 사업부, 조직
> 등 곳곳을 수렁에 빠뜨리고 만다.

새로운 비즈니스 사이클

그 시절 전 세계의 자전거산업은 당시 파편화 그 자체였다. 대형 브랜드는 손으로 겨우 꼽을 정도로 적었고 시장에서 가장 큰 비중을 차지한 것은 시마노^{Shimano}라는 부품업체였다. 이런 구조 속에서 자전거 회사는 장사를 해도 마진이 별로 남지 않았다.

더비사이클은 다른 방식으로 경쟁할 길을 찾았다. 우리에게는 라레이^{Raleigh}와 유니베가^{Univega}, 다이아몬드백^{Diamondback}이라는 글로벌 브랜드가 있었다. 또 네덜란드의 가젤^{Gazelle}이나 독일의 포커스^{Focus}처럼 각 나라에서 크게 사랑받는 브랜드도 몇 가지가 있었다.

당시에 내가 맡은 직책 중 하나는 제품개발책임자였다. 우리 회사의 다양한 자전거를 업계 최고 수준으로 만들기 위해 각국의 제품 생산 관리자들과 함께 머리를 맞대고 궁리하는 역할이었다. 나는 우리가 파는 여러 가지 자전거의 호환성을 높이고 싶었다. 잘 만든 도로용 자전거라면 프랑스에서든 이탈리아에서든 미국에서든 사양이 유사해야 한다는 것이 내 지론이었다. 물론 산악자전거나 어린이용 자전거도 마찬가지여야 했다.

하지만 그 시절에는 생산 관리자마다 만들어내는 제품 사양이 조금씩 달랐다. 더비사이클이 어린이용 자전거, 산악자전거, 도로용 자전거를 비롯하여 온갖 유형의 자전거를 시장에 공급했기 때문에 이 사업은 이미 꽤나 복잡한 상황이었다. 더군다나 규격화된 제품개발 과정이 없었던 탓에 우리는 수만 가지 부품을 사들이고 있었다.

그렇게 방향성을 확립한 우리는 회사 규모를 내세워 시마노 같은 부품업체들과의 협상에서 영향력을 행사했다. 그리고 업계 최고의 디자인을 적용하여 품질이 한층 향상된 자전거를 생산하는 동시에 마진까지 늘릴 계획을 세웠다.

한편 우리는 활기라곤 찾아볼 수 없었던 자전거업계에서 독보적인 마케팅 및 영업 전략을 세웠다. 라레이와 다이아몬드백 브랜드를 위한 멋진 광고 영상을 제작했고 영세 자전거 매장들의 판촉 활동을 지원할 목적으로 영업사원들을 교육시켰다.

우리는 인터넷을 활용한 판매 방법도 구상했다. 구매자가 브랜드 정보와 제품 사양, 색상이 소개된 카탈로그를 보고 온라인으로 주문하면, 가까운 자전거 가게로 상품을 배송 받아 기본적인 점검을 거친 뒤 집으로 가져가는 방식이었다. 보통 동네 자전거 상점들은 공간이 협소하고 신용거래를 하는 데도 한계가 있어서 매장에 재고를 많이 두지 못했다. 그런 점에서 인터넷을 활용하는 것은 정말 좋은 아이디어였다. 게다가 고객 입장에서는 그야말로 수백 가지 선택지가 생기는 셈이었다.

1999년 당시에 이것은 한 업계의 판을 뒤흔들 아이디어였다. 우리 회사로서는 소매상들에게 자전거를 납품하는 유통망이 이미 확립된 상태여서, 추가 비용이 들지 않았다. 또 소비자들의 기호를 잘 알게 되면 대형 소매업체들의 간섭을 대폭 줄이고 상품 창고 단위에서 재고를 원활히 관리할 수 있었다. 회사가 초기 유통단계에서 얻는 마진이 커지겠지만 우리와 거래하는 소매상들이 타격을 입을 일은 없었다. 오히려 매장에 배송된 자전거를 찾으러 온 손님과 직접 소통할 기회가 생겼고 그 김에 원가에 비해서 마진이 크게 남는 자전거 헬멧과 의류, 관련 용품들을 함께 팔 수 있었다. 그리고 한 시즌이 시작되고 끝날 시기에는 자전거 정비 일도 겸할 수 있었다.

이 계획은 전반적으로 효과를 보였다. 더비사이클은 매우 좋은 자전거를 생산했고 소비자들은 긍정적인 반응을 보냈다. 인터넷으로 자전거를 파는 아이디어도 시험해보니 효용성이 있었다. 우리는 사업계획서를 작성하여 투자 주체인 사모펀드에 앞으로 이 회사가 얼마나 급속히 성장할 수 있는지 보여주었다.

그런데 사모펀드측은 오히려 겁을 냈다. 자전거 사업은 투자 비용을 회수하기까지 비즈니스 사이클이 도는 동안 엄청난 현금을 쓴다. 부품을 가을에 주문하면 자전거는 겨울에 생산된다. 그리고 완제품은 봄에야 각지의 자전거 판매점으로 나간다. 영세 점주들은 보통 결제 기한이 60일로 정해진 신용거래를 한다. 더비사이클에 돈이 흘러들어오는 것은 여름이 되어서, 즉 부품

값으로 거액을 지출한 뒤 9개월이 지나서다.

부품 제조사들과 신용거래를 해서 돈 나가는 시간을 늦춘다 하더라도 투자금이 회사로 되돌아오는 주기가 너무 길었다. 우리가 세운 성장 계획을 지원하려면 사모펀드가 더 많은 돈을 대야 하는 상황이었다.

사모펀드측은 이 비즈니스모델을 반기지 않았다. 그쪽이 선호하는 방향은 현금이 적게 드는 사업이었다. 우리가 제시한 사업 계획과 투자금 규모는 투자자들에게 불안감을 심어주었다. 돌아온 것은 계획을 축소하고 성장 속도를 늦추라는 요구였다. 우리는 상황을 지나치게 낙관했던 것이다. 반면 회사 경영진은 완만한 성장을 추구할 생각이 없었다. 결국 나는 또다시 일은 다 잘해놓고 결과를 못 본 채 해체된 팀의 일원이 되고 말았다.

이 경험으로 나는 또하나 큰 교훈을 얻었다. 이직을 하거나 새로운 업무를 맡을 때, 정말 완벽하게 잘 맞다고 느껴지는 때가 있다. 그럴 때 우리는 온 힘을 다해서 동료들의 화합을 도모하고, 새로 잡은 기회 속에서 작은 것까지 빠짐없이 배우며, 훌륭한 업무 계획을 세운다. 하지만 그래도 일은 언제든 잘못될 수 있다.

때로는 맡은 역할이 나와 맞지 않거나, 업무상 요구되는 지식이나 기술이 아직 부족한 경우가 있다. 그럴 때 도움을 구하고 필요한 교육을 받는 것은 다 본인의 책임이다. 묻고 배우는 것은 부끄러운 일이 아니다. 조직의 리더들은 당신이 도와달라고

만 하면 대부분 당장 두 팔을 걷어붙이고 나설 것이다. 최고의 리더들은 기꺼이 가르침을 주고 어떤 일을 해야 할지 길을 알려 줄 것이다. 단, 그 일을 당신 대신 하지는 않으리라.

때로는 기껏 세운 계획을 조직의 리더가 수용하지 않는 경우가 있다. 그런 상황에서는 윗선의 반대 의견을 진심으로 귀담아 듣고 제기되는 지적 사항들을 잘 이해해야 한다. 그다음에는 재차 설득하려는 시도로서 추가적인 정보를 전달해야 한다. 이 말은 새로운 정보와 자료를 제시하라는 것이지 진부한 사실과 낡은 관점을 다시 들이밀라는 뜻이 아니다.

매우 드문 일이지만, 그렇게 새로운 정보를 잔뜩 수집해본 뒤에 역시 본인이 제안한 계획이 옳았다는 믿음이 더 굳건해지는 경우가 있다. 하지만 회사 경영진이 여전히 받아들이질 않는다면, 이 지점에서는 명확한 대안이 2가지 존재한다. 하나는 패배를 인정하고 조직과 궤를 같이하며 다음 계획을 향해 전진하는 것이다. 이 경우는 긍정적인 태도로 내가 속한 조직이 해당 사안을 더 예리하고 넓은 시각으로 본다고 믿어야 한다. 그리고 현재의 선택에 철저히 집중하고 결코 경영진을 헐뜯는 일은 없어야 한다.

하지만 그러지 못하겠다면, 다른 쪽으로 발길을 옮기는 편이 좋다. 다시 강조하지만 유감스러운 감정이나 적대감은 금물이다.

가장 해서는 안 되는 행동은 자신의 뜻과 맞지 않는 결정을 뒤집으려는 것이다. 이런 짓은 조직 전체에 분열을 일으키고 서로의 신뢰를 깨뜨리는 파멸적인 결과를 낳는다.

● 혁신을 위한 핵심 ●

주어진 상황이 어떻든 간에 자신이 나아갈 다음 단계를 선택하라. 일을 하다 보면 아무리 봐도 자신의 생각에 관한 확신이 드는데 윗선에서는 네가 틀렸다고 지적하는 상황을 맞닥뜨리기도 한다. 심사숙고하며 본인이 처한 상황을 분석한 뒤 대안을 찾아라. 혹시 지금 상처 입은 자존심에만 집착하고 있지 않은가? 아니면 정말로 당신이 옳고 회사와 경영진, 본인의 위치가 잘못되었다고 믿는가?

대안은 언제나 존재한다.

7

음악의 뒤편에서

지금부터 이야기할 시기는 참 쉽지 않았다. 가정에서는 이혼 소송을 겪으면서, 아이들에게 아빠와 엄마가 너희 때문에 헤어지는 것이 아니라는 것을 이해시키느라 애를 먹었다. 그때 큰아들은 15살, 작은 아들은 11살이었고 막내딸은 5살이었는데, 아이들 모두 우리 부부의 이혼 때문에 한참을 고생했고, 나는 그 상황을 이겨내기 위해 아이들과 많은 시간을 보냈다.

직업적으로 힘든 시기였다. 판다와 기네스에 이어 더비사이클로 직장을 옮기면서 나는 2년마다 새로운 역할을 맡았다. 변화를 거듭할 때마다 책임이 커지고 다양한 경험도 할 수 있었지만 이력만 나열된 '메뚜기식' 이직 기록은 아무래도 보기에 좋지 않았다. 그런 만큼 다음 직장에서 할 일을 아주 진지하게 고민할 수밖에 없었다.

나는 다양한 회사 사람들을 만나보고 갈 곳을 찾기 위해 그간 만들어온 연줄을 최대한 활용했다. P&G에서 일하던 시절 이래로 여러 업계를 오가며 맺어온 소중한 인연들이 이때 가장 큰 도움이 되었다. 2년짜리 근무 기록으로 도배된 이력서를 내심 걱정했던 것과는 다르게 나는 당시에 거주하던 뉴욕 대도시권의 우량 기업들로부터 큰 관심을 받았다.

특히 펩시코 임원들이 면접에서 나를 아주 좋게 봐주었다. 당시 펩시코의 최고경영자는 스티브 라이너먼드^{Steve Reinemund}로 나와 같은 시기에 피자헛에서 근무했다는 공통점이 있었다. 그는 나더러 펩시 계열사에서 한자리를 맡아달라고 했다. 꽤 중요한 직책이었고 함께할 사람들도 능력이 출중했다. 분명히 내가 잘할 수 있는 일이라는 생각이 들었다. 그러나 크게 보면 P&G에서 얼마간 해보았고 또 하기 싫었던 부류의 일이기도 했다. 바로 한 사업 분야를 적당한 수준으로 성장시키고 이래저래 효율을 높여가며 수익을 짜내는 그런 일이었다.

내게 찾아온 또다른 기회는 성격이 완전히 달랐다. 나는 거대 미디어 기업인 비아콤^{Viacom}의 오락 사업 부문, 그중에서도 MTV 네트워크에 속했던 VH1의 마케팅 상무 자리를 두고 면접을 보았다.

개인적인 취향과 새로운 도전

이 일은 여러모로 흥분을 불러일으켰다. 일단 내 상사가 될 사람이 MTV 개설에 한 축을 담당했던 존 사이크스^{John Sykes}였다. 그는 과거에 뮤직비디오 전문 채널을 설립하자는 말이 처음 나왔을 때 그 자리를 함께한 인물이었고 MTV 초기에는 마케팅 부서를 이끌기도 했다. 면접을 볼 때도 존과 나는 대화가 정말 잘 통했다. 존은 내가 더비사이클에서 한 일들, 회사를 키우려고 온갖 업체들과 관계를 트고 짜임새 있는 전략으로 일을 쭉쭉 진행시켰던 그 경험을 아주 마음에 들어했다. 그는 VH1이 유명 가수들의 다큐멘터리 시리즈로서 대히트를 친《비하인드 더 뮤직^{Behind the Music}》과 라이브 공연인《디바스^{Divas}》《VH1 패션 어워드^{VH1 Fashion Awards}》 같은 인기 연례 방송들을 넘어서서 이후 나아갈 길을 찾아야 하는 중차대한 시기라고 보았다. 하지만 주변 사람들의 생각은 제각기 달랐다. 존에게는 그러한 생각을 한데 모아 새로운 추진력으로 뒤바꿀 조력자가 필요했다.

VH1이 제안한 자리는 음악을 좋아하는 내 취향에도 딱 들어맞았다. 어린 시절 브렌트우드에서 나와 형이 함께 쓰던 방에는 언제나 음악이 흘렀다. 처음에 주로 들은 것은 모타운^{Motown}과 엘비스 프레슬리^{Elvis Presley}였다. 그뒤에 형을 통해서 롤링 스톤스^{Rolling Stones}, 지미 헨드릭스^{Jimi Hendrix}, 재니스 조플린^{Janis Joplin}, 밥 딜런^{Bob Dylan}을 알게 되었다. 우리 형제는 레드 제플린^{Led Zeppelin}과 크림^{Cream}을 함께 들었고 그뒤로 나는 플리트우드 맥^{Fleetwood Mac}, 스티비 원더^{Stevie Wonder}, 엘튼 존^{Elton John}, 빌리 조엘^{Billy Joel} 등을 들으며 더 넓은 음악의 세계로 빠져들었다.

우리 방 벽에는 좋아하는 가수들의 앨범 포스터가 가득했는데 특히 침대 옆에는 각자 커다란 포스터를 하나씩 붙여두었다. 형이 붙인 포스터에는 지미 핸드릭스가 머리에 두건을 쓰고 눈을 감은 채 기타 솔로에 열중하고 있었다. 내가 붙인 것은 영화 《대탈주^{The Great Escape}》의 포스터로, 주연인 스티브 맥퀸^{Steve Mcqueen}이 감옥을 등진 채 훔친 오토바이를 타고 달리는 모습이 그려져 있었다. 그 그림은 마치 내게 이 좁은 곳을 '탈출'하여 큰 꿈을 꾸라고 말하는 듯했다. 그뿐 아니라 나는 맥퀸이 영화 속에서 모든 일을 자기 방식대로 처리하고 현상을 타파하는 모습을 눈여겨보았다. 그는 언제 어디서나 임무를 완수할 방법을 찾아냈다.

형이 좋아하던 음악을 같이 듣고 내 나름의 취향이 생기면서 나는 엄청나게 많은 음반과 카세트테이프를 모았다. 브렌트우드에서 코넬대학교까지 차를 몰고 다니면서는 좋아하는 곡들을 담은 녹음테이프를 항상 들었다. 또 동아리 파티가 열릴 때면 무대가 춤추는 사람들로 늘 꽉 찬 채 흥이 지속되도록 DJ에게 최고의 음악을 틀어달라고 졸라댔다. 이런 성향은 지금까지도 이어져서 나는 여전히 새로운 음악을 찾는 것을 좋아한다.

VH1이 새로운 방향성을 모색하고는 있었지만 그 중심은 어디까지나 음악이었다. 비록 깊은 밤과 이른 아침으로 시간대가 제한되긴 했으나 뮤직비디오는 이 채널이 처음 생겼을 때와 마찬가지로 계속 재생되고 있었다. 또 회사 건물 로비에서는 여전히 음악인들이 수시로 즉흥 공연을 벌였다.

하지만 무엇보다 이 일에 관심이 갔던 이유는 엔터테인먼트 산업이 내게 새로운 경험이라는 데 있었다. 전에 해보았던 일과 해보지 않은 새로운 일 사이에서 선택을 해야 한다면 나는 언제나 이전과 다른 것을 고른다. 아마도 이러한 근원적인 욕구가 나를 혁신의 길, 판도를 뒤엎는 길로 모는 게 아닌가 싶다. 이처럼 새롭고 기존과는 다른 경험을 원하는 내 호기심은 그 매력 요인을 샅샅이 파헤치는 쪽으로 이어진다. 그리고 이 흐름은 나로 하여금 어떻게든 주어진 상황에 새로운 아이디어를 접목시키고 소비자들에게 가치를 전달하는 동시에 예상치 못한 방식으로 그들의 욕구를 만족시키는 길을 찾게 만든다. '가치를 담되 뻔하지 않게' 이 말은 내가 믿고 따르는 또하나의 신조로, 탄산음료와 쇼트닝을 비롯하여 크고 작은 상을 탄 제품 광고들이 탄생한 이면에는 이러한 생각이 자리잡고 있었다.

VH1은 내가 처음으로 몸담게 된 창의성 기반의 콘텐츠 업체였다. 소비자는 쇼프로가 주는 재미에 이끌려 텔레비전 앞에서 시간을 보내길 택한다. 프로듀서와 작가는 소비자를 끌어당기는 쇼프로를 만드는 데 필수불가결한 인재들이다. 나 같은 관리직은 방송원고를 읽어보고 쇼프로의 초기 형태를 검토하면서 바꿔야 할 부분에 관하여 의견을 남긴다. 만약 타고난 창의적 재능이 없거나 일하는 과정에서 그런 능력이 발현되지 않는다면 좋은 방송을 만들기는 애초에 글렀다고 봐야 한다.

VH1에서 맡은 역할은 내게 있어 아주 커다란 변화였다. 이전에 맡았던 일을 생각해보면, 나는 상품을 생산하는 과정에서 핵심적인 위치에 있었다. 중요한 전략을 짜는 것도 나였고 계획을 추진하는 것도 나였다. 이번에는 그렇지 않았다. 나는 기존의 업무 방식에서 벗어나 같이 일하는 사람들에게 의견을 제시하고 협력을 구하는 데 더욱 노력을 기울어야 했다.

엔터테인먼트와 인터넷의 만남

나는 한동안 프로듀서들을 따라다니며 그들이 생각하는 방송 콘텐츠와 그 구상안을 현실화하는 방법에 관해 배웠다. 그뿐 아니라 각 방송프로그램 사이에 들어갈 메시지를 담당하는 팀과도 함께 일했다. 이 작업은 한 방송이 끝나고 시청자가 채널을 계속 VH1으로 고정하느냐 아니면 다른 방송을 보려고 채널을 바꾸느냐를 크게 좌우했다.

이처럼 막간에 내보내는 메시지의 중요성은 시간이 갈수록 점점 더 크게 느껴졌다. 이런 이유로 나는 훗날 닌텐도로 이직한 뒤에도 하나의 게임이나 행사에서 시작해 다음 단계로 사람들의 시선을 움직이고 우리 회사가 계속 시장의 주목을 받도록 소비자를 향한 메시지에 집중했다. 그리고 닌텐도는 새 시대에 걸맞은 독창적인 마케팅 콘텐츠를 만들어내며 콘텐츠와 콘텐츠의 간극을 메우는 틈새 메시지 전략을 한층 높은 수준으로 발전시켰다.

VH1에서 보낸 시간은 내게 창의적인 재능을 평가하고 창작자들과 함께 일하는 법을 깨우쳐주었다. 또한 인터넷에 관한 이해도를 높이고 게임과 엔터테인먼트, 인터넷이 어떻게 융합될지 미리 그려볼 기회도 안겨주었다. 이 여정에서 내게 우선 힘을 보태준 파트너는 제이슨 허쉬혼Jason Hirschhorn이었다. 제이슨은 성격이 급하고 말이 빠른 전형적인 뉴욕 사람으로 나처럼 음악을 매우 사랑하는 친구다. 그는 일찍이 음악과 관련된 인터넷 회사를 만들어 운영했는데 이곳은 2000년에 MTV네트워크로 인수되었다. 내가 이 회사에 들어올 무렵에 제이슨은 MTV의 기업문화를 익히던 중이었다. 만나자마자 마치 오랜 친구처럼 죽이 잘 맞았던 우리는 이제 막 제작된 VH1의 웹사이트에 관하여 한참 이야기를 나눴다.

그 시기의 VH1 웹사이트는 방송편성표보다 실명이 조금 더 추가된 카탈로그 수준에 지나지 않았다. 거기서는 대강의 방송 정보나 저녁에 방영될 프로그램의 제목 등을 확인할 수 있었다. 2001년의 기준으로 보더라도 그 웹사이트는 별 영향력이 없었다. 다시 말하면 흡인력이 없었다는 뜻인데, 고객들 입장에서는 그 웹사이트에 딱히 오래 머물 이유가 없었던 것이다. 제이슨은 방문객들의 관심을 계속 끌도록 보다 강력한 음악 콘텐츠, 스트리밍 동영상, 배경음악 기능 등을 추가해야 한다고 주장했다.

내게는 또다른 고민거리가 있었다. '어떻게 하면 우리 웹사이트의 상품성을 높일 수 있을까?' VH1 채널의 경우 방송 전후의 후원 광고 제안이 많이 들어왔지만, VH1 웹사이트에 광고 배너를 다는 것은 사실상 가치가 없는 일이었다. 웹사이트가 방문객들에게 재미를 주지 못하니 전체 방문자 수가 줄어들고, 방문자 수가 적으니 광고주들 입장에서는 광고를 내걸 만한 가치가 떨어지고, 수익이 늘지 않으니 돈을 들여 웹사이트를 개선하기가 어려웠다. 웹사이트에 대한 만족도가 늘 바닥을 기던 상황에서 우리는 이 악순환의 고리를 끊어야만 했다.

나는 웹사이트로 사람들을 모으고 관심을 끌어낼 새로운 콘텐츠로 게임을 밀었다. 엔터테인먼트 기업의 임원이자 한 명의 게이머였던 나는 우리 일상에서 게임의 영향력이 점점 더 커지고 있다고 느꼈다. 특히 VH1의 주 시청자인 만 25-34세 성인들에게는 이것이 부인할 수 없는 사실이었다. 나는 VH1 웹사이트에서 상시 즐길 수 있는 게임을 만들어 우리 채널의 쇼프로와 연계성을 갖게 하고 소비자층의 확장과 참여도 증대까지 꾀하고 싶었다. 그리고 이 콘텐츠로 광고 후원을 받는다면 채널의 수익성까지 높아지리라 보았다.

이 아이디어를 실행하는 데는 또하나 이점이 있었다. 당시 VH1에는 비디오게임을 접해본 사람이 전무했던 탓에 이 일은 내가 직접 맡아서 추진할 수 있었다. 나는 내 연락망을 활용하여 VH1 웹사이트용 콘텐츠 제작에 관심 있는 게임 개발자들을 물색했다. 그리고 그 과정에서 다행스럽게도 뉴욕주 북부에서 소규모 게임 개발사 비케리어스 비전스^{Vicarious Visions}를 운영하던 구하 발라^{Guha Bala}와 카디크 발라^{Karthik Bala} 형제를 알게 되었다.

● **혁신을 위한 핵심** ●

성공적인 혁신의 가능성은 바로 조직문화에 있다. 당신이 맡은 역할이 무엇이든 간에 현재 짊어진 책임을 초월하여 늘 조직에 이로운 가치를 더할 방법을 찾도록 하라. 훌륭한 아이디어는 어디서나 누구에게서나 나올 수 있다. 이러한 사고와 행동을 조직의 리더로서 널리 장려하라.

물론 새로운 아이디어라고 해서 매번 모든 것을 받아들이고 따르라는 말은 아니다. 단 그때그때 실행 목록을 작성할 필요는 있다. 그리고 유용성이 크면서 자원 소모가 크지 않은 아이디어들을 여러모로 시험해보라. 규모가 더 크고 복잡한 아이디어의 경우는 실행 비용과 잠재적인 수익성을 개략적으로 따져보고 검토하는 평가 절차를 마련하는 것이 좋다.

발라 형제와 나는 처음부터 말이 잘 통했다. 그들은 고등학생 때부터 게임을 개발해왔고 그 근래에는 유명한 게임 개발 대회에서 상을 타기도 했다. 두 사람이 만든 게임들은 난이도가 적당하면서도 꽤 재밌어서 계속 하고 싶은 마음이 들었다. 그들은 닌텐도 게임보이$^{Game\ Boy}$ 같은 게임기용 소프트웨어를 장기간에 걸쳐 개발하는 동안 회사를 유지하고 간간이 개발비를 벌기 위한 작은 프로젝트를 찾고 있었다. 새로운 아이디어와 새로운 수입 창출 방식을 기꺼이 받아들일 양질의 개발업체를 찾던 내게 비케리어스 비전스는 그야말로 안성맞춤이었다. 여담이지만 나중에 닌텐도에 입사한 뒤로도 나는 발라 형제와 계속 같이 일을 했다.

이 게임 프로젝트는 점점 가속도를 더해가며 진전을 보이고 있었다. 2001년 9월 11일이 오기 전까지는.

위기 속에서 얻은 교훈

뉴욕시의 미디어·엔터테인먼트업계 중역들은 대개 오전 9시에서 10시 사이에 하루 업무를 시작한다. 하지만 나는 코네티컷주에서 통근열차를 타고 출근했던 탓에 꽤 일찍 일어나는 편이었다. 보통은 오전 8시쯤 타임스스퀘어에 위치한 회사 사무실에 도착했고 아침 회의가 있는 날은 그 시각이 더 일렀다.

운명의 화요일 아침, 그날은 일찍 회의가 있어서 오전 7시 30분에 출근도장을 찍었다. 내 사무실에는 텔레비전이 두 대 있었는데 미디어 쪽 임원들 방은 보통 그런 식이었다. 텔레비전은 항상 음소거 상태로 켜져 있었다. 한 대는 채널이 항상 VH1으로 고정되어서 언제든 우리 쇼프로를 볼 수 있었다. 나머지 한 대는 그때그때 채널을 바꾸면서 다른 방송들을 보는 데 썼다.

그날 아침에는 《투데이 쇼 The Today Show》를 틀어 두었다.

오전 9시가 되자 우리팀 사람들이 회의를 하기 위해 내 사무실로 모였고 회의를 하는 동안 《투데이 쇼》는 세계무역센터 북쪽 건물에서 불과 연기가 피어오르는 광경을 비추었다. 그때만 해도 우리는 그쪽에서 통근용 경비행기 사고가 났겠거니 하면서 회의를 계속했다. 나는 텔레비전을 등진 상태였는데 갑자기 우리 팀원 하나가 놀라는 소리와 함께 손을 뻗어 내 뒤를 가리켰다. 남쪽 건물에 커다란 여객기가 부딪히는 순간이었다. 우리는 곧장 볼륨을 높이고 방송에 귀를 기울였다. 분명히 그 비행기는 건물을 의도적으로 들이박은 것이었다. 나는 팀원들에게 각자 사무실로 돌아가 당장 귀가 준비를 하라고 지시했다.

내 비서인 코니는 나처럼 통근 거리가 멀었던 탓에 항상 일찍 회사에 나왔다. 나는 그녀에게 그날 잡힌 외부 일정을 모두 취소하라고 했다. 다시 《투데이 쇼》로 시선을 돌려보니 방송은 이번 일이 단순한 사고가 아닌 테러 공격일 가능성을 제기하고 있었다.

별의별 생각이 다 들던 찰나에 코니가 사무실 문 앞에서 부르는 소리가 들렸다. 표정이 심상치 않았다. "상무님, 건물 경비부서에서 전화가 왔어요. 중요한 용건이래요."

경비부서가 임원한테 연락한다는 건 보통은 없는 경우였다. 이 회사는 각 채널과 사업부별로 건물 사용 관리 책임자가 정해져 있었기 때문에 무슨 일이 생기면 그쪽으로 연락이 가는 것이 정상이었다. 코니가 잔뜩 겁을 먹은 것은 그런 이유에서였다.

수화기를 받아들자, 경비부서는 사업부별로 현재 사무실에 나와 있는 최고위 임원들에게 비상 연락을 취하는 중이라고 했다. 그때 VH1에서 제일 지위가 높은 사람은 나였다.

"상무님, 앞으로 몇 번 더 테러 공격이 일어날 수도 있습니다. 맨해튼 중심가에서는 우리 건물이 제일 높은 편이라서 다음 공격은 이쪽으로 올지도 몰라요. 지금 사람들을 전부 대피시키는 중이니 VH1이 있는 층에서는 상무님이 저희를 좀 도와주시면 좋겠습니다."

그 말에 정신이 번쩍 들었다. 그리고 뒤이은 90분 동안 나는 이 사무실 저 사무실을 뛰어다니며 직원들에게 상황을 설명하고 바로 귀가하라고 지시했다. 들어온 지 이제 막 6개월쯤 된 차라 겨우 두세 번 대화를 나눈 적 밖에 없는 직원들도 많았지만 마음을 다잡고 단호하게 대처했다. 순순히 내 말을 따르는 이도 있었지만, 마감이 코앞에 닥친 직원들 앞에서는 당장 나가라고 강하게 밀어붙여야 했다. 어떤 사무실은 몇 번이나 다시 돌아와서 직원들이 확실히 건물 밖으로 나갔는지 살펴야만 했다. 그러다가 경비원과 함께 마지막으로 우리 층을 돌아본 것이 오전 11시쯤, 코니를 집으로 돌려보낸 뒤 나는 VH1 사무실들의 문단속이 모두 끝났다고 판단했다. 이 무렵 세계무역센터의 두 건물은 모두 무너진 상태였다. 나는 가방을 들고 며칠간 내 사무실을 떠나있을 준비를 했다. 앞으로 어떤 일이 벌어질지 아무도 몰랐다. 확실한 것은 우리 회사 건물이 폐쇄되는 중이고 언제 다시 문이 열릴지는 불분명하다는 사실뿐이었다.

이제 내가 맞닥뜨린 과제는 코네티컷에 있는 집까지 가는 것이었다. 평소에 회사에서 우리집까지 가는 데는 그랜드센트럴터미널에서 출발하는 통근열차로 약 1시간 15분이 걸렸다. 역에 도착해보니 난장판이 따로 없었다. 경찰들이 잔뜩 진을 쳤고 나처럼 집에 가려는 장거리 통근자들이 수심에 찬 얼굴로 중앙홀을 메우고 있었다. 열차 운행이 중단되었다는 안내방송이 몇 차례 흘러나왔으나 언제 재개된다는 말은 없었다. 나는 뉴욕 시내에 꼼짝없이 갇힌 신세였다.

그랜드센트럴터미널 주변을 훤히 꿰고 있던 나는 일단 역 바로 옆에 붙은 그랜드하얏트호텔로 향했다. 두 건물은 실내의 연결 통로로 오갈 수 있었고 당시 호텔 내부에는 스크린으로 기차 출발 시각과 승강장 번호를 확인할 수 있는 장소가 있었다. 그곳에는 온갖 방송을 틀어놓는 텔레비전도 여러 대 있었는데 그날은 모두 뉴스채널로 맞춰진 상태였다.

다행히도 거기서는 줄곧 먹통이던 휴대전화 신호가 잘 터졌다. 나는 몇 년 전에 이용했던 렌트카 업체에 전화를 걸었다. 그쪽 사장이 하는 말을 들어보니 나처럼 코네티컷에 사는데 맨해튼에서 발이 묶여 오도 가도 못하는 고객들이 또 있다고 했다. 그는 다른 사람들과 같이 차를 빌려 탈 의향이 있는지 묻고는 우리집에 도착하기 전에 남들을 먼저 내려줘야 할 수도 있다고 말했다. 물론 찬밥 더운밥 가릴 때가 아니었다. "그런 건 상관없어요. 그냥 집에 갈 수만 있으면 돼요!" 다만 한 가지 단점이 있다면 차를 타기까지 3시간가량을 기다려야 하고 혼잡한 도로 상황 때문에 가는 데도 오래 걸린다는 것이었다.

전화를 끊자 스크린에 열차 운행이 재개된다는 문자가 나타났다. 서둘러 그랜드센트럴터미널로 돌아가서 물어보니 열차가 곧 움직일 예정이고 이용객들의 귀가를 돕기 위해 모든 열차가 모든 역을 들를 것이라는 답이 돌아왔다. 아마 평소보다 1시간은 더 걸릴 테지만 방금 생각했던 렌트카에 타기도 전에 뉴욕을 벗어나 집에 도착할 수 있는 방법이었다.

운 좋게도 나는 역에서 처음 출발하는 열차들 중 하나에 올라탈 수 있었다. 자리에 앉아서 렌트카 예약을 취소하고 나자, 잠깐 두 눈을 감고 한 숨 돌릴 여유가 생겼다. 그날 벌어진 일들을 떠올려보니, 정말 운이 좋았다는 생각이 들었다. 나는 사고현장에서 멀리 떨어져 있었고 지금은 집으로 가는 중이었다. 눈을 뜨고 열차 안을 둘러보니 근처에 한 남자가 머리부터 발끝까지 하얀 재를 뒤집어쓴 채 앉아 있었다. 분명히 저 사람은 나보다 사고현장에 훨씬 가까웠으리라. 이유는 알 수 없지만 이번 위기 상황에서 내게는 눈앞의 과제만이 또렷하게 보였다. 흔들리지 않고 임무를 다해야 한다는 생각, 절대 멈춰서는 안 된다는 생각만 들었다. 그 덕분인지 겁에 질려 우왕좌왕하는 일도 없었고 전혀 손쓰지 못할 극단적인 상황도 없었다. 그저 할 일을 다해

내고 다음 단계로 나아갈 뿐이었다.

● **혁신을 위한 핵심** ●

안타깝게도 날이 갈수록 충격적인 사건들이 점점 더 자주 일어나는 것 같다. 진정한 리더들은 고난의 시기가 왔을 때 앞장서서 사람들을 위로하며 조직이 잘 이겨내도록 힘을 보탠다. 이때는 진실한 태도로 온정을 베풀고 소중한 가치를 지켜나가려는 마음가짐이 무엇보다 중요하다. 그처럼 고통스러운 순간들이 찾아왔을 때, 못 본 척 넘어가서는 안된다. 물론 그런 상황에 접근하는 데는 적절한 준칙이 필요하다. 분별력 없이 괜히 나대서는 당신 자신과 회사의 평판에 해가 될 뿐이다.

그뒤로 나머지 한 주 동안은 어땠는지 기억이 흐릿하다. 회사 건물은 며칠간 계속 폐쇄되었지만 여전히 처리할 일들이 있었다. 2001년 가을, 미디어 사업 분야는 전년도에 터진 IT버블의 여파로 시장이 줄곧 가라앉은 탓에 자금 흐름이 영 좋지 않았다. 세기가 바뀌던 무렵에는 초창기의 기술 관련 회사들 중 다수가 막대한 자본을 투자하는 광고주로서 미디어 기업들의 강력한 성장동력으로 작용했다. 2000년도 후반에 이 회사들이 파

산과 함께 광고비를 도로 거둬들이면서 미디어 기업들의 수입
에 큰 구멍이 나고 말았다. 그 결과로서 VH1은 모기업인 비아
콤 산하의 자매회사들과 함께 그해 가을에 정리해고를 단행할
계획이었다.

　물론 우리는 방송 채널을 운영하기 위한 일상 업무도 차례차
례 소화해야 했다. VH1은 다가오는 10월 19일에 큰 행사를 열
기로 계획한 상태였다. 바로《VH1 패션 어워드》였다. 이 행사
는 우리 채널의 중요한 수익원이었다. 평소에는 우리 쪽에 돈을
별로 쓰지 않는 화장품 회사나 의류업체들이 이때만 되면 광고
를 잔뜩 냈기 때문이다.

　9·11 사태가 안겨준 충격은 미디어·엔터테인먼트업계에도
영향을 미쳐 곳곳에서 테러 피해자들을 도우려는 움직임이 나
타났다. 그 시작은 사고 열흘 뒤에 방송된 자선공연《아메리카:
영웅들에게 바치는 헌사America: A Tribute to Heroes》였다. 유명한 음악인
들이 노래로 희생자들을 추모하고 인기 연예인들이 자선기금
후원 전화를 받으며 콜센터 상담원으로 활약했던 그 행사에는
분명 큰 의의가 있었다. 하지만 방청객이 하나도 없이 진행된
행사였던 탓에 분위기는 다소 어둡고 가라앉은 편이었다.

적응에 적응을 거듭하여 완성된 선율

　같은 시기에 내 상사인 존 사이크스가 다른 방향을 제시했다.
그가 머릿속에 그린 것은 이번 참사로 다치고 희생된 응급구조

원들을 위해 성금을 모으고 뉴욕시민들의 아픈 마음까지 어루만질 수 있는 밝고 희망적인 행사였다. 그래서 VH1의 일상적인 업무에 더하여《뉴욕시를 위한 콘서트The Concert for New York City》로 명명된 행사를 준비하는 특별기획팀이 결성되었다.

그렇게 할일이 대폭 늘어나면서 오후 7시까지는 VH1의 업무를 처리하고 그뒤에는 공연 계획을 짜는 나날이 이어졌다. 특별기획팀의 회의는 매일 밤 9시나 10시까지 계속되었다. 그리고 일주일에 한두 번은 존을 포함하여 매디슨스퀘어가든Madision Square Garden, 케이블비전Cablevision, 미라맥스Miramax, AOL-타임워너AOL-Time Warner, 소니뮤직Sony Music 등에서 온 주요 인사들과 함께 회의를 했다. 정말이지 어마어마하게 크고 공이 많이 드는 프로젝트였다.

우리는 행사 진행자와 출연진 구성, 행사 중간중간에 낼 짧은 영상의 프로듀서로 누구를 선택할지를 비롯하여 모든 사항을 꼼꼼히 따졌고 그때마다 거침없고 격렬한 논쟁이 오갔다. 잦은 충돌로 수시로 마음에 상처를 입고 아픈 곳을 꿰매야만 하는 상황이 반복되었다. 하지만 그처럼 치열하게 힘을 모은 끝에 우리는 6개월은 족히 걸릴 계획을 단 몇 주 만에 완성해냈다.

그때 마케팅 책임자였던 내게는 별다른 예산이 없었다. 그래서 업무상 맺은 연줄을 활용하거나 등가교환 형태(상대가 내 요구를 들어주면 나 역시 상대 요구를 들어주는 식)로 일을 진행하는 수밖에 없었다. 미디어업계에서는 여전히 신참이나 다름없었던 나는 회의중에 안면을 튼 사람들에게 이런저런 부탁을 하는 일이 많았다. 그럴 때마다 내 목적을 이루는 한편으로 상대방에게 어떤 도움을 줄 수 있을지를 생각해야만 했다.

게다가 나는 이때 잘 알지도 못하고 그동안 접해본 적도 없는 문제들 역시 해결해야 했다. 당시에 우리 공연을 생중계하려는 외국 방송사들이 있었는데 몇몇 지역에는 자선기금에 관한 정보가 나가면 안 되는 상황이었다. 그런 곳은 별도의 위성중계기를 마련해서 기부 방법을 소개하는 자막이 나가지 않게 처리해야 했다. 이 문제를 해결하기 위해 나는 여러 곳에 문의를 했고 다행히 곧바로 답을 찾아낼 수 있었다.

《뉴욕시를 위한 콘서트》는 2001년 10월 20일에 개최되었다. 공연은 4시간 넘게 진행되었고 9·11 테러 피해자들을 위해 모인 성금은 3,500만 달러가 넘었다. 그렇게 큰 성공을 거둔 공연이 열리기 하루 전, 우리는 《VH1 패션 어워드》 행사를 녹화하기도 했다.

이만큼 규모가 큰 행사들이 동시에 기획되고 24시간 내에 연달아 개최된 것은 전례 없는 일이었다. 보통 이런 상황이 닥치면 사람은 중요도가 높은 일이나 급히 해결이 필요한 문제에 집중하게 된다. 또 전체적인 계획을 세밀한 실행 방안으로 전환하는 법을 배우고, 도움과 지지가 필요한 순간에는 평소 알고 지내던 사람들에게 의지하게 된다. 그리고 그 안에서 변함없이 지속될 새로운 인간관계를 발견하게 된다.

나는 이 시기에 지금의 아내인 스테이시 새너Stacey Sanner와 인연이 닿았다. 내가 VH1에 입사했을 때 스테이시는 이미 이 회사에서 5년 넘게 근무한 상태였다. 그녀는 채널 홍보 담당자로서 나와 직급이 같은 홍보 총괄상무 밑에서 일했고 그전에는 로스앤젤레스의 레스틀리스레코드^{Restless Records}와 뉴욕의 A&M 레코드^{A&M Records}에서 근무하여 음악업계에서 쌓은 경력이 적지 않았다. 또《뉴욕시를 위한 콘서트》준비 과정에서는 홍보팀의 주요 연락책으로도 활동했는데, 행사 관련 회의가 있을 때마다 나와 계속 마주쳤다.

나는 공연을 몇 주 앞두고 그녀에게 같이 저녁식사를 하자고 제안했다. 물론 만나는 이유로는 우리 채널에 관해 좀 더 알고 싶다고, MTV네트워크의 기업문화가 어떤지 가르쳐달라고 보기 좋게 포장을 했다. 우리는 회사에서 몇 블록 떨어진 작은 이탈리아 식당에서 정말 즐거운 시간을 보냈다. 별의별 대화가 오갔지만 업무에 관한 이야기는 하나도 없었다.

돌이켜보면 그날의 만남은 단순한 저녁식사가 아니라 그 뒤로 우리가 함께할 새로운 삶의 시작점이었다. 그때 나는 전혀 몰랐지만 그녀는 몇 주 뒤에 있을 대규모 정리해고 대상자 가운데 한 명이었다. 하지만 정리해고는 사내연애를 향한 눈총에서 벗어나 우리 관계를 진전시키는 데 오히려 도움이 되었고, 스테이시는 VH1을 떠난 뒤 미디어·엔터테인먼트업계에서 연이어 중책을 맡으며 승승장구했다. 그리고 나중에는 우리는 함께 시애틀로 가게 되었다.

2부

위기에 빠진
닌텐도를 구해라

8

닌텐도의 부름

나는 VH1에서 괜찮은 실적을 올렸지만 채널의 방향성을 직접 정하고 통솔할 권한이 없는 데 불편함을 느꼈다. 내가 바라는 것은 회사의 주요 현안을 이끌고 움직이는 위치였다. 직급이 낮았던 P&G나 피자헛 시절에도 나는 늘 회사의 미래를 그리고 변화시킬 주요 프로젝트들을 이끌었다.

그런데 VH1에서 하던 일은 그렇지가 않았다. 내 자리는 우리 채널에서 만든 프로그램들을 관리하는 역할이었다. 물론 방송 콘텐츠에 관해 내 생각을 일부분 제시하기는 하지만 어디까지나 다른 사람들이 만드는 프로그램을 지원하는 역할에 가까웠다. 더 정확히 말하면 방송 개시 후 처음 몇 분 동안 채널이 돌아가지 않도록 하는 것이 내 할일이었다. 흥미로운 콘텐츠로 시청자의 눈과 귀를 계속 끌어당기는 역할은 방송작가와 프로듀서들이 맡고 있었다.

경기 불황과 불안한 시장 상황 때문에 내가 추진했던 게임 프로젝트는 무기한 보류되었다. 광고주들은 여전히 허리띠를 졸라맨 채 디지털마케팅의 가치를 전혀 알아보지 못하는 상태였다. 게다가 정리해고 사태 이후 MTV네트워크 내에서는 성공 가능성이 불분명한 신규 프로젝트를 배제하려는 경향이 나타났다.

또 한 가지 문제는 내 멘토 역할을 했던 존 사이크스가 MTV를 떠나 비아콤의 계열사인 인피니티브로드캐스팅^{Infinity Broadcasting}의 최고경영자가 된 것이었다. 보유 라디오 채널이 185개에 달하고 주간 청취자 수가 7,000만 명을 넘는 방송국의 수장이 된 것은 분명히 대단한 사건이었고 나 역시 그가 잘되길 진심으로 빌었다. 하지만 한편으로는 더이상 그의 가르침을 받지 못한다는 사실에 아쉬운 마음이 들었다.

2003년 봄, 나는 변화를 향해 뛸 준비가 되어 있었다. 그때부터 내 모든 지식과 역량을 발휘할 수 있는 곳을 찾아서 다양한 업계, 수많은 회사들과 접촉하기 시작했다. 그러다 그해 여름이 다 갈 즈음 닌텐도의 채용 담당자로부터 전화가 왔다. 영업·마케팅 최고 책임자를 구한다는 연락이었다.

업계 선두는 옛말

당시 닌텐도는 난관에 봉착해 있었다. 2001년 연말에 마이크로소프트^{Microsoft}가 엑스박스^{Xbox}라는 가정용 게임기로 비디오게임 시장에 뛰어드는 사건이 있었다. 같은 시기에 닌텐도는 신형 게임기인 게임큐브^{GameCube}를 출시했다. 그러나 두 제품은 전년도에 소니^{Sony}가 낸 플레이스테이션2^{PlayStation2} 앞에서 전혀 힘을 쓰지 못했다. 가정용 게임기 판매량을 크게 좌우하는 것은 어떤 게임소프트웨어가 지원되느냐다. 대형 게임 개발사와 공급업체들은 소비자층이 많은 게임기, 재정지원 여부를 협상할 수 있는 게임기 제조사를 선호한다.

소니의 플레이스테이션2는 여러모로 장점이 있었다. 첫째, 이 게임기에 앞서 대박을 터뜨렸던 초대 플레이스테이션^{PlayStation}용 게임들을 플레이스테이션2에서도 그대로 즐길 수 있었다. 이처럼 전작과의 하위호환을 가능케 한 것은 가정용 게임 부문에서 처음 있는 일이었고 기존의 플레이스테이션 사용자들을 신제품으로 자연스레 옮겨가게 하는 효과를 냈다.

둘째, 소니는 게임 저장매체로 디스크 기반 기술을 활용했다. 디스크 형태의 매체는 닌텐도 엔터테인먼트 시스템^{Nintendo}

Entertainment System: NES●과 SNES, 닌텐도 64Nintendo64●●에 쓰인 전용 게임팩 종류와 비교하면 복제 비용이 매우 적게 들었다. 이 점에서 플레이스테이션에는 경제적인 이점이 있었다. 개발사들 입장에서는 수익성 측면에서 플레이스테이션용 게임을 만드는 편이 나았던 것이다. 이런 이유로 일부 개발사는 점차 소니에 강한 충성심을 드러냈고 나중에는 업계에서 제일 잘나가는 게임업체들이 인기 소프트웨어를 플레이스테이션에 가장 먼저 혹은 독점적으로 공급하는 현상까지 나타났다.

셋째, 당시는 소니가 디지털비디오디스크, 즉 DVD 기술을 가전시장에 한창 도입하던 시기였고 그 덕분에 플레이스테이션2에도 DVD 재생 기능이 탑재되었다. 제품 가격도 그 무렵 팔리던 DVD 플레이어들과 비슷하거나 더 싼 편이었다. 그래서 집에서 영화를 보려는 일반 소비자들이 플레이스테이션2를 들이고 겸사겸사 게임을 즐기는 경우도 생겼다.

내게 닌텐도 오브 아메리카의 영업·마케팅 최고 책임자를 구한다는 전화가 걸려올 무렵, 게임큐브와 엑스박스의 판매량은 플레이스테이션2 판매량의 3분의 1 수준에도 못 미쳤다. 닌텐도가 위기라는 것은 우리집에서도 목격할 수 있었다. 아직

●   1980년대에 등장한 닌텐도의 가정용 8비트 게임기로, 일본에서는 패밀리 컴퓨터Family Computer, 줄여서 패미컴Famicom으로 불렸다. NES는 북미 지역과 유럽에서 통용된 명칭으로 제품 형태와 게임팩 규격이 일본 내수용인 패미컴과는 달랐다. 우리나라에는 이 NES가 1989년에 현대 컴보이라는 이름으로 들어왔다.

●●   슈퍼 패미컴의 후속 기종으로 1996년에 닌텐도가 출시한 64비트 가정용 게임기

SNES와 닌텐도 64가 거실 텔레비전에 연결되어 있던 그때, 곁에는 신제품인 플레이스테이션2가 나란히 놓여 있었다. 닌텐도 채용 담당자에게 전화가 오기 바로 전에는 엑스박스를 거실로 들인 참이었다. 우리집에는 당시에 나온 가정용 게임기가 모두 있었다. 딱 하나, 닌텐도의 게임큐브만 빼고.

나는 우리 동네에서 게임을 취급하던 게임스탑^{GameStop}과 베스트바이^{BestBuy}, 토이저러스^{Toys "R" Us}를 수시로 드나들며 매장 판매원들과 이야기를 나눴다. 다들 플레이스테이션2가 끝내준다고 했고, 독점 소프트웨어는 플레이스테이션2에 비해 훨씬 적었지만 인터넷을 활용한 기능이 뛰어났던 엑스박스에도 많이들 찬사를 보냈다. 반면에 게임큐브에 관해 물을 때면 창고에 재고만 쌓인다는 대답이 돌아왔다. 게임기가 잘 팔리지 않아서 어디에나 물건이 꽉 차 있다는 소리였다.

게임큐브 때문에 이래저래 애를 먹던 상황이었지만 휴대용 게임기 시장만큼은 닌텐도가 꽉 잡고 있었다. 바로 게임보이 덕분이었다. 2001년에 닌텐도는 거기서 한 차원 더 발전한 제품인 게임보이 어드밴스^{Game Boy Advance}를 출시했다. 이때 꺼내든 비장의 카드는 게임보이와의 하위호환 기능이었다. 이른바 GBA로 불린 이 기기는 엄청난 성공을 거두었다. 닌텐도는 휴대용 게임기 사업을 위해서 '마리오'와 '젤다의 전설' 같은 자사의 지적 창작물들을 모두 활용했고 그에 앞서 상품의 수명이 끝을 향해 가던 초대 게임보이로는 전 세계에 센세이션을 불러일으킨

'포켓몬스터' 시리즈를 출시했다.

소니는 휴대용 게임기 시장을 지배하던 닌텐도를 늘 질투 어린 눈길로 바라보았다. 1980년대와 90년대에 휴대용 전자기기 분야는 소형 카세트플레이어 워크맨^{Walkman}을 탄생시킨 소니의 독무대나 다름없었다. 소니는 게임 시장에서도 그러한 영광을 재현하고 싶었다. 그리하여 2003년도 일렉트로닉 엔터테인먼트 엑스포^{Electronic Entertainment Expo}, 통칭 E3 행사에서 소니는 플레이스테이션 포터블^{PlayStation Portable}로 휴대용 게임기 시장에 진입하겠다고 선언했다. 그날 알린 것은 신제품의 이름뿐이었지만 그 소식에 닌텐도의 주가는 10퍼센트 넘게 곤두박질쳤다. 닌텐도에 있어서 가장 수익성이 좋은 사업이자 유일하게 줄곧 시장점유율 1위를 차지해온 분야가 강적을 맞이한 상황. 이러한 배경 아래서 닌텐도는 나를 영입하려 하고 있었다.

기회일까 막다른 길일까? 일생일대의 진로 선택

나는 그간 믿고 따랐던 여러 멘토와 직장 동료들에게 닌텐도에서 입사 제안이 왔다고 밝혔다. 그러자 대다수가 그 일을 맡지 말라고 내게 충고했다.

"닌텐도는 이제 망해가는 회사야."

"일본 기업에서 일하는 건 위험성이 커."

"그 회사가 워싱턴주에 있잖아. 그러면 자넨 가족이랑 친구들하고 다 떨어져서 지내야 해."

"게임산업은 규모도 작고 사람들 인식도 좋지 않아."

어느 정도는 다 맞는 말이었다. 하지만 나는 거기서 무언가 다른 것을 보고 있었다.

나는 중학교 시절부터 비디오게임을 종종 즐겨온 한 명의 게이머로서 이 업계를 잘 알았다. 게임을 직접 해보면서 그 시절에 아타리와 콜레코가 왜 세상의 주목을 받았는지 이해했고 여기저기서 쏟아지는 형편없는 게임들을 보면서 그 회사들이 왜 망했는지도 확실히 알고 있었다. 나는 그동안 닌텐도가 혁신에 주력하며 세계 최고 수준의 작품들로 게임업계에 새로운 생명을 불어넣는 모습을 봐왔다. 그리고 현세대에 이르러 닌텐도가 소니와 마이크로소프트에 밀린 채 설 자리를 잃어가는 것을 우리집 거실에서 확인했다.

나는 닌텐도가 창조한 게임 시리즈도 잘 알았다. '마리오'라는 이름이 붙은 모든 게임과 '포켓몬스터' '스매시 브라더스' 시리즈를 전부 해봤고 '젤다의 전설' 시리즈는 정말 사랑해 마지않을 정도였다. 그리고 그 과정에서 이 게임들을 향한 애정이 내 자식들에게 어떻게 전파되는지, 또 아이들이 직접 게임을 즐기고 그런 경험을 어떻게 더 넓혀 가는지를 두 눈으로 확인했다. 그 모습을 지켜보면서 이 연령대의 아이들이 나중에 자라서 돈을 벌게 되면 게임산업이 엄청나게 성장할 것 같다는 생각이 들었다. 그러면서 우리 아들딸이 자식을 낳고 다 같이 게임을 즐기는 미래도 상상해보았다. 내가 예상하기에 게임산업의 미래는 밝았다. 관리만 잘 된다면 말이다.

● 혁신을 위한 핵심 ●

오늘날 사회로 발을 내딛는 젊은이들에게는 힘겨운 진로 선택의 순간이 과거보다 훨씬 더 빠른 속도로 다가오고 있다. 이러한 큰 결정을 앞두고 올바른 길을 찾으려면 비판적인 사고와 직감이 필요하다.

스스로 연구하라. 들어가고 싶은 회사가 있다면 공개된 모든 자료를 찾아서 읽는 데 그치지 말고 직접 조사해야 한다. 그쪽에서 제공하는 서비스를 이용해보고 고객들과 대화해보라. 또 회사의 장점과 단점에도 점수를 매겨보라. 지금 눈여겨본 회사에 장기적으로 성공을 이어나갈 가능성이 있는가? 당신의 기술과 역량은 회사가 요구하는 바와 잘 맞는가?

물론 이런 문제에는 자신만의 본능과 경험을 적용할 필요도 있다. 여기에는 어떤 상품이나 서비스의 이용자로서 직접 경험한 것이나 경쟁업체와 관련된 경험 등이 모두 포함된다.

또 한 가지 생각할 것은 기업문화다. 당신은 새로운 문화에 잘 적응할 수 있는가?

그렇게 해서 일단 앞으로 나아가기로 결정했다면 그때는 모든 것을 걸고 끝까지 총력을 기울여야 한다.

나는 공책을 펼쳐 닌텐도가 마주한 주요 문제들이 무엇이고 가능한 해결책이 무엇인지 죽 적어보았다. 이직을 극구 말렸던 친구와 멘토들의 조언과는 반대로 나는 이 회사를 분명히 바꿀 수 있다고 믿고서 모든 것을 걸어보기로 했다.

그 시작은 채용 담당자와 가졌던 몇 차례의 화상 면접이었다. 나중에 알고 보니 면접 영상은 모두 녹화되어 닌텐도 오브 아메리카, 즉 닌텐도 미국 지사의 직원들에게 공유되었다고 한다. 이 자료의 검토가 모두 끝난 뒤 워싱턴주 레드먼드시에 소재한 미국 지사 사옥으로 와달라는 연락이 왔다. 그리고 그곳을 방문한 날 나는 피터 메인Peter Main(닌텐도 오브 아메리카 최초의 영업·마케팅 총괄전무)과 하워드 링컨Howard Lincoln(닌텐도 오브 아메리카의 전前 이사회 의장으로, 당시에는 닌텐도 제3대 사장 야마우치 히로시山内溥가 대주주로 있던 메이저리그 구단 시애틀 매리너스Seattle Mariners에서 최고경영자를 맡았다.), 키미시마 타츠미(당시 닌텐도 오브 아메리카의 사장)를 비롯한 전·현직 임원들 앞에서 장시간 면접을 보았다.

여기서 일하고 싶다고 기껏 회사를 찾아갔건만 그날 점심시간에 인사팀 책임자인 플립 모스Flip Morse와 벌인 논쟁으로 모든 것이 허사가 될 뻔했다. 나는 플립에게 직원들의 능력 개발과 교육에 관하여 몇 가지 간단한 질문을 던졌다. 그러자 이런 대답이 돌아왔다. "레지, 여기서는 그런 걸 많이 하지 않아요. 우린 어디까지나 일본 기업의 자회사라고요. 본사는 이쪽에서 하는 인재 개발이 아무 소용도 없다고 생각할걸요."

나는 곧장 반박했다. "아니, 플립, 내 생각은 달라요. 조직을 키우면서 사람한테 투자하는 건 기본 중의 기본이죠. 새로운 기술과 능력을 계속 키워가는 강한 조직이 아니면 난생 처음 맞는 도전을 이겨내기가 정말 어려울 겁니다."

이후 한동안 옥신각신하는 시간이 이어졌다. 나는 이 회사를 어쩌나 싶어 마음이 심란했다. 그때까지 내가 직장생활을 하며 깨달은 것은 우수한 인재들을 모든 단계에 골고루 배치해야만 그 조직이 성공한다는 사실이었다.

유능한 리더가 위에서 지시를 내린다고 해서 다 해결되는 일이 아니었다. 그뿐 아니라 직원들이 좋은 성과를 내는 데는 리더가 그들에 대한 교육과 능력 개발, 지도에 얼마나 관심을 쏟는지도 중요했다. 나는 한 조직의 리더라면 마땅히 사람에게 투자해야 한다고 믿었다.

내 근심은 그 뒤 하워드 링컨 전 의장과 대화를 나누면서 어느 정도 해소되었다. "레지, 우리 닌텐도 오브 아메리카의 유능한 리더들은 직원들을 키우는 데 시간과 노력을 들이고 있으니 걱정할 필요 없네. 나는 늘 그래왔어. 일단 말해둘 건 말이지, 영업·마케팅 총괄전무가 이 회사에서 가장 중요한 자리 중 하나라는 걸세. 자네가 하고 싶은 일은 거의 다 할 수 있을 거야. 그리고 자네가 하는 일은 온 회사가 알게 되겠지. 자네가 영업·마케팅 부서를 키우는 데 얼마나 공을 들이는지 잘만 보여주면 아마 다들 자네 방식을 유행처럼 따라하게 될 거야."

요청

그러나 닌텐도 미국 지사의 영업·마케팅 책임자가 되겠다는 내 계획은 다시 한번 위험에 처했다. 이 회사에 관해 조사하고 채용 과정을 거치면서 나는 교토의 닌텐도 본사 임원들과 업무적으로 긴밀한 관계를 구축해야 한다고 느꼈다. 그중에서도 2002년 5월에 닌텐도 대표이사로 취임하여 세계시장을 총괄하게 된 이와타 사토루 사장과 원활한 관계를 맺는 것이 제일 중요했다. 나는 그와 화상 면접을 하게 해달라고 요청했다.

몇 년 뒤에 알게 된 바로는 당시 닌텐도 본사와 미국 지사에서 내 요구를 못마땅하게 여긴 사람들이 적지 않았던 모양이다. "제까짓 게 뭔데? 세상에 이런 요구는 들어본 적도 없어! 이와타 사장님이 얼마나 바쁜데 레지 피서메이 따위한테 시간을 내야 하냐고!" 닌텐도의 기업문화를 완전히 이해한 지금 돌이켜 생각해보면 내 요구는 그쪽 사람들에게 파격 그 자체였을 것이다. 어쩌면 건방지다는 말이 더 어울릴지도 모른다.

하지만 영업과 마케팅 업무를 효과적으로 통솔하려면 회사의 방향성에 대한 이해와 경영진의 역량에 대한 믿음이 필요했다. 또 개인적으로는 내가 과연 닌텐도에서 성공할 수 있을지 확인하고도 싶었다. 아무래도 위험부담이 큰 자리였으니까. 그리고 이 회사가 전에 없던 도전을 맞이한 상황이었으니까.

이와타씨와의 화상 면접 시간은 30분으로 잡혀 있었다. 그러나 실제로는 당초 계획보다 훨씬 오래 걸렸다. 처음에 나는 당연히 통역사가 함께할 줄 알았다. 그런데 막상 마주한 화면 속에는 이와타씨밖에 없었다. 그 덕분에 대화는 훨씬 더 가깝고 자연스러운 분위기에서 이어졌고 그가 카메라를 직접 조정해서 화면을 확대하자 마치 우리가 탁자를 사이에 두고 마주앉은 듯한 느낌마저 들었다. 그가 내 호칭을 어떻게 하면 좋을지 묻자 나는 이렇게 대답했다. "네, 이와타 사장님. 저는 그냥 레지라고 부르시면 됩니다."

뒤이어 나는 질문을 던졌다. "사장님이 보시기에는 소니와 마이크로소프트가 출시한 게임기들이 어떤가요?"

"레지, 우리는 다른 회사들이 어떤지 파악하려고 노력합니다만 동시에 닌텐도 나름의 방식으로 현상황에 접근하는 것이 중요하다고 봐요. 우리는 새로운 경험을 창조합니다. 우리만의 특별한 게임을 만들고요." 우리는 게임 컨트롤러의 십자형 방향키, 3차원 입체 그래픽, 컨트롤러 진동 기능, 4인 동시 멀티플레이 등 여태 닌텐도가 게임 시장에 도입했던 혁신적인 요소들을 자세히 이야기했다. 나는 집에 구비해둔 닌텐도 게임기들을 통해서 이 모든 기능을 경험해보았다.

"저는 지금까지 여러 게임 매장을 꾸준히 방문해왔습니다. 그쪽 직원들이 하는 말로는 게임큐브 재고가 워낙 많이 남아서 당장이라도 판매를 촉진시킬 대책이 필요하다고 합니다."

이에 이와타씨가 말했다. "레지, 안 그래도 앞으로 몇 주 동안 게임큐브 판촉 행사를 진행할 계획이었어요. 우리 역시 연말까지 그냥 기다리기보다는 지금, 그러니까 초가을 정도에 어떻게든 속도를 올려야 한다고 생각합니다."

그는 판매 증진을 위해 제품 가격을 낮출 예정이었다고 밝혔다. 그리고 게임큐브의 후속 기종을 한창 개발하는 중이라는 말도 덧붙였다.

끝으로 나는 휴대용 게임기 시장에 플레이스테이션이 진입한 사건에 관해 물었다. "이와타 사장님, 닌텐도는 앞으로 이러한 위협에 어떻게 대응하고 경쟁할 계획입니까?"

그는 이렇게 답했다. "레지, 우리가 제안한 자리를 받아들이고 교토로 오시기 바랍니다. 닌텐도가 어떤 식으로 혁신을 이어갈지 직접 보여드리죠."

그렇게 격의 없는 분위기에서 화상 면접이 끝나고 나는 닌텐도 소속이 되었다. 이와타씨라면 충분히 함께 일할 만하다는 생각이 들었고 선견지명을 겸비한 그의 리더십을 든든히 뒷받침할 자신도 있었다. 그리고 내 능력이 닌텐도 오브 아메리카를 세계적인 기업으로 탈바꿈시키는 데 분명 보탬이 될 것이라는 확신도 들었다.

● 혁신을 위한 핵심 ●

언뜻 보면 말이 안 되는 소리 같지만, 어려운 질문을 던지기 제일 적절한 순간은 입사 제안을 받고 면접을 볼 때이다. 그 회사는 일단 당신을 마음에 들어 한다. 그렇지 않았다면 채용 단계 초반에 이미 탈락하고 말았을 것이다. 이 시점에서는 회사와 직무가 자신에게 맞는지 꼭 확인해야 한다. 예리한 질문을 던져라. 그리고 상대방의 답변을 평가하라. 최고위 리더들이 내놓는 대답에 일관성이 있는지도 눈여겨봐야 한다. 이 점은 경영진의 전반적인 의사가 일치하는지를 알려준다. 예의는 갖추되, 밀어붙여야 한다.

9

교토의 장인정신

닌텐도에 합류한 뒤 나는 눈앞의 과제들을 해결하기 위해 20년 이상 여러 업계를 거치며 얻은 경험을 적극 활용했다. 우선은 영업·마케팅과 관련한 모든 부문에서 업무 현황 보고를 받기로 했다. 목적은 두 가지였다. 하나는 내가 새롭게 맡은 팀의 전문가들로부터 이 분야의 일을 배우는 것, 다른 하나는 함께 일할 사람들과 안면을 트고 관계를 증진시키는 것이었다.

각 부서 책임자들에게는 업무보고 회의장에 모든 팀원을 데려오라고 요청했다. 우리는 탁자에 둘러앉아 각자 소개를 했다. 여태 늘 그랬지만 나는 그런 자리에서 서론을 주절주절 늘어놓는 사람이 아니다. 내가 전한 메시지는 무엇보다 여러분을 최우선으로 생각하겠다는 것, 그리고 모든 팀원으로부터 많이 배우고 싶다는 것 두 가지뿐이었다.

게이머이자 상사

이렇게 직설적인 화법 때문에 우스운 상황이 벌어지기도 했다. 월간지 「닌텐도 파워」를 제작하는 팀과 회의를 하면서 나는 그쪽 팀장에게 불쑥 물었다. "지난 1993년에 제가 SNES판 〈슈퍼 스트리트 파이터 2〉를 끝까지 깬 제 아들 사진을 여기로 보낸 적 있습니다. 그때 우리 아이는 겨우 만 세 살에 그런 일을 해냈어요. 한데 왜 「닌텐도 파워」는 그 사진을 싣지 않았죠? 적어도 축하 편지 정도는 보내줘도 좋았을 텐데요."

내가 한 이야기는 진짜였다. 대전격투게임인 〈슈퍼 스트리트 파이터 2〉는 일종의 버튼매셔^button-masher에 해당했는데, 이는 컨트롤러의 버튼을 계속 눌러대기만 하면 어떻게든 싸움을 이어나갈 수 있고 때로는 운이 좋아 상대를 쓰러트리기도 하는 그런 게임류를 뜻한다. 만약 대결에서 지고 같은 캐릭터와 다시 싸우더라도 게임 내에서 손해 보는 것은 전혀 없었다. 게이머는 그렇게 몇 번이고 도전해서 상대를 이기면 계속해서 다음 대전 상대를 만날 수 있었다. 이 게임의 모든 콘텐츠가 그렇지는 않지만 일정 단계까지는 버튼만 열심히 누르면 필연적으로 끝을 보게 되는 것이었다. 그렇다고는 해도 나는 어린 나이에 이 게임을 정복한 아들이 무척 대견스러웠고 아이의 아버지로서 그런 업적을 자랑하지 않을 수 없었다.

내가 「닌텐도 파워」 제작팀 앞에서 이 이야기를 꺼낸 이유는 한 명의 게이머로서 닌텐도의 콘텐츠를 오랫동안 접해왔음을 넌지시 알려주기 위해서였다. 또 내가 생김새만큼 무서운 사람은 아니라고 알리고 싶은 마음도 있었다. 주변에서 말하기로는 내가 무언가에 집중할 때면 미간을 잔뜩 찡그린 채 그 대상을 뚫어져라 쳐다본다고 한다. 그럴 때면 얼굴도 간간이 찌푸리곤 하는데, 달리 말하면 누군가를 마치 찢어발길 듯한 표정을 짓는다는 뜻이다.

회의 중 게임 잘하는 아들 이야기로 인간미 있는 모습을 보여주려 했건만, 내 의도와 다르게 그 시도는 실패로 돌아갔다. 질문 받는 입장에서는 덩치가 산만한 낯선 신임 상사가 앞뒤 없이 쏘아붙이는 것처럼 느껴졌던 모양이다.

「닌텐도 파워」 제작팀장은 무슨 말을 해야 할지 모른 채 더듬거리다가 겨우 입을 뗐다. "어, 음, 전무님, 그때 왜 그 사진을 게재하지 않았는지 저도 영문을 모르겠습니다. 당장 자료보관실로 가서 누가 왜 그런 결정을 내렸는지 알아보겠습니다."

"아뇨, 아뇨, 아뇨, 그런 말이 아니에요." 나는 다시 말했다. "안 그러셔도 됩니다. 방금 한 말은 농담이었어요. 우리가 하는 사업이 사람들을 즐겁게 하는 그런 일이니까 저는 이 회의실 분위기도 좀 가벼워졌으면 해서 던진 말이었어요. 그냥 제가 우리 회사의 콘텐츠를 제법 오래 즐겨왔다는 걸 알아주셨으면 해서 말이죠. 또 유머감각이 있다는 것도요." 다행히 회사에는 새로

온 전무가 게임을 제법 알고 괜찮은 사람이라는 소문이 퍼졌다. 결국 그렇게 나는 소기의 목적을 이루었다.

● **혁신을 위한 핵심** ●

다가가기 쉽고 '인간적'인 상사가 되자. 부하 직원들에게는 당신이 진심으로 그들과 회사의 성공을 바란다는 것을 알려야 한다. 그들에게는 윗사람이 지지한다는 신호가 필요하고, 반대로 당신에게는 부하 직원들의 지지가 필요하다. 당신을 믿고 따르는 팀원들이 온갖 장애물을 극복하고 좋은 성과를 내고자 필요한 모든 일을 해내리라고 확신을 가져라.

그렇다고 직원들과 구태여 친분을 다질 필요는 없다. 정말 필요한 것은 진심으로 공감하는 자세와 앞을 내다보는 통찰력이다.

신뢰의 탑을 쌓고 불통의 벽을 부수다

닌텐도 입사 초기에 나는 동료 임원들과 가급적 많은 대화를 나누려고 노력했다. 또한 재무, 정보전산, 총무, 라이센싱, 운영관리, 제품개발 등 모든 부서의 책임자들을 각각 만났다. 그중에서도 나는 운영관리팀과 제품개발팀에 특히 관심을 두었는데, 우리가 매출 증진을 위해 영업 및 판매 전략을 세우고 실행하는 과정에서 이 두 부서의 협력이 꼭 필요했기 때문이다.

● 혁신을 위한 핵심 ●

대학을 갓 졸업한 신입사원이든 비장의 수단으로 채용된 베테랑이든, 직장에 들어오고 나서 맨 먼저 할 일은 직장 내에서 복잡하게 얽히고설킨 인간관계와 업무 흐름을 읽어내고 이해하는 것이다. 맡은 직책상 주로 협력할 사람은 누구인가? 프로젝트를 진행하면서 일이 자주 지체되는 부분은 어디인가? 문제를 대하는 참신한 시각과 아이디어를 얻을 수 있는 곳은 어디인가? 수시로 이런 질문에 대한 답을 찾아야 한다. 그리고 핵심 관계자들에게 시간을 투자하면서 답이 정해지지 않은 개방형 질문을 많이 던져라. 그렇게 정보를 모은 뒤에는 계획을 세우고 그들을 본격적으로 자신의 업무에 끌어들여라.

운영관리팀의 수장은 돈 제임스^{Don James}였다. 돈은 닌텐도 오브 아메리카 설립 초기에 서너번째로채용되어 합류한 인물로, 내가 입사한 시점에 이미 근속연수가 20년을 넘었다. 그는 교토의 닌텐도 본사 개발자들과도 밀접한 관계를 맺고 있었다. 또 과거에 오락실 게임을 만들던 닌텐도가 가정용 게임을 개발하고 생산하는 업체로 변화하는 과정도 직접 목격했다. 돈은 닌텐도가 전 세계 시장에서 겪었던 모든 성공과 실패 사례를 꿰고 있었다. 그리고 오랜 근속기간에 회사 내의 여러 분야를 오가며 게임 개발, 게임 완성도 테스트, 제품 생산, 물류 업무 등의 다양한 일을 해왔다. 내가 이 회사에 들어왔을 때 그는 아시아에서 출발한 우리 상품이 소매업체의 하역장에 도착할 때까지의 모든 공급망을 책임지고 관리하는 중이었다.

돈은 닌텐도 내에서 또하나 특별한 역할을 맡고 있었다. 비디오게임업계 최고의 전시·박람회인 일렉트로닉 엔터테인먼트 엑스포, 바로 E3 행사를 이끄는 중심 인물이었기 때문이다. 그는 비디오게임 분야가 겨우 말석을 차지했던 국제 전자제품 박람회Consumer Electronics Show를 떠나 독립적인 전시회를 만드는 데 아주 큰 역할을 했다. 그리고 일본 본사의 개발자들과 긴밀하게 협력하여 수만 명이 참가하는 이 연례행사에서 공개할 새 게임기와 소프트웨어들을 미리 파악하고 복잡한 기술적 문제를 해결하는 데 힘써왔다.

회사 운영관리팀의 수장이자 사실상 E3 행사의 기획 책임자였던 돈의 역할을 고려하면 그를 내 핵심 파트너로 포섭할 필요가 있었다. 다행히도 그와는 처음부터 말이 잘 통했다. 우리는 둘 다 스쿠버다이빙을 좋아하고, 말투가 직설적이라는 공통점이 있었다. 하지만 대화를 더 해보니 나와는 한 가지 큰 차이가 있다고 느껴졌다. 나는 '물컵이 반이나 차 있다'고 생각하며 늘

기회를 찾는 유형이었다. 반대로 돈은 '물컵이 반밖에 안 찼다'
고 생각하며 매사에 부족한 부분을 주시하는 유형이었다. 나중
에 우리가 새로운 아이디어나 E3 행사 계획을 논의할 때 그가
가장 자주 꺼낸 말은 "이거 진짜 큰일이네"였다. 그것이 '좀 힘
들기는 하지만 내가 어떻게든 해내겠다'라는 그 나름의 표현임
을 알아차리기까지는 조금 시간이 걸렸다.

내가 또 관심을 둔 부서였던 제품개발팀은 마이크 후쿠다^{Mike}
^{Fukuda}라는 사람이 이끌고 있었다. 그의 본명은 후쿠다 마나부^{福田}
^学로, 일본 태생인데다 정확히는 닌텐도 본사 소속이었다. 하지
만 그는 닌텐도 이전에 몸담았던 회사들을 포함하여 25년 넘게
줄곧 미국에서만 일을 해온 상태였다. 당시 마이크의 직급은 상
무로, 굳이 따지자면 전무인 내 입장에서는 아랫사람에 해당했
다. 그러나 일을 원활하게 진행하려면 마이크와의 공조는 필수
였다. 그는 닌텐도 본사의 임원들이나 게임 개발자들과 직접 소
통할 수 있었고 게임 개발 일정, 개발 지연 여부, 전반적인 게임
품질 등 내가 원하는 내부정보에 쉽게 접근 가능했다. 이처럼
민감한 정보와 더불어 내게는 모든 상황을 투명하게 볼 수 있는
마이크의 시각이 꼭 필요했다. 그리고 이 두 가지를 손에 넣는
방법은 그와 신뢰를 쌓는 것뿐이었다.

한데 이 관계는 시작부터 문제를 하나 안고 있었다. 그전까지
영업·마케팅 부서가 회사의 기밀정보를 다룬 적이 없었던 탓
에 마이크는 우리 쪽에 중요한 자료를 선뜻 내어주려 하지 않았

다. 게다가 그는 기존에 낸 우리 회사 광고의 방향성과 기획 과정 역시 마음에 들어 하지 않았다. 그래서 일단은 마이크를 설득할 필요가 있었다.

마이크와는 이성적으로나 정서적으로나 두루 공감대를 형성할 필요가 있었기에 접근 방향을 다각도로 살폈다. 우선 닌텐도의 역사와 기업문화를 익힌다는 명목으로 그와 한 주에 두 번씩 회의를 진행했다. 그러다가 이 회의는 앞으로의 제품 출시 계획을 종합적으로 논의하는 자리로 바꾸었다. 당시에 내가 꼭 지켰던 한 가지는 회의를 마이크의 사무실에서 진행하는 것이었다. 비록 회사에서의 직위는 나보다 낮았지만 나는 우리가 같은 위치에 서 있다고 그렇게 마음을 전하고 싶었다. 또 나는 일반적인 상하관계와는 반대로 내가 마이크의 사무실로 향하는 그 모습을 다른 직원들이 보았으면 했다. 이러한 상징적인 제스처가 닌텐도 오브 아메리카의 기업문화에 미치는 영향은 결코 작지 않았다.

좋은 결과를 낳는 투명한 과정

그다음에 할 일은 우리 부서와 마이크의 부서가 매번 겪는 갈등을 해소하는 것이었다. 특히 나는 광고 기획 단계에 초점을 맞추고 작업 절차를 투명하게 만드는 데 신경을 기울였다. 보통 광고 기획 작업은 어디에서나 늘 고통스럽다. 좋은 광고가 탄생하려면 전략과 기술, 양면에서 여러 단계를 거쳐야 한다. 게다가 멋진 문구나 이미지를 통해 예술적인 느낌도 줘야 한다. 또 광고를 만들 때면 모두가 한마디씩 거들기도 한다. 훌륭한 광고에는 너나 할 것 없이 자기가 부모라고 나서지만, 반대로 나쁜 광고는 책임지는 사람이 아무도 없는 고아나 다름없다.

이런 문제를 이미 겪어봤던 나는 닌텐도에서 앞으로 어떻게 광고를 만들어야 할지 생각하며 단계별 작업순서도를 만들었다. 기업이 다시금 힘차게 도약하려면 사람들의 이목을 확 끄는 광고가 필요하다. 처음 회사생활을 했던 P&G 시절부터 내 머릿속에는 그런 생각이 자리잡고 있었다. 그 일환으로 우리 광고를 기획하고 만들어가는 모든 단계마다 누가 특정 업무를 제안했고 책임을 지는지, 누가 어떤 결정을 승인했는지, 누가 해당 단계에서 자문할 것인지, 누가 승인된 사안을 전달받는지[RACI, Recommend, Approve, Consult, Inform]를 명시할 필요가 있었다. 이 RACI 모델을 만드는 과정에서는 이래저래 말이 많았다. 조금 재미없는 이야기일지도 모르지만, 효과적인 마케팅을 위해서는 이렇게 기본이 되는 틀을 확실히 잡는 것이 무엇보다 중요하다.

일반적으로 마케터나 광고대행사들은 마케팅 아이디어를 전개하고 취합하는 모든 과정을 독점하려 한다. 다른 곳에 자문을 구하지 않는 이러한 성향은 때때로 당초의 계획에서 완전히 어긋나거나 광고 효과가 확연히 떨어지는 결과물을 낳곤 한다. 그런데 또 제품개발팀 같은 다른 부서들은 새 광고를 만든다고 하면 모든 부분에 조언을 하겠다며 애를 쓴다. 그러다보면 광고 기획 업무를 모르거나 관련 경험이 없는 비전문가들의 의견이 난입하면서 쓸데없이 시간이 소요되고 만다.

나는 마이크와 그쪽 팀원들에게 광고 기획 과정에서 몇 가지 중요한 역할을 맡기겠다고 약속했다. 예를 들어, 이후 제품개발팀은 광고대행사와 담당 마케터들이 신제품의 특징과 장점을 파악하는 데 쓸 상세 사양 설명서를 책임지고 검토하게 되었다.

광고를 만드는 여러 단계 중에는 오롯이 나 혼자서 감당해야 하는 일들도 있었다. 이를 테면 광고 전략이나 광고의 최종 콘셉트, 완성된 실제 광고물을 검토하고 승인하는 것이었다. 이런 단계에서는 일처리가 명료하고 단호해야 한다. 여러 명으로 구성된 위원회를 통해 검토와 결재를 거친다는 것은 그야말로 어불성설이다. 이런 일은 한 사람이 맡아서 진행하고 결과에 책임을 져야 한다.

나는 이것이 영업·마케팅 총괄전무인 내 역할임을 분명히 밝혔지만, 처음에는 다들 내 생각을 받아들이지 못했다. 광고 담당 부장이나 마케팅 상무를 포함한 우리 부서 사람들도 그 부분에는 자기들이 관여해야 한다고 여겼다. 마이크를 포함한 제품개발팀 사람들도 수긍하지 못하기는 마찬가지였다. 게다가 나와 다른 일을 하는 전무들도, 그렇게 중요한 결정에 있어서는 본인들이 뭐라도 해야 한다고 생각했다.

하지만 절대 그렇지가 않다. 나는 최고의 광고를 만드는 길이 서로 협동하며 투명한 과정을 밟는 데 있지만, 마지막에는 단

한 사람이 주요 전략과 기획, 개발 그리고 최종 결정에 책임을
져야 한다고 다시 한번 강조했다.

● 혁신을 위한 핵심 ●

기업 리더들의 궁극적인 목표는 수익을 늘리는 것이다. 그리
고 이 목표를 이루는 열쇠는 고객에게 차별화된 혜택을 제공
하는 데 있다.

전달할 것: 팔고자 하는 상품에 어떤 특별한 장점이 있는지
알려라. 그것이 실체가 있는 제품이든 무형의 서비스든 혹은
정서적인 면에서 얻는 이점이든 간에 반드시 해야 할 일은
흥미로운 방식으로 그 상품을 소개하고 소비자가 얻는 혜택
이 무엇인지 실제로 보여주는 것이다.

차별화: 경쟁업체들보다 눈에 띄어야 한다. 물론 긍정적인
방향으로!

고객: 우리 상품을 애용하는 고객을 누구보다 잘 이해해야
한다. 이를 통해 소비자의 잠재적인 욕구를 발견하고 새로운
제품개발 활동에 집중할 수 있다.

우리는 이러한 체계 아래서 2004년 게임보이 어드밴스 SP를 시작으로, 2019년 닌텐도 스위치 출시와 함께 내가 퇴사할 때까지 세계 최고 수준의 광고들을 만들어냈다. 나중의 이야기이지만, 미국 지사 사장이 된 후 나는 딱 한 가지만 제외하고 여타 검토 및 승인 권한을 모두 포기했다. 끝까지 놓지 않았던 것은 완성된 광고를 시중에 내느냐 마느냐에 대한 결정권이었다. 그 결과 나는 광고 기획 과정에서 적극적인 역할을 하는 동시에 나쁜 광고가 전파를 타지 않도록 막는 최후의 보루로 남게 되었다.

마이크와 공감대를 형성하기 위해 나는 마지막으로 그를 영업 기획 과정에 동참시켰다. 이러한 협력을 통해서 우리는 단골 소매업체들을 위한 특별 판촉 전략을 마련할 수 있었다. 원래 닌텐도의 영업 방침은 기본적으로 모든 소매상에 대하여 동일한 거래 기준을 적용하되 업체별로 닌텐도 제품의 매상에 따라서 추가로 금전적인 혜택을 주는 식이었다. 이 방법은 우리 물건을 유통하는 업체들을 공평하게 대우하면서 우리와 함께 사업을 키워가는 이들에게는 적절한 보상을 안겨주었다.

그동안 이 업무는 별다른 관리 감독 없이 영업팀 내에서 처리되었지만 내가 원하는 방향은 근본적으로 달랐다. 나는 우리 회사의 영업 전략에 관해 두루 논의하면서 제품 판매에 보다 획기적인 영향을 미칠 기발한 아이디어를 얻고 싶었다. 그리고 오로지 상품 가격만 조정해서 승부를 보는 기존의 영업 방식에서는 탈피하고 싶었다. 이런 전략이 우리 회사와 유서 깊은 게임 시리즈들의 브랜드가치에 악영향을 미친다는 생각이 들었기 때문이다.

나는 우선 이 작업에 마케팅 임원들을 참여시켰다. 마케팅팀과 영업팀 모두 최종 보고를 올리는 상사는 같았지만 내가 오기 전까지 마케터들은 영업 기획 과정에 전혀 관여하지 못했다.

그런 다음 나는 마이크에게 이 일을 함께 해달라고 요청했다. 여기에는 우리가 영업 단계에서 겪는 고충을 보여주려는 의도도 일부분 있었다. 다른 한편으로는 그에게서 새로운 상품, 새로운 영업 전략에 관한 아이디어를 구하고 또 일본 본사의 승인이 필요한 경우에는 지원을 받고자 하는 마음도 있었다. 나중에 회사의 물류 공급망을 쓸 필요가 생겼을 때 우리는 돈 제임스도 적절히 끌어들였다.

그렇게 힘을 모아서 우리는 새로운 판촉 방법을 고안해냈다. 소매업체들에게 특별한 상품을 홍보하고 판매할 기회를 주는 것이었다. 이를테면 특정 매장에서만 살 수 있는 특이한 색상의 게임보이 어드밴스라든가 게임큐브 본체와 소프트웨어를 특별한 구성으로 묶어서 판다든가 하는 것이었다.

이런 전략은 회사 내부적인 측면에서나 사업적인 측면에서나 모두 좋은 효과를 냈다. 회사 내부적으로는 그간 직원들의 의사소통을 막았던 장벽이 무너지고 서로 협력하는 분위기가 강해졌다. 사업적으로는 새로운 전략이 시장에서 잘 먹힌 덕분에 우리 제품의 판매 흐름이 안정세를 찾게 되었다. 그리고 나는 영업·마케팅이라는 범주를 넘어 어엿한 리더로서 신뢰를 얻게 되었다.

● 혁신을 위한 핵심 ●

유능한 리더들은 개개의 의사결정과 다수 간의 공동작업 사이에서 균형을 맞춰가며 일을 처리하지만, 때로는 리더 혼자서만 결정해야 하는 사안이 있다. 물론 그런 경우에도 공동작업과 의견 수렴을 결코 소홀히 해서는 안 된다. 리더들은 조직이 변화를 겪을 때 이러한 균형이 맞는지 끊임없이 가늠하고 평가해야 한다. 예를 들어 회사에 새로운 직원들이 늘었다면 그때는 리더가 평소보다 더 많은 결정을 내려야 할 수도 있다. 반면에 조직이 한층 노련한 직원들로 구성된 경우는 활발한 토론과 공동작업을 통해 오히려 능률이 더 오르기도 한다.

닌텐도의 방식을 보고 배우다

나는 이 무렵에 일본 교토의 닌텐도 본사로 출장을 갔다. 2004년 1월이었는데 닌텐도 오브 아메리카로 이직하고 정확히 8주를 채운 시점이었다. 교토에서 일주일간 머물면서 나는 본사의 주요 임원들과 개별면담을 나눴고, 세계 각국의 지사 임원들이 함께한 회의에도 몇 차례 참석했다. 그리고 이때 처음으로 이와타씨를 직접 만나보았다.

우리는 그 한 주 동안 몇 시간에 걸쳐서 닌텐도의 사업 현황과 미래에 관해 이야기했다. 처음 이틀간은 내가 최초로 참여할 E3 행사 계획도 논의했다. 함께 출장을 온 돈 제임스는 주요 개발자들과 함께 일련의 회의를 주재하면서 행사 중에 발표할 게임을 점검하고 준비 사항을 논의했다. E3는 5월에 개최할 예정이었기에 단 4개월만을 남겨둔 상태였다. 회의 중에는 닌텐도의 신형 휴대용 게임기 시제품도 살펴볼 수 있었다.

회의실에 들어서자 아직 이렇다 할 이름조차 없는 제품의 납작하고 큼직한 회로기판 위에 납땜 자국과 전자 칩들을 잔뜩 드러낸 시제품이 보였다. 가운데에는 이 제품의 특징인 두 개의 액정 화면이 자리잡고 있었다. 화면 터치 기능과 음성입력 기능에 관한 설명을 듣자마자, 나는 내 자신이 눈앞의 기판 어딘가에 연결된 듯한 느낌이 들었다. 이름도 없는 저 물건에 담긴 무한한 잠재력이 마치 전류처럼 몸을 관통하는 것 같았다. 비록 시제품이었지만, 기능적으로는 거의 다 완성된 상태여서 우리는 여러 가지 게임이 실제로 구동되는 모습을 볼 수 있었다. 회의실에는 손에 잡힐 듯한 흥분이 감돌았고 내 등줄기에는 소름이 돋았다. 이 게임기는 훗날 전 세계적으로 1억 5,000만 대 이상의 판매고를 올린 바로 그 닌텐도 DS^Nintendo DS였다.

회의실에 모인 사람들은 나와 돈을 제외하고 모두 일본인이었다. 회의중에 오가는 정보는 일본어에서 영어로 통역을 거쳐 우리에게 전달되었다. 또 우리 두 사람이 영어로 한 말은 곧장 일본어로 통역되었다. 이로 인해 회의가 매번 길어질 수밖에 없었지만 나중에는 이 방식에도 어느 정도 적응이 되었다. 우리는 시제품의 터치스크린을 자세히 살피며 이 기능이 게임 방식에 어떤 변화를 불러올지 논의했다. 당시는 터치스크린이 가전시장에서 차지하는 비중이 얼마 되지 않았고, 전 세계 휴대폰 시장을 뒤바꾼 아이폰iPhone이 등장하기도 한참 전이었다. 이 기술을 활용한 장비는 PDA$^{Personal Digital Assistant}$ 정도에 국한되었는데 그마저도 가격이 비싸서 주류가 되지는 못했다.

나는 이 업계에 이제 막 발을 들인 입장이었지만 회의 분위기를 보니 닌텐도에서 가장 큰 지사의 새로운 영업·마케팅 책임자로서 내 의견이 어떤지 다들 궁금한 모양이었다. 그래서 바로 내 생각을 말했다. "우리 제품을 가장 차별화하는 요소는 아무래도 이 터치스크린이겠죠." 그렇게 운을 떼는데 비공개 회의를 진행 중인 이 공간에 누군가가 들어오는 모습이 언뜻 보였다.

"차후에 우리 소비자들과 소통할 때는 이 기능을 반드시 내세워야 할 겁니다. 그러면 터치스크린을 제대로 활용할 만한 게임은 어떤 걸까요?" 회의 참가자들은 '메트로이드' 시리즈와 신작 '마리오' 게임이 선사할 새로운 경험에 관하여 열심히 의견을 주고받았다. 하지만 개발자들을 가장 흥분시킨 것은 당시에 한창 제작 중이던 색다른 유형의 게임으로, 터치스크린과 내장 마이크를 써서 화면 속의 강아지와 교감을 나누는 데 그 초점이 맞춰져 있었다. 나는 다시 말을 이어나갔다. "우리가 할 일은 터치스크린의 장점을 최대한 살리는 겁니다. E3에서도 이 점을 핵심 메시지로 제시하고 닌텐도 개발자들이 앞으로 선사할 새로운 경험이 어떤 모습일지 또렷하게 제시할 필요가 있어요."

이 말이 일본어로 통역된 뒤 조금 전에 회의실로 들어온 남자가 닌텐도 DS 시제품을 둘러싼 사람들 사이로 들어왔다. 그 사람은 '마리오' '동키콩' '젤다의 전설' 시리즈를 포함해 전설적인 작품들을 수없이 탄생시킨 게임 개발자, 미야모토 시게루였다. 조금 늦긴 했지만 그는 회의에 참석한 뒤로 터치스크린에 관한 내 생각과 질문에 줄곧 귀를 기울이고 있었다. 내 다리가 살짝 떨리기 시작했다.

"맞는 말씀입니다." 미야모토씨가 일본어로 말을 이었다. "우리가 제일 초점을 맞춰야 할 건 터치스크린이에요. 그러려면 앞으로 E3에서 공개할 새로운 체험 요소들을 성심성의껏 준비하고 또 이 신형 게임기의 기능을 빠짐없이 활용해서 어떤 식으로 참신한 게임을 만들 것인지를 소비자들한테 확실히 보여주는 게 중요하죠."

영어로 통역이 끝나자 그는 다시 입을 열었다. "그런데, 그쪽은 누구시죠?"

그날 나는 그렇게 미야모토씨와 처음 인사를 나눴다.

그 만남은 내가 교토 지역 특유의 장인정신에 빠지게 된 계기이기도 했다. 회사 내부적으로 이 장인정신이라는 개념은 모든 면에서의 정확성, 세밀함을 뜻했다. 닌텐도 개발자들의 장인정신은 과거부터 지금까지 늘 인기 게임 순위를 장악하고 있는 닌텐도 게임들을 보면 너무나 명확하게 알 수 있다. 사실 이런 특성은 닌텐도가 그간 사업과 관련된 모든 방면에서 얼마나 세심한 주의를 기울여 왔는지를 잘 보여주는 방증이기도 하다.

숙련된 기술, 정밀함에 대한 닌텐도의 정신적 뿌리는 메이지明治 시대 이전, 그러니까 교토가 일본의 수도였던 시기로 거슬러 올라간다. 이후 1868년경 도쿄로 수도가 이전된 뒤에도 일왕과 귀족들은 질 좋은 옷감과 유리공예품, 전통술 등을 구하기 위해 종종 교토를 다시 찾았다고 한다. 이러한 교토 출신 기술자들만의 독특한 기질과 자부심, 타의 추종을 불허하는 품질은 지금도 명성이 자자하다.

닌텐도의 창업주인 야마우치 후사지로山内房治郎는 당대의 도박 금지령을 피하고자 단속 대상이었던 서양식 카드와는 다른 화투를 고안해냈다. 그 옛날 그가 작은 패 속에 담아낸 아름다운 색채와 그림 덕분에 화투는 현재까지도 인기리에 팔리고 있다. 그리고 오늘날 전 세계는 닌텐도의 게임을 통해서 그 시절부터 이어져온 탁월한 솜씨를 매일같이 발견하고 있다.

10

박살내고 끝장내는 자

닌텐도 DS 시제품과 몇 가지 초기 게임 콘셉트를 확인했으니 이제는 E3 행사 준비에 주력할 때였다. 나는 닌텐도의 2002년과 2003년도 E3 프레젠테이션 자료를 찾아봤다. 우선 그때 누가 발표를 맡았고 어떤 메시지를 냈는지를 조사했다. 신문 스크랩 자료를 뒤져보고 관중의 호응이 어땠는지도 알아보았다. 아무래도 개선할 여지가 많아 보였다.

E3는 일주일간 전 세계의 비디오게임업체들이 한데 모이는 초거대 행사였다. 그곳에 마련된 프레젠테이션장에는 어떤 정보에도 쉬이 동요하지 않는 기자들이 천 명 정도 들어찬다. 하지만 프레젠테이션이 진행될 때 그 광경은 전 세계의 열정적인 수백만 게이머들에게 실시간으로 전달된다.

그 자리에서 던지는 한마디 한마디에 회사와 관계자들에 대한 평판이 왔다갔다한다. 순간순간의 판단이 주가와 신제품의 주문량에 영향을 미친다. 따라서 E3 행사장에서 하는 프레젠테이션은 완벽해야 한다. 그러나 지난 2년간의 자료를 살펴보니 발표가 부실했다는 것이 보였다.

가장 눈에 띈 것은 전달하려는 메시지에 통일성이 부족하다는 점이었다. 발표가 끝난 뒤에도 청중이 기억했으면 하는 내용은 무엇인가? 그 바탕에 있는 핵심 개념은 또 무엇인가? 행사 중에 새로 공개할 게임과 주요 정보들로 중심 메시지를 어떻게 뒷받침할 것인가?

제대로 된 이야기를 하자

내게 이런 대규모 프레젠테이션은 일종의 이야기 같은 것이다. 가능하다면 나는 여행 가이드처럼 그 자리에 모인 사람들을 새로운 세계로 이끌고 싶다. 그러기 위해서 시작을 강렬하게 열고 끝은 더 강렬하게 마무리한다. 물론, 프레젠테이션의 모든 부분이 주목을 받거나 재미를 주지는 못할 것이다. 발표하는 사람도 앞에서 계속 말을 하다보면 어느 대목이 지루하게 느껴질지 대충 감이 온다. 그렇게 분위기가 가라앉았을 때 속도를 조절하여 청중을 다시 끌어당기고 발표 내용에 더욱 집중하게 하는 것이 바로 좋은 프레젠테이션이다.

예전 프레젠테이션 자료를 살펴본 뒤 나는 당시 관계자들에게 그때 왜 이러저러한 결정을 내렸는지 물었다. 왜 2003년도 프레젠테이션에서는 시작부터 사람들이 원하는 것, 즉 신작 게 임을 바로 공개하지 않고 재미없는 정보와 수치만 줄줄 늘어 놓았는가? 왜 그때 하필이면 나온 지 23년이나 된 〈팩맨〉의 리 메이크 버전을 대표작으로 내놓았는가? 2002년에는 큼지막한 메모지를 손에 든 채로 무대에 선 발표자도 있었다. 그 모습은 우리 제품을 잘 아는 전문가라는 인상을 주기에 영 부족해 보 였다.

그렇게 행사를 준비하는 과정에서 나는 돈 바류^{Don Varyu}라는 조력자를 얻었다. 돈은 골린 해리스^{Golin Harris}(나중에는 사명이 골 린^{Golin}으로 바뀌었다)라는 홍보대행사의 고위 임원으로, 내가 처 음 나간 E3 행사만이 아니라 닌텐도 소속으로 있는 내내 나를 많이 도와주었다. 그는 과거에 뉴스 기자로 오래 일해서인지 이 야기의 주제를 잘 파악하고 메시지를 다듬어 말에 생명력을 불 어넣는 데 탁월했다.

우리가 처음 만났을 무렵에 돈은 이미 닌텐도의 홍보 업무를 10년 넘게 지원해온 상황이었다. 그는 게임업계와 닌텐도 내 부에서 일어나는 일들을 우리 직원들만큼이나 잘 알았다. NES 의 여명기부터 닌텐도가 세가^{SEGA}, 소니와 게임기 전쟁을 벌일 때까지 돈은 줄곧 그 자리에 있었다. 무엇보다 중요한 것은 그 가 나와 마찬가지로 닌텐도의 부활을 열렬히 바란다는 사실이 었다.

우리는 정기적으로 만나게 되었고 돈은 그때부터 마치 기자처럼 나를 인터뷰하기 시작했다. 인터뷰의 목적은 내가 어떤 사람인지를 알고 나의 행동 동기를 이해하는 것, 그리고 무엇보다도 내 목소리를 익히는 것이었다. 그는 내 옛이야기에서 시작하지 않고 우선 현재에 초점을 맞췄다.

"레지, 당신은 왜 닌텐도로 왔죠? 왜 여기 있는 겁니까?"

나는 한 명의 게이머로서 이 회사와 함께한 역사, 내가 가장 좋아하는 '젤다의 전설'을 포함하여 닌텐도의 명작 시리즈에 관한 모든 지식을 풀어놓았다. 나는 단순히 이 회사의 부흥을 위해 고용된 청부사 같은 것이 아니었다. 내 가슴 속에는 게임산업과 닌텐도를 향한 불같은 열정이 있었으니까.

우리는 내 특유의 경쟁적 성향에 관해서도 이야기했다. 내가 여태 가는 회사마다 긍정적인 변화를 이끌며 얼마나 '성공'하는 데 열중했는가를. 또 스포츠가 어린 시절 내 경쟁심에 얼마나 불을 지폈는지도 이야기했다. 돈은 자기가 야구를 좋아한다면서 대학 시절에 선수로 활약했다고 밝혔다. 그는 맡은 일을 향해 에두르지 않고 과감히 뛰어드는 내 방식을 높이 평가하면서 닌텐도가 나를 채용한 이유를 정확히 짚어냈다. 회사의 체질을 개선하면서 닌텐도가 과거의 영광을 되찾길 바라는 기존 팬들의 관심을 모으고, 우리의 매력적인 콘텐츠를 활용하여 새로운 팬들을 유입시키는 것이었다. 이런 대화를 나누면서 돈과 나 사이에는 강한 유대감과 신뢰감이 형성되었다.

● 혁신을 위한 핵심 ●

어려운 질문을 던지고 당신을 현상황에 안주하지 못하게 하는 조언자를 가까이하라. 부하 직원들은 아무래도 상사에게 좋은 인상을 주는 데 신경쓰게 된다. 또 상사의 의견에 반대를 외치는 경우도 드물다. 회사일과 관계없는 외부의 친구들은 당신이 듣고 싶은 말 대신 있는 그대로를 말해줄 것이다. 당신의 생각에 이의를 제기할 수 있을 만큼 심지가 굳고 자신감 있는 조언자들, 또 가능하다면 그런 직원들을 주변에 두어야 한다.

돈에게 나는 아주 편한 마음으로 머릿속에 든 다양한 아이디어를 이야기했고 당시에 개발 중이던 주요 신제품에 관해서도 언급했다. 닌텐도는 제품에 관한 정보를 철저히 기밀로 부쳤기에 원래는 회사 규정에 어긋나는 짓이었다. 그러나 당시에는 E3에 대비하여 좋은 전략과 메시지를 고안하는 데 꼭 필요하다면 일부 주요 관계자들에게는 관련 정보를 미리 밝혀도 좋다는 마이크 후쿠다의 허락이 있었고, 이와타씨 역시 이를 알고 있었다. 그리고 돈 바류는 바로 그런 주요 관계자였다.

유명한 첫 마디

2004년도 E3 개최를 3개월 앞두고 돈과 나는 우리 회사가 참

가하는 주요 행사들에서 낼 메시지의 전반적인 틀을 짜기 시작
했다. 오전에 기자들 앞에서 할 프레젠테이션과 오후 늦게 소매
업체들을 대상으로 한 프레젠테이션 겸 만찬회에서 쓸 메시지
였다. 우리가 활용할 수 있는 요소로는 우선 자사의 '메트로이
드 프라임' '스타폭스' '페이퍼 마리오' 시리즈 신작 게임을 비롯
하여 캡콤Capcom의 〈레지던트 이블 4〉와 〈킬러 7〉 등 여러 외부
협력사에서 만든 강력한 콘텐츠가 있었다. 또 당시에 나는 미국
지사의 제품개발팀, 일명 트리하우스Treehouse가 교토 쪽 개발자들
과 함께 작업한 일급 기밀자료, 바로 '젤다의 전설' 시리즈 신작
예고 영상도 직접 확인한 상태였다. 그리고 우리에게는 닌텐도
DS라는 비밀병기가 있었다.

예전 언론사 프레젠테이션의 장단점을 짚어보면서 우리는
이번 행사를 위한 큰 테마를 짜고 새로 공개할 게임에 초점을
맞췄다. 닌텐도는 언제나 이 대목에서 가장 빛을 발했지만, 그
해는 특히 더 주목받을 만했다. 우리는 닌텐도 게임만의 재미를
확실히 보여주며 경쟁사들에게 선전포고를 날릴 생각이었다.

그뿐 아니라 닌텐도에는 내가 있었다. 이 일은 미국 지사의
영업·마케팅 전무로 부임한 뒤 처음 맡은 중요한 프레젠테이
션이었다. 돈은 무대에서 쓸 첫 대사를 즉석으로 써내려갔다.

"저는 레지라고 합니다. 제 임무는 경쟁자들을 박살내고 그
들의 명성을 끝장내는 겁니다. 그리고 제 임무는 게임을 만드는
것입니다!My name is Reggie. I'm about kicking ass and taking names. And I'm about making games!"

그때만 해도 이 대사가 게이머들 사이에서 대유행을 하고 E3 역사에 크게 남을 줄은 상상도 하지 못했다. 나는 그날 우리가 발표할 화려한 게임 라인업에 어울리는 공격적이고 파괴적인 느낌을 잘 포착했다고만 생각했다. 돈이 창조해낸 문구는 앞으로 닌텐도 DS가 보여줄 혁신에 대한 예고이자 닌텐도의 새로운 챕터를 알리는 신호탄이었다.

나는 그 대사가 마음에 들었지만, 일단은 반대 의사를 보였다. 교토 본사에서 이의를 제기할 게 뻔했기에 나로서는 미리 충분한 논의가 이뤄지도록 일부러 반대를 외칠 필요가 있었다. 우리 지사에서는 닌텐도가 더 공격적으로 나아가야 한다는 데 이견이 없었다. 또 이미 닌텐도에는 이러한 방향성을 뒷받침할 제품들이 가득했다. 하지만 그러한 메시지는 일본 이외 지역의 언론과 게이머들의 입맛에 맞춘 것이었다. 나는 우리의 메시지가 일본을 포함한 전 세계 게이머들에게 통할 것이라고 이와타 씨를 설득하고 지지를 구해야 했다.

이후 이와타씨의 동의를 얻고자 몇 차례 이메일을 쓰던 중, 얼마 뒤에 열릴 대면 회의가 무엇보다 중요하다는 생각이 들었다. 어쩌면 그날 한자리에 앉아서 그를 납득시킬 수 있을지도 모른다.

회의 당일에 이와타씨는 본사의 홍보 책임자 겸 통역 담당이 었던 미나가와 야스히로皆川恭廣씨와 함께 우리 지사 사옥에 당도 했다. 교토 출장에서 처음 만났던 미나가와씨는 당시 하워드 링

컨 전 이사회 의장과 야마우치 히로시 전 닌텐도 사장의 시애틀
매리너스 관련 업무를 돕곤 했다. 그렇게 다시 만난 미나가와씨
와 나는 이후 둘도 없는 친구로서 도쿄에서는 일본의 산해진미
와 전통주를, 미국에서는 맛난 양식과 레드와인을 함께 즐기는
사이가 되었다.

중대한 분수령

우리는 이와타씨, 미나가와씨와 함께 회의실에 앉아 다가올
E3에 관하여 의논했다. 나는 기존 닌텐도 팬들의 관심을 모으
고 우리 메시지를 그 외의 게이머들에게 널리 전파하는 것이 이
번의 목표임을 재차 강조했다. 또 행사장에서 마주칠 대다수 청
중이 이미 닌텐도에 선입견을 가진 게임 관련 매체들이라는 사
실도 짚었다. 우리로서는 과감한 시도로 그들의 생각을 뒤엎을
필요가 있다고 강력히 주장했다.

회의에 참석한 돈이 내 첫 대사를 크게 읽는 사이에 나는 이
와타씨의 반응을 살펴보았다. 무표정으로 눈을 살짝 가늘게 뜨
고 이마를 찡그리는 그 모습이 내 눈에는 대사에 함축된 의미를
이해하려고 애쓰는 것으로 보였다. 회의실은 조용했다. 미나가
와씨가 이와타씨에게 일본어로 무어라고 말했고 나는 마이크
후쿠다 쪽으로 몸을 기울여 통역해달라고 했다.

"이해가 안 간다고 하네요." 마이크가 귓속말을 했다. 그러자
내 입에서는 대뜸 이런 말이 쏟아져 나왔다.

"이와타 사장님, 처음에 제 면접을 보실 때 그러셨죠. 닌텐도는 우리 비즈니스 파트너들이나 팬들과의 소통 방식을 바꿔야 한다고요. 우리가 게임산업을 이끌어가는 데 전념하고 있다는 걸 분명히 해야 합니다. 우리는 공격적으로 나아갈 겁니다. 혁신을 이끌 거예요. 게임과 관련된 전체 수익의 75퍼센트가 일본 밖에서 나는 지금 우리가 할 일은 전 세계를 상대로 성공할 길을 찾는 겁니다. 아까 들으신 대사는 닌텐도의 새로운 방향을 밝히는 첫 인사말인 것이에요."

미나가와씨는 내가 한 말을 모두 일본어로 바꿔 이와타씨에게 전달했다. 그 자리에 모인 사람들 모두 이와타씨가 영어를 듣고 이해한다는 것을 알았지만, 그는 조금 더 생각할 시간을 갖고 말의 뉘앙스를 확실히 이해하기 위해서 통역을 활용하곤 했다. 그런데 미나가와씨의 말이 끝난 뒤에도 그는 침묵을 지키고만 있었다.

그러다가 정적을 깬 것은 미나가와씨였다. "레지, 하나 물어볼 게 있어요. 당신은 왜 그렇게 화가 나 있습니까?"

앗, 이런. 또 오해를 사고 말았다. "미나가와씨, 제가 방금 한 말은 화를 낸 게 아니었습니다. 닌텐도가 새로운 방향으로 나아가고 있다는 확신을 담아서 한 말이었어요. 우리의 경쟁자들과는 다른 방향으로요. 이제는 우리가 가는 길이 옳다고 사람들을 믿게 만들어야 합니다."

"레지 말이 맞아요." 이와타씨가 마침내 말문을 열었다. "우리는 경쟁사들과는 아주 다른 길을 가기 시작했어요. 딱히 공을 인정받지는 못했지만 여태 우리 회사는 다양한 산업이 발전하도록 촉진제 역할을 해왔죠. 이제는 공격적으로 우리의 메시지를 내야 할 때입니다. 나는 저 대사에 찬성합니다."

리허설의 중요성

그렇게 이와타씨의 지지를 받자 회의는 일사천리로 진행되었다. 그날 모임의 나머지 시간은 우리 프레젠테이션의 하이라이트가 될 부분들을 검토하는 데 썼다.

우선 2003년 가을에 시작된 게임큐브 가격할인 정책과 2004년 후반기에 출시하기로 예정된 신규 소프트웨어들로 인해 닌텐도의 매출에 탄력이 붙고 있음을 강조할 필요가 있었다. 우리는 휴대용 게임기 사업에서의 강점을 이야기하며 게임보이 어드밴스를 먼저 내세우고 이어서 닌텐도 DS를 소개할 생각이었다. 또 차세대 가정용 게임기, 일명 '레볼루션Revolution'에 관해서도 발표할 예정이었다. 그리고 새로운 '젤다의 전설'의 예고편을 공개하며 미야모토씨를 무대 위로 올려 보내는 것도 빼먹지 않았다. 닌텐도에 있어 그날은 곧 새로운 시작이 되리라.

돈 바류와 나는 E3에서 발표할 내용을 한 부분도 빠짐없이 쓰고 다시 고쳐썼다. 이 작업을 하면서 나는 오래전 코넬대학교 교수님들 밑에서 일하며 얻었던 교훈을 다시금 떠올렸다. 성공적인 프레젠테이션을 위해서는 아무리 작은 부분이라도 허투

루 넘겨서는 안 된다는 것이었다. 회사에서는 이 일 말고도 다른 업무가 많았기 때문에 그 무렵에는 늦은 시각까지 야근을 하고 주말도 사무실에서 보내는 경우가 많았다.

　그렇게 내내 회사에 붙어살았지만, 좋은 점도 있었다. 행사에서 공개할 게임 자료와 예고 영상을 준비하던 트리하우스 직원들과 오랜 시간을 함께 하면서 깊은 동지애가 생긴 것이었다. 알고보니 그 친구들과의 나이 차이가 엄청 큰 것도 아니었다. 우리는 종종 야식을 먹으며 신나게 게임 이야기를 하기도 했다. 그렇게 자주 소통한 덕분에 직원들 사이에서는 내 평판이 부쩍 높아졌고 나는 닌텐도에 관해서, 그리고 이 회사가 게임과 현지화 작업을 어떻게 생각하는지를 훨씬 잘 알게 되었다.

● 혁신을 위한 핵심 ●

다들 쉬쉬하는 문제들을 두 눈으로 확인하고 팀원들 마음을 얻고자 조직의 심층부에서 시간을 보내는 리더는 사실 그리 많지 않다. 나는 현장 중심의 리더십이 옳다고 믿는다. 정해진 보고 체계에만 얽매이지 않고 현장을 직접 살피는 이 방식이 회사의 모든 부분으로 확장되어야 한다. 그렇게 조직의 일상에서 얻은 통찰은 각종 계획과 업무를 단순화하고 매출과 수익을 모두 끌어올리는 극적인 효과를 내게 된다.

몇 주간 프레젠테이션 내용을 고쳐쓰고 수차례 리허설을 거친 뒤 우리는 E3가 개최되는 로스앤젤레스로 향했다. 나는 이 행사에 처음 참여하는 것이었으니, 닌텐도가 기존에 정해둔 의전만큼은 그대로 따랐다. 예를 들자면, 언론사 프레젠테이션은 로우스호텔의 대연회장에서 진행되었는데 그곳은 앞으로 우리가 자아낼 흥분에 비하면 다소 칙칙한 곳이었다. 반면에 소매업체 및 협력사들을 대상으로 한 프레젠테이션 장소는 2년 전에 개관하여 무려 아카데미 시상식장으로 쓰인 코닥극장(현 돌비극장)이었다.

닌텐도의 의전에서 또하나 이상했던 것은 나한테 도시 전망이 탁 트이고 그랜드피아노까지 갖춰진 제일 큰 스위트룸을 줘놓고, 이와타씨에게는 최고급이기는 하지만 훨씬 작은 스위트룸을 배정했다는 점이었다. 나는 이런 어이없는 결정을 두고 이와타씨가 가장 좋은 방을 써야 한다고 몇 번이나 문제를 제기했다. 하지만 전에 일하던 영업·마케팅 총괄전무가 어디를 가든 가장 좋은 방을 쓰길 고집했던 모양이다. 그래서 나까지 그 덕을 보게 되었다. 이와타씨는 그런 부분에 전혀 개의치 않고 나를 그 끝내주는 스위트룸에 묵게 해주었다.

이후 나는 함께 아침을 먹자는 구실로 그를 종종 내 방으로 초대했고 그렇게 우리는 친해졌다. 나는 일본에서 온 수석 개발자들과 우리 팀원들을 방으로 불러 같이 저녁을 먹기도 했는데 놀랍게도 내가 오기 전까지 닌텐도에서는 동료들끼리 그런 식으로 친분을 쌓는 경우가 전혀 없었다고 한다. 내게 있어서 인연을 맺고 쌓아가는 일은 끈끈한 비즈니스 관계를 맺는 데 꼭 필요한 근간과도 같다. 사람들의 다양한 동기와 관점을 이해하는 것은 서로 다른 생각에 다리를 놓고 보다 나은 포괄적인 해법을 향해 나아가는 데 도움이 될 수 있다.

다시 쓰는 첫 대사

우리는 행사 현장을 미리 찾아가 여러 차례 프레젠테이션 연습을 했다. 다들 실전에서 준비한 만큼 발표를 잘하길 바라는 마음에서였다. 그런데 연습 도중 내 첫 대사를 두고 주변에서 말이 좀 나왔다. '경쟁자들을 박살내고 그들의 명성을 끝장낸다'라는 부분은 아니었다. 그 문장은 더할 나위 없이 완벽했다. 문제는 다음 문장인 "제 임무는 게임을 만드는 것입니다"였다. 왜냐하면 나는 게임 개발자가 아니었으니까 코딩 작업이나 게임의 큰 틀을 짜는 작업과는 무관했으니까 나는 마케팅 일을 하는 비즈니스맨이었다. 그래서 그 문장은 전혀 맞질 않았다.

프레젠테이션 전날 나는 미국 지사 홍보 책임자인 페린 캐플런Perrin Kaplan으로부터 이런 말을 들었다. "레지, 그 대사를 불편하게 여기는 직원이 많아요." 처음에 페린은 프레젠테이션 첫인사 말을 전부 없애고 다른 대사를 쓰길 원했다. 그래서 나는 즉석에서 열린 회의에 돈 바류를 불렀고 우리는 의견을 주고받기 시작했다.

나는 이렇게 말했다. "페린, 내가 게임 개발자가 아니라는 이유로 오프닝 부분을 전부 폐기하는 일은 없을 겁니다. 우린 다른 해결책을 찾을 거예요."

그러자 돈이 말했다. "여러분, 이건 어려울 게 하나도 없어요. 그냥 끝부분만 바꾸면 됩니다. 게임을 만드는 건 레지가 아니고 닌텐도죠. 닌텐도와 우리 협력사 전부 다요. 그럼 '우리'라고 하는 게 말이 되겠네요. 우리의 임무는 게임을 만드는 것이라고요."

그리하여 2004년도 E3 전날 밤, 우리는 첫 대사를 수정하고 다듬어서 훗날 게이머들 사이에서 두고두고 회자될 한 구절을 완성했다. "저는 레지라고 합니다. 제 임무는 경쟁자들을 박살내는 겁니다. 또 제 임무는 그들의 명성을 끝장내는 겁니다. 그리고 '우리'의 임무는 게임을 만드는 것입니다My name is Reggie. I'm about kicking ass. I'm about taking names. And we're about making games."

● 혁신을 위한 핵심 ●

한 조직의 리더로서 당신의 일거수일투족에 많은 시선이 모일 때 그리고 파급 효과가 큰 프레젠테이션을 맡았을 때는 말 한마디 한마디가 무엇보다 중요하다. 당신이 내뱉는 말의 영향력을 과소평가하지 마라. 단순한 대명사 하나로 성공과 실패가 갈릴 수도 있다.

새삼 마주한 현실

프레젠테이션 당일 아침에 내 마음은 스스로도 믿기지 않을 만큼 침착했다. 나는 50분에 달하는 발표 시간 동안 무대 위에서 모든 것을 쥐고 흔들어낼 자신이 있었다. 발표회장에 도착해보니 입장을 기다리는 기자들이 이미 길게 줄을 서 있었다. 그때는 내가 누구인지 아무도 몰랐기에 인터뷰나 사진 촬영 요청 등의 방해 없이 조용히 걸어서 출입구를 지났다. 그뒤 문이 열리고 사람들이 자리를 채우기 시작하자 나는 무대 옆으로 가서 그들이 내뿜는 에너지를 정면으로 느껴보았다.

그날 내 복장은 검정 티셔츠를 안에 받쳐 입은 잿빛 정장으로, 기술 계열 회사의 관리직이라면 흔히 입는 스타일이었다. 발표장 출입증은 이미 떼어낸 상태였고 무대 위아래에서는 우리 회사 직원들이 아직 이것저것을 준비하고 있었다. 그러던 중 어떤 젊은 남자가 왠지 모르게 힐끗거리면서 내 주변을 몇 번인가 지나쳤다. 나는 계속 같은 자리에 선 채로 발표장을 메운 사람들을 대강 훑어보고 그 남자를 쳐다봤다. 그러자 그가 멈춰서서는 이런 말을 했다. "저기요, 나 아무 문제없는 사람이에요. 여기 입장 배지 보세요." 알고 보니 나를 보안요원이라고 여긴 것이었다. 그때는 그냥 웃어 넘겼지만, 몇 년이 지난 뒤 나는 정장 입은 흑인을 한 기업의 임원이 아닌 보안요원으로 오해한 그 시선이 비디오게임업계에 있어서 무엇을 말하는 것인지 다시금 생각해보게 되었다.

● **혁신을 위한 핵심** ●

'다름'은 모종의 반응을 유발한다. 성별, 성향, 인종, 장애 등…. 목록을 나열하자면 끝이 없다. 하지만 그처럼 다른 것에 대한 외부의 반응을 완전히 무시하거나 피하기란 불가능하다. 차라리 그냥 상황을 받아들이고 최대한 좋은 쪽으로 활용하자. 숨지도 부정하지도 말고 자기 자신을 억누르지도 말자. 진실한 태도는 존경을 얻기 마련이다. 그러니 다른 무언가가 아닌 진짜 자신이 되도록 하라.

레지네이터의 탄생

드디어 때가 왔다. 무대위의 커다란 스크린에 묵직한 배경음악과 함께 게이머들의 기대를 한몸에 받는 여러 신작 게임의 짧은 영상이 번갈아 나오며 행사가 시작되었다. 음악이 빨라지며 분위기가 고조되었고 영상은 우리가 E3 주간 내내 밀던 슬로건과 함께 끝을 맺었다. '우리는 즐길 가치가 있는 게임을 만듭니다We make games worth playing.' 그동안 나는 어두운 무대위에 서 있었고 영상이 끝나는 순간 조명이 환하게 빛을 밝혔다. 사람들이 영상에 환호하는 사이에 나는 그 자리에서 차분하게 발표장 내부를 둘러보았다.

무대 한가운데 서서 나는 카메라 플래시가 터지는 가운데 준비했던 인사말을 꺼냈다. 그런 다음 몇 가지 게임 예고 영상과

음악이 각각 2-3분가량 스크린을 채웠고, 다시 조명이 켜질 때
마다 나는 운을 맞춰 쓴 대사를 하나씩 내뱉었다. 객석의 박수
소리는 아까보다 한층 커졌고 발표가 진행될수록 점점 더 큰 박
수가 쏟아졌다. 방송사들은 우리 프레젠테이션을 모두 녹화할
생각이었는지 비디오카메라 전원을 계속 켜둔 채로 두었다.

발표는 어느새 중반에 이르렀고, 닌텐도 DS를 세계 최초로
공개하는 순간이 되자 카메라 플래시가 마치 폭죽 터지듯 사방
에서 번쩍였다. '젤다의 전설' 신작 예고 영상도 엄청난 호응을
받았다. 전작보다 성숙해진 주인공 링크의 모습과 박진감 넘치
는 게임 영상에 언론 관계자들은 기쁨에 찬 비명을 질러댔다.
끝으로 결의에 찬 링크의 모습과 똑같이 미야모토씨가 링크의
칼과 방패를 들고 무대에 오르자 객석은 그야말로 열광의 도가
니가 되었다.

프레젠테이션이 끝나고 기자들과 짧은 인터뷰를 몇 차례 나
눈 뒤 나는 이와타씨와 함께 닌텐도 DS를 들고 쏟아지는 사진
촬영 요청에 응했다. 그런 다음 점심시간을 겸해 잠시 쉬면서
몇 시간 뒤에 있을 고객사 대상 프레젠테이션을 준비했다. 그렇
게 쉬는 동안 우리집 둘째, 그러니까 겨우 만 3살에 〈슈퍼 스트
리트 파이터 2〉의 끝을 본 어린 아들로부터 연락이 왔다.

당시 만 14살이 된 녀석은 게임에 누구보다 열심이었다. 게임
과 관련된 별의별 웹사이트를 잘 알았고 그중에는 우리 회사가
신경써서 살피기에는 규모가 너무 작거나 다소 질이 떨어지는

곳도 더러 있었다. 그런데 컴퓨터 메시지로 온 이미지 파일들을 보니 우리 행사에 관한 평가가 꽤 좋은 것 같았다. 나는 대체 어디서 그런 걸 찾았는지 궁금해서 아들에게 전화를 걸었다.

그러자 대뜸 녀석이 외쳤다. "아빠, 아빠가 인터넷 스타가 됐어요!" 닌텐도의 팬들은 E3 관련 기사와 함께 뜬 내 사진을 포토샵 프로그램으로 합성하면서 양손에 무기를 들린다거나 눈에서 레이저빔이 나오는 이펙트를 더하여 내가 던진 공격적인 발언과 닌텐도의 새로운 에너지를 형상화했다. 그때 사람들은 나를 보면서 아놀드 슈워제네거Arnold Schwarzenegger가 주연한 영화 《터미네이터The Terminator》를 떠올렸던 것 같다. 그날 이후로 레지네이터The Regginator라는 새 별명이 생겼기 때문이다.

그런데, 프레젠테이션이 끝난 직후에 페린 캐플런과 홍보팀 쪽에서는 게이머들의 반응이 어떻다는 말이 전혀 없었다. 즉, 아들에게서 받은 정보가 최초의 피드백이었다. 나는 녀석한테 우리 프레젠테이션에 관한 인터넷 기사의 하이퍼링크를 보이는 대로 다 모아서 내게 보내라는 임무를 맡겼다. 코닥극장으로 향하기 바로 전에 나는 그렇게 받은 자료를 페린에게 전달했다. 우리 아들이 시작한 그 작업은, 이후 닌텐도의 프레젠테이션과 중요 발표 등에 관한 기사와 반응을 실시간으로 모니터링하는 현장업무로 이어졌다. 비디오게임 분야, 그중에서도 특히 닌텐도를 향한 관심이 폭증하면서 우리는 인터넷 속도에 발맞춰 일을 해야만 했다.

만찬회와 새로운 전통

내가 처음 참가한 E3부터 닌텐도에는 몇 가지 새로운 준칙과 전통이 생겼다. 나는 고객사 프레젠테이션 뒤에 열리는 만찬회를 잘 치르려면 세세한 부분에 더 신경을 기울여야 한다고 늘 주장했다. 우선 그 일환으로 우리는 유명한 음악인들을 섭외했다. 첫해에는 셰릴 크로우Sheryl Crow가 초대 가수로 참가했고 나중에는 그래미 신인상을 탄 마룬 5Maroon 5와 블랙 아이드 피스Black Eyed Peas도 우리 행사에 등장했다. 또 나는 만찬장에 아무나 접근하지 못하는 VIP석을 마련했는데 이 결정은 사내에서 논쟁을 불러일으키기도 했다. 여타 부서의 중진급 직원들이 공정하지 못한 처사라고 불만을 표한 것이었다. 하지만 나는 모든 임원급 인사들을 한 장소에 모아둘 필요가 있다고 설명했다. 그래야만 손님들이 중요한 고객사 사람을 찾으려고 이리저리 헤매지 않고 안내 담당자의 도움 아래 신속하게 용건을 전할 수 있기 때문이었다.

이러한 변화는 사소해 보이지만, 나는 언제나 작은 부분이 중요하다고 강조해 마지않았다. 나는 우리 팀원들이 각자 책임진 부분에 관해 깊이 고민하고 항상 변화와 발전을 추구하길 바랐다. 또한 다른 기업들의 최대 강점이 무엇인지 배우고 닌텐도 오브 아메리카가 처한 상황에 적용할 줄 아는 인재가 되길 바랐다. 그리고 그 뇌리에서 '우린 늘 이런 식으로 해왔다'는 케케묵은 사고방식을 지워버리고 싶었다. 하지만 그것만으로는 충분치 않았다. 우리는 이전에 택한 접근 방향과 전략이 과연 현시점에서 타당한지 매번 확인해야 했다.

닌텐도의 새로운 전통 가운데 마지막은 E3가 끝나는 날 저녁에 탄생했다. 나는 내가 묵고 있던 스위트룸에서 파티를 열었다. 처음에는 우리 영업·마케팅부와 미국 지사의 동료 임원들, 홍보대행사 직원들을 불러서 '감사 인사'를 전하려고 시작한 일이었다. 나는 거기에 E3 참석차 일본에서 온 닌텐도 본사 사람들과 다른 계열사 사람들도 초대했다. 그리고 그 다음해에는 다른 부서 직원들까지, 그 다음해에는 더 많은 사람들이 참석하게 되었고 나중에는 내 호텔방만으로 감당하지 못할 만큼 규모가 커졌다.

나는 E3 행사를 완벽하게 치르기 위해 다들 얼마나 노력했는지 잘 알았다. 비록 언론과 협력업체들 쪽에서 어떤 반응이 나올지는 예상하지 못했지만, 우리가 성공할 것이라는 믿음만큼은 확실했고 고생한 팀원들에게 고마운 마음을 전할 준비도 되어 있었다. 그래서 눈에 보이는 성과 이상으로 애쓴 우리 팀원들에게 직접 감사카드를 쓰고 닌텐도의 인기 캐릭터들이 새겨진 핀 배지를 여러 개 챙겨갔다.

나는 고객사 프레젠테이션과 만찬회 준비에 힘썼던 한 여성 마케팅매니저에게 배지를 하나 건넸다. 그녀는 내가 부임한 이후 늘 같은 일만 반복하던 옛 업무 방식에서 벗어나 크나큰 변화를 겪어야 했다. 그날 내가 파티 참가자들 앞에서 그간 그녀의 공로가 얼마나 컸는지 밝히자 그녀는 충격을 받은 듯했다. 그 뒤에 그녀는 감사카드에 담긴 칭찬의 말을 읽고 고맙다며 눈물을 글썽였다. 사실 내가 더 고마웠다. "아니에요, 켈리. 예전과는 다른 방향으로 가려는 나를 믿어주고 그걸 위해서 누구보다 열심히 일해줘서 오히려 내가 고맙습니다. 당신은 우리 모두가 지향해야 할 모범입니다."

그날 이후로 그녀는 누구보다도 의욕적으로 모든 일에 임했다. 그리고 그렇게 또하나의 전통인 레지의 핀 배지가 탄생했다.

이러한 모습은 닌텐도가 바뀌고 있음을 뜻했다. 이 회사는 그동안 지극히 폐쇄적이었다. 3개의 지역, 즉 아시아의 닌텐도 본사와 유럽의 닌텐도 오브 유럽, 미대륙의 닌텐도 오브 아메리카는 사업상의 계획이나 모범사례 등을 딱히 공유하지 않는 편이었다. 오히려 지역끼리 은연중에 경쟁하는 분위기가 있었다. 내 생각은 달랐다. 나는 다른 지역으로부터 많은 것을 배워 좋은 아이디어는 우리가 다시 활용하고 저쪽에서 저지른 실수는 똑같이 저지르지 않길 원했다. 나는 동료 직원들과 신뢰를 쌓고 솔직한 대화를 나누기 위해서 인간관계를 매우 중요시했다.

핀 배지와 자필로 쓴 감사카드는 열심히 일한 직원들에게 내 나름대로 전한 일종의 상이었다. 받는 사람들 입장에서는 축하행사가 열리고 다 같이 모인 자리에서 공을 인정받는 것이 더욱 기분 좋은 일이었다. 그렇게 숨은 노력을 인정하며 표창한 뒤로 우리 팀원들은 보다 열성적으로 더 많은 것을 이루고자 부단히 앞으로 나아갔다.

● 혁신을 위한 핵심 ●

세상에 완전히 새로운 아이디어란 없다. 훔치고 재활용하라. 내가 한 회사의 다른 지부와 경쟁사들까지 모두 눈여겨보게 된 것은 처음 직장생활을 시작한 P&G 시절부터였다. 나는 기존의 좋은 아이디어를 가져다가 내 방식대로 살짝 비틀거나 특별한 요소를 첨가하여 내가 맡은 업무에 맞게 다시 적용했다. 열심히 한 직원들에게 감사카드를 건네고 표창하는 것도 별반 다르지 않다. 내가 그동안 함께했던 뛰어난 리더들은 늘 그렇게 했으니까.

11

새로운 지향점

내 첫 E3 행사는 닌텐도 DS를 세계 최초로 공개하면서 성공적으로 끝났다. 그러나 새롭게 발견한 몇 가지 과제들도 있었다.

우선 전시 부스에 내놓은 DS 시제품에 관하여 상당한 지적을 받았다. 사람들은 제품 생김새가 투박하고 싸구려 같다고 말했다. 화면 크기가 작고 해상도가 떨어진다는 의견도 있었다. 비판이 특히 거셌던 이유는 그해 E3 행사장에서 플레이스테이션 포터블 시제품이 함께 공개된 데 있었다. 이 기기의 화면에 지문이 덕지덕지 묻고 자칫 바닥에 떨어뜨리기라도 하면 쉽게 금이 갈 수도 있다는 단점은 딱히 문제시되지 않았다. 보는 눈이 사방에 깔린 전시 공간에서 행사 참가자들은 시제품을 겨우 1-2분 정도 만져보고 조심스레 소니 직원에게 돌려주었다. 그러면 그 게임기는 지문이 금세 말끔하게 닦인 채로 다음 사람에게 넘어갔다.

일찍이 우리는 닌텐도 DS에 탑재한 소프트웨어가 기기 콘셉트를 보여주기 위한 데모게임이라고 밝혔지만, 우리 부스를 찾은 사람들은 완성된 수준이 그 정도라고 판단했다. 그래서 이 부분을 설명하는 데 많은 노력을 들여야 했다. 우리는 그날 전시한 게임들이 DS를 즐기는 다양한 방법, 가령 플라스틱 펜으로 화면 속의 게임 캐릭터를 터치한다거나 내장마이크에 입김을 불어서 캐릭터의 움직임을 조종할 수 있다는 것을 보여주는 예시라고 쭉 강조했다. 언론 쪽에서는 대부분 그것이 무얼 뜻하는지 이해했지만, 한편으로는 우리 의도를 파악하지 못하고 불만을 표하는 사람들도 많았다.

E3에서 닌텐도 팬들에게 약속한 몇 가지 목표를 이루려면 조금 더 속도를 높일 필요가 있었다.

인기 폭발, 〈메트로이드 프라임 헌터즈〉

이후 2달간 우리는 닌텐도 DS의 외형 디자인을 수정했다. 새로운 디자인은 전 세계 게이머들로부터 아주 좋은 반응을 얻었다. 그러는 사이에 나는 이 신형 기기를 미대륙에서 가장 먼저 출시하도록 로비에 나섰는데, 바로 추수감사절(11월의 넷째 주 목요일)의 다음날, 미국 최대의 쇼핑 시즌이 시작되는 블랙프라이데이Black Friday를 활용하기 위해서였다. 만약 미대륙에서 가장 먼저 DS를 출시한다면 생산 물량도 일단 우리 쪽으로 가장 많이 당겨올 필요가 있었다. 닌텐도 역사상 이런 식으로 신제품 출시 계획을 세운 적은 단 한 번도 없었다. 그전까지는 항상 일본 쪽에서 신형 게임기를 먼저 내고 시장의 수요 동향이 확실해질 때까지 초기 물량을 우선적으로 가져갔다.

나는 영업·마케팅부와 협심하여 DS 출시 계획을 검토했다. 그리고 우리 계획이 옛 업무 방식에 얽매이지 않고 현재의 여건에 알맞게 진행되도록 모든 과정을 철저히 챙겼다. 그러면서 도입한 전략 중 하나로, 모든 소매상에게 판촉 지원방안을 요청하고 판촉에 적극 힘써주는 쪽에 초기 물량을 더 주겠다고 약속했다. 단순히 업체들의 시장점유율에 따라서 재고를 할당했던 예전 방식과는 확연히 달랐다. 이 전략은 닌텐도 DS의 성공에 베팅한 소매업체들이 스스로 마케팅 활동을 하며 기존 시장의 틀을 깨도록 유도했다.

새로운 계획과 전략은 모두 위험성이 있었다. 하지만 나는 닌텐도의 영업·마케팅 총괄전무로 부임한 이후 처음 출시되는 신제품을 완전무결한 성공으로 이끌고 싶었다. 그래서 우리 지사 직원들을 세게 다그쳤다. 닌텐도 본사도 예외는 아니었다. 나는 이와타씨에게 단도직입적으로 말했다. 세계 시장에서 닌텐도 DS가 성공하길 바란다면 가장 먼저 미대륙에서 성공을 거두어야 한다고.

우리는 게임개발팀에게 미국 시장에서 주목도가 높은 신작

〈메트로이드 프라임 헌터즈〉를 얼른 완성해달라고 요구했다. 이 게임은 1인칭 슈팅 스타일로 4인용 무선 멀티플레이를 지원했다. '메트로이드 프라임' 시리즈는 미국에서 가장 잘 팔리는 게임큐브용 소프트웨어 가운데 하나였다. 그래서 DS 출시와 동시에 이 시리즈를 내면 미국에서 초기 판매량을 빨리 끌어올릴 수 있을 것 같았다. 하지만 안타깝게도 게임 개발은 바라던 만큼 빨리 진행되질 않았다. 이에 나는 한 가지 대안을 제시했다. DS 초기 출고분에 동봉할 데모게임을 만들어 달라고 말이다.

이 의견은 논란을 일으켰다. 우선 닌텐도의 개발자들은 게임 콘텐츠를 공짜로 나눠준다는 데 반감을 드러냈다. 그리고 데모 버전을 만들게 되면 원래 계획했던 게임 출시 일정이 적어도 6개월은 지연된다는 문제도 있었다.

다행히 나는 이미 이와타씨와 미야모토씨로부터 충분히 신뢰를 얻은 상태였다. 두 사람은 미대륙에서 판매할 몇 백만 대 분의 닌텐도 DS에 〈메트로이드 프라임 헌터즈: 퍼스트 헌트〉라는 데모게임을 포함시키는 데 동의했다. 그리고 마침내 닌텐도 DS는 미대륙에서 세계 어느 곳보다 먼저 출시되었다. 그 결과 2004년 11월과 12월에 미국에서만 백만 대가 넘게 팔렸고 2005년 1월에 닌텐도는 DS의 전 세계 출하량이 예상치를 훨씬 넘어섰다고 발표했다.

● 혁신을 위한 핵심 ●

뛰어난 결과를 얻으려면 자기 자신은 물론이고 함께 일하는 사람들을 강하게 몰아붙여야 한다. 이때 요구해야 할 것은 획기적인 발상의 전환 혹은 다른 분야에서는 흔하지만 내 분야에서는 한 번도 활용되지 않은 그런 아이디어다. 많은 것이 좌우될 만큼 중요한 일에 대해서는 공격적으로 달려들어 묻고, 또 요구하길 두려워해서는 안 된다.

그러나 어디까지나 그 시작점은 당신 자신의 행동거지다. 당신이 스스로를 얼마나 강하게 다그치는지, 당신 스스로 정한 기준이 얼마나 높은지 목격한 이들은 당신의 요구를 기꺼이 들어주고 따르려 할 것이다.

혁명의 시작

시장의 초기 반응이 좋아서 자신감이 부쩍 붙었지만 여전히 갈 길이 멀었다. 우리는 닌텐도 DS와 당시 준비 중이던 가정용 게임기, 일명 레볼루션으로 게임을 대중화하고 전 세계의 게임 인구를 크게 늘리고 싶었다.

우리는 게임계가 얼마 전부터 혁신을 멈추었다고, 다른 회사들이 기존의 스타일을 재탕한 게임만 찍어내는 중이라고 판단했다. 그리고 게임기의 입력장치, 즉 화면 속의 게임 캐릭터를 움직이는 데 쓰는 컨트롤러가 지나치게 복잡해졌다고 보았다.

닌텐도의 게임큐브 컨트롤러만 해도 아날로그 스틱 2개와 십자형 방향키 하나, 측면의 트리거형 버튼을 포함하여 총 11개나 되는 버튼이 달렸다.

닌텐도 DS의 버튼 배치가 더 간결해지고 터치스크린과 음성 명령이 가능한 내장마이크까지 탑재된 데는 바로 이런 이유가 있었다. 또 미야모토씨와 개발자들이 실로 혁신적인 방식으로 이 기능들을 100퍼센트 활용한 게임을 만들고자 공을 들인 것도 다 같은 이유에서였다.

이런 발상에서 파생된 게임은 당시로서는 꽤나 급진적이라 할 수 있었다. 제목은 〈닌텐독스〉로, 가상의 강아지를 육성하는 것이 목적이었다. 이 게임은 목표 점수도 없고 일정한 진행 방향도 없었다. 그저 강아지에게 이름을 붙이고 잘 키우면서 원하는 대로 놀아주면 그만이었다. 그동안 나왔던 스포츠, 슈팅, 어드벤처 계통과는 유형이 완전히 달랐다. 정해진 틀 없이, 무언가를 체험하는 것이 전부였다. 물론 그것만으로도 충분히 재밌어서 특히 젊은 여성들 사이에서 큰 인기를 끌었다.

우리는 E3 행사 초기에 DS용 게임의 특성을 정확히 설명하지 않아 불거졌던 문제들을 떠올리며 닌텐도만의 남다른 방향성을 대중에게 어떻게 잘 전달할지 심사숙고했다. 언론과 투자 분석가들, 액티비전Activision이나 EA 같은 대형 게임 개발사와 일반 게이머들은 물론 우리 회사의 직원들까지, 닌텐도와 관련된 모든 구성원에게 우리 생각을 알리고 분명히 이해시킬 필요가 있었다. 만약 그러지 못한다면 부정적인 반응이 확산되어 본래의 계획이 무산될 위험이 있었다.

책에서 배우다

우리는 닌텐도의 궁극적인 목표와 계획을 널리 알리기 위해 당시에 인기를 끌던 2가지 경영 서적의 이론을 활용하기로 했다. 책이라면 늘 가리지 않고 읽었던 이와타씨와 나는 우선 서로 필기한 자료를 비교해가며 우리 회사의 방향성을 잘 드러낼 내용이 있는지 살펴보았다.

나와 이와타씨의 생각이 일치했던 첫번째 책은 클레이튼 크리스텐슨이 쓴 『혁신기업의 딜레마』였다. 크리스텐슨은 이 책을 통해서 기업들이 현존하는 고객의 요구에 맞춰 기존 방식을 고수할지 아니면 미래 또는 아직은 불확실한 시장의 요구에 맞춰 새로운 방향을 택할지를 끊임없이 재고해야 한다고 말했다. 이 주장은 플레이스테이션과 엑스박스가 기존의 방향, 즉 기기 성능을 키워 보다 실사에 가까운 그래픽을 구현하는 쪽으로 계속 나아간다는 점에서 현재의 게임업계와 잘 맞았다. 닌텐도는 그런 선택에 더는 미래가 없다고 보았다. 단순히 그래픽의 질이 높아지는 것만으로 게임이 더 재밌어지는 것은 아니니까. 게다가 기기 성능이 올라간다는 말은 생산 비용과 소비자가격이 함께 오른다는 뜻이었고, 이는 곧 잠재시장규모가 더 커지지 못한 채 제한된다는 뜻이기도 했다.

반대로 닌텐도가 게임에 대한 일반 대중의 접근성이나 조작의 편의성을 높이는 형태로 기존과는 다른 길을 택하여 혁신에 성공한다면, 이 시장이 근본적으로 확 바뀔 가능성도 있었다. 그러면 경쟁업체들은 준비도 제대로 못 한 채 부랴부랴 우리를 따라잡아야 하는 아주 곤란한 상황에 처하게 되리라.

우리가 활용하기로 한 또다른 책은 김위찬과 르네 마보안[Renée Mauborgne]이 공저한 『블루오션 전략』이었다. 이 책의 핵심은 기업들이 더 큰 수익을 올리려면 과도한 성장으로 포화상태에 이른 시장(레드오션) 대신 경쟁자가 적고 성장하는 시장, 즉 '블루오션'을 택해야 한다는 것이다. 이는 당시 닌텐도의 관점을 잘 요약하고 있었다. 그때 우리는 기존 게이머들과는 다른 새로운 계층, 이를테면 10대 소녀들이나 50세 이상의 고령층에게 어필할 게임을 만들고 있었으니까. 이 이론은 『혁신기업의 딜레마』의 주제와도 딱 맞아떨어지며 닌텐도의 접근 방향을 쉽게 이해하도록 돕는 뼈대가 되어주었다.

● 혁신을 위한 핵심 ●

새로운 방향을 택하여 나아갈 때, 리더는 조직의 모든 구성원과 지나치다 싶을 만큼 소통해야 한다. 당신이 정한 목표를 모두가 이해하게 하라. 비유적인 설명을 하거나 역사적인 사례를 제시하면 더욱 원활하게 소통할 수 있다.

> 그뿐 아니라 소통을 위해서는 같은 말을 여러 번 반복할 필요도 있고 때로는 같은 메시지라도 전달 방법을 달리 할 필요도 있다. 설명을 반복할수록 더 잘 이해시킬 수 있다.

나는 언론 인터뷰나 투자분석가들과의 회의에서 두 서적의 중심 이론들을 계속 언급했다. 협력업체 사람들에게도 이 책들을 선물하며 읽어보라고 권했다. 다른 경영 이론을 들고 나와 경쟁사들의 전략을 옹호하는 기자들과는 논쟁도 벌였다. 그런 와중에 『혁신기업의 딜레마』와 『블루오션 전략』으로 닌텐도의 방향성을 잘 설명해줘서 고맙다거나 다른 책도 추천해달라며 팬레터를 보내는 사람들도 있었다.

〈닌텐독스〉의 출시는 이러한 노력에 충분한 보상을 안겨주었다. 〈닌텐독스〉는 과거에 존재했던 어떤 게임과도 달랐을 뿐 아니라 전 세계적으로 엄청난 판매고를 올리며 어린아이들과 젊은 여성들을 포함해 닌텐도의 팬층까지 대폭 확장시켰다. 이 게임은 닌텐도 DS용 소프트웨어 가운데 두번째로 많은 판매량을 기록했고, 2006년 연합통신사[Associated Press]가 선정한 '최고의 휴대용 게임 상'을 비롯하여 여러 권위 있는 상들을 받았다. 이후 우리의 전략은 DS용 게임인 〈매일매일 DS 두뇌 트레이닝〉과 새로운 가정용 게임기를 통해 그 가치를 증명하게 된다.

12

전화위복

닌텐도에서의 삶은 〈매일매일 DS 두뇌 트레이닝〉의 개발 및 출
시 작업과 함께 새로운 단계로 접어들었다. 나는 닌텐도가 진출
한 서양 시장 전역에서 성과를 끌어올리기 위해 더욱 공격적으
로 일을 추진했다.

닌텐도 DS는 2005년 중반에 전 세계적으로 큰 인기를 구가
했다. 그러나 내가 담당한 미국, 캐나다, 멕시코, 중남미 지역에
유럽, 오스트레일리아를 더한 전체 서양 시장의 1인당 평균 구
매량은 일본에 한참 못 미쳤다. 나는 이 점을 지적하며 우리 지
사를 다그쳤다. 그리고 관련 부서들과 함께 상대적으로 부족한
실적에 관해 논하고 영업·마케팅부에 우리의 시장 전략을 전
반적으로 점검하고 개선할 것을 요구했다.

브레인스토밍

문제의 핵심은 〈닌텐독스〉를 출시한 뒤로 서양 시장에 공급된 신작 소프트웨어들이 별 힘을 발휘하지 못한 데 있었다. 일본에서는 DS의 터치스크린 기능을 잘 살려 새로운 팬층을 겨냥한 독특하고 혁신적인 게임들이 마구 쏟아져 나왔다. 하지만 이런 게임들은 서양의 주요 언어로 현지화 작업을 거치지도 않았고 대부분 이쪽 시장에서 잘 팔리지도 않았다.

한데 2005년 봄에 출시된 〈매일매일 DS 두뇌 트레이닝〉은 어딘가 달랐다. 이 게임은 당시 일본에서 DS 판매량이 느는 데 계속 영향을 미쳤다. 게임 유형은 터치스크린과 내장마이크를 써서 간단한 문제를 푸는 것으로, 목적은 매일 몇 가지 테스트로 두뇌 연령을 측정하고 꾸준히 머리를 써서 이 연령을 낮추는 것이었다. 게임의 토대가 된 것은 일본 도호쿠대학東北大學의 신경생리학 박사 카와시마 류타川島隆太 교수의 연구였다.

일본에서는 그가 제시한 두뇌 연령 이론과 테스트 방식을 다룬 책들이 베스트셀러에 올랐는데, 이 이론을 비디오게임에 활용하고자 했던 이와타씨는 카와시마 교수와 논의하며 온갖 아이디어를 끌어낸 끝에 게임화에 성공하게 되었다. 개발은 약 5개월만에 완료되어 2005년 5월 19일에 일본에서 제품이 출시되었다. 간단한 퍼즐과 숫자 계산, 소리 내어 읽기 등 비디오게임이라기에는 다소 재미없는 콘텐츠가 담긴 것도 남달랐지만, 〈매일매일 DS 두뇌 트레이닝〉이 낸 결과는 여러모로 아주 독특했다.

이 소프트웨어는 첫 출시 이후 각 게임 매장에 배분된 초기 물량이 빠르게 소진되었다. 그리고 닌텐도가 일본의 소매업체들에게 물량을 추가로 공급하자 판매량이 더 늘었다. 정말 이상한 현상이었다. 원래 일본 시장은 유행을 크게 타는 편이어서 몇 주 만에 판이 뒤바뀌는 경우가 많았다. 일반적으로 게임소프트웨어는 첫 출시 이후에 시간이 가면서 판매량이 빠르게 줄어든다. 연말연시에 특별 판촉 행사가 진행되지 않는 한 판매량이 느는 경우는 정말 드물다. 〈매일매일 DS 두뇌 트레이닝〉의 판매 양상은 달라도 너무 달랐다. 출시 초기에 이 게임은 게임업계 전체 주간 판매 랭킹 10위 내에 줄곧 이름을 올렸다. 비록 닌텐도 DS가 출시된 지 얼마 되지 않았고 보통 게임기와는 색다른 경험을 제공했다고는 해도 분명히 괄목할 만한 성과였다.

이 게임은 주요 대상층도 남달랐다. 기존의 게이머들이 아닌 50세 이상의 소비자들을 타깃으로 삼은 것이다. 이들은 닌텐도 DS를 직접 소유하지 않은 경우가 많았다. 〈매일매일 DS 두뇌 트레이닝〉을 해보려면 대개는 자녀나 손주들의 게임기를 빌려 써야 할 것이다. 그뒤에 이 소프트웨어를 계속 사용하려면 본인이 쓸 게임기를 사야 할 텐데, 여기에는 나름대로 큰 결심이 필요할 것이다. 그런데 놀랍게도 일본 시장에서 실제로 그런 일이 벌어졌다. 여기저기서 부모들이 온종일 닌텐도 DS를 붙들고 지낸다며 툴툴대는 아이들의 이야기가 들려왔다. 앞으로도 〈매일

매일 DS 두뇌 트레이닝〉을 계속할 생각이면 차라리 엄마, 아빠가 쓸 기기를 따로 사라고, 아이들은 그렇게 외치고 있었다.

현지화 문제

의외의 결과에 고무된 이와타씨와 나는 이 게임을 서양 시장에 맞게 어떻게 현지화할 것인지를 논의했다. 따져보니 해결해야 할 사항이 많았다. 우선 서양 사람들의 글씨체를 인식하는 시스템이 아직 없다는 점이었다. 일본인들은 문화적인 동질성이 큰 덕분인지 대부분 글씨를 또박또박 비슷하게 써서 일본어용 필기인식 시스템을 빠르게 만들 수 있었다. 그러나 서양 사람들은 숫자를 단지 다양하다는 말로는 다 표현 못 할 정도로 다르게 쓴다. 숫자 3, 4, 5, 8로 필체 테스트만 해도 금방 알 수 있다. 펜을 긋는 방향이나 숫자 모양이 완전히 제각각이다. 실제로 닌텐도 오브 아메리카에서도 다들 글씨체의 차이가 어마어마했다. 결국 두뇌 연령 테스트에서는 속도가 중요한 만큼, 서양 사람들의 다양한 글씨체를 빠르게 인식할 수 있는 전용 시스템을 만드는 것이 급선무였다.

인식하기 어렵기는 음성도 마찬가지였다. 일본판 소프트웨어에서 숫자나 글을 직접 소리 내어 읽는 콘텐츠가 있었기 때문에 현지화를 위해서는 그 부분도 해결해야 했다. 더군다나, 서양 시장에서는 더 다양한 언어가 쓰이기에 더 큰 문제가 되었다. 내가 담당한 지역만 해도 영어와 스페인어, 퀘벡 프랑스어, 브라질 포르투갈어가 쓰였다. 게다가 유럽 지사에서 다뤄야 하는 언어는 더 많았다. 〈매일매일 DS 두뇌 트레이닝〉에 각지의 언어를 적용하는 데는 꽤 시간이 걸렸다.

퍼즐을 풀다

하지만 제일 큰 문제는 〈매일매일 DS 두뇌 트레이닝〉을 어떻게 서양권 소비자들에게 잘 먹히게 만드느냐였다. 일본에서는 카와시마 교수와 그가 주창한 이론이 이미 매우 유명했다. 닌텐도는 이 점에 착안하여 마케팅 자료에 카와시마 교수의 이름을 싣고 그의 얼굴을 컴퓨터 그래픽으로 재현하여 게임 내에서 가이드 역할을 하는 캐릭터로 활용했다. 그러나 이런 홍보 전략은 일본에서만 통하는 것이었다.

당시에 우리 쪽 시장에서는 숫자 퍼즐 놀이인 스도쿠^{Sudoku}가 한창 인기를 끌던 참이었다. 잘나가는 일간지에서는 십자말풀이 바로 옆에 스도쿠가 실렸고 스도쿠 문제만 모아놓은 취미 서적들이 베스트셀러에 이름을 올렸다. 스도쿠를 풀면 기억력이 좋아진다고 믿는 사람들도 많았는데, 특히 나이가 많은 소비자들 사이에서 그 인기가 대단했다.

나는 이와타씨에게 〈매일매일 DS 두뇌 트레이닝〉의 서양 버전에 스도쿠를 추가하는 방안을 이야기했다. 일단 처음에는 이렇게 운을 띄웠다. "이와타 사장님, 저는 이 소프트웨어가 우리 시장에서 어필할 수 있을지 조금 걱정이 됩니다. 이쪽에서 카와시마 교수는 인지도라고 할 게 아예 없는 사람이에요. 일본에서는 이 사람의 연구물을 활용해서 게임을 충분히 알릴 수 있었겠지만, 여기서는 그런 이점을 누릴 수가 없습니다. 게다가 문화적으로도 일본 쪽에는 우리가 갖지 못한 이점이 있죠. 일본은 전체 인구에서 50세 이상이 차지하는 비율이 이쪽보다 훨씬 큽니다. 미국과 캐나다, 그리고 특히 라틴아메리카 시장은 인구구조가 완전히 달라요. 우리 시장에는 젊은 세대가 훨씬 많습니다. 그런 이유로 여기서는 이 소프트웨어를 다르게 생각할 필요가 있다고 봅니다."

본격적인 제안은 그다음부터였다. "저는 이 소프트웨어를 서양권에 맞게 현지화하면서 스도쿠를 추가하면 어떨까 합니다. 스도쿠는 현재 크게 유행중이고 우리 타깃인 고령층에서 특히 인기가 좋습니다. 하지만 조금 더 연령대가 낮은 성인층도 이 퍼즐을 좋아하니 그쪽도 우리 게임에 관심을 보일 거예요."

이와타씨는 즉각 반박했다. "레지, 이 게임은 카와시마 교수의 연구 결과를 바탕으로 만든 겁니다. 그 자료들을 참고해서 그분 마음에 들도록 게임 콘텐츠를 구성하는 데 상당한 시간이 들었어요. 카와시마 교수가 연구 활동에 스도쿠를 활용한 적이 있는지는 나도 전혀 모르겠습니다. 당신의 제안을 실행하기는 쉽지 않을 거예요."

나는 이것이 이와타씨 개인에게 적잖이 곤란한 상황임을 알아챘다. 그는 이 두뇌 훈련 게임을 개발하기 위해서 카와시마 교수와 처음 접촉한 인물이었다. 모르긴 몰라도 이와타씨라면 두뇌 연령이라는 개념을 어떻게 게임화할지 살피면서 아주 세심하게 협상에 임했을 것이다. 내가 이와타씨와 2년간 같이 일하며 파악하기로, 그가 어떤 의견에 반응하기에 앞서 미소를 거두거나 평소보다 침묵이 길어진다면 어딘가 불편함을 느낀다는 뜻이었다. 하지만 나는 내 생각을 계속 밀어붙였다.

"사장님, 스도쿠에 관한 연구 자료들을 보면 그 내용이 카와시마 교수의 이론하고도 딱 떨어집니다. 단기간의 집중적인 훈련이 기억력을 향상시킨다는 것 말이죠. 이런 자료를 전달하고 우리가 서양 버전에 스도쿠를 추가하자는 이유를 잘 설명한다면 그분도 충분히 이해해주실 거라 생각합니다."

이 주장에는 꽤 설득력이 있었다. 나는 이와타씨가 이미 그 타당성을 고려하는 단계를 지나 카와시마 교수에게 지지를 얻으려면 어찌해야 할지 고민한다는 것을 알 수 있었다.

어떤 아이디어를 이제 막 검토하는 단계에서 확실한 결정을 촉구하는 것은 어리석은 짓이다. 나는 옛 경험으로 그 점을 이미 알고 있었다. 사실 그때는 이와타씨 혼자서 생각하도록 시간을 줄 필요가 있었다. 그럼에도 그뒤에 이메일이나 화상회의로 업무 연락을 주고받을 때마다 나는 스도쿠에 관해 묻고 카와시마 교수와는 이야기가 어떻게 되어가는지 되물었다.

나는 사내에서 지지를 구해야 할 곳이 또 있다고 생각했다. 나는 닌텐도 본사 개발자들과 직접 소통이 가능했던 마이크 후쿠다에게 지원을 요청했다. 일본에서 출시된 기존 소프트웨어에 새 콘텐츠를 자연스레 접합시킬 방법을 본격적으로 논의하려면 일단 개발부에서 스도쿠에 관한 아이디어를 받아들여야 했다. 스도쿠가 되는대로 부랴부랴 추가된 것이 아니라 이 게임의 필수 구성 요소로 느껴지게 하려면 새로운 메뉴 화면과 가이드 영상을 만들 필요가 있었다.

마이크의 제품개발팀은 스도쿠 퍼즐에 관한 자료도 구해야 했다. 당시 미국 지사에는 스도쿠를 다룬 서적이나 관련 자료집이 하나도 없었다. 또, 나는 법무팀과도 연계하여 스도쿠와 연관된 저작권이나 상표권 분쟁이 있는지도 알아보았다. 이런 일은 우리도 처음이었기에 필요한 정보를 알아서 찾고 빨리 익히는 수밖에 없었다.

이후 몇 주가 지나서 이와타씨로부터 답신이 왔다. 카와시마 교수가 스도쿠를 추가하는 데 열렬히 지지를 보냈다고 말이다. 닌텐도 본사 개발자들 역시 내 아이디어를 기꺼이 받아들이고 어떻게 하면 이 게임을 서양권에서 잘 통하게 만들 수 있을지 줄곧 고민했다고 한다.

● 혁신을 위한 핵심 ●
남들에게 아주 새롭거나 논쟁을 유발할 만한 주장을 납득시키려면 내 편을 들어줄 사람들이 필요하다. 그런 아이디어를

> 다각도로 전개하고 밀어붙일 경우, 최종 결정권자의 지지를
> 얻을 가능성이 커진다. 만약 당신이 최종 결정권자일 때 부
> 하 직원 다수가 어떤 아이디어를 자주 언급하고 옹호한다면
> 다들 그 안건을 쭉 논의해왔고 대체로 생각이 일치했다고 보
> 면 된다. 이런 반응이 일어나는 것은 좋은 일이다.

대중을 위한 게임

우리는 필기인식과 음성인식 문제를 해결하고 스도쿠를 기존 소프트웨어에 원래 있던 것마냥 절묘하게 섞어서 2006년 4월에 〈브레인 에이지Brain Age〉라는 이름으로 출시했다. 이 게임은 일본 시장에서와 마찬가지로 출시 초기에 꾸준한 판매량을 기록했다. 그러다가 그뒤로 다달이 판매량이 늘어갔다. 이와 더불어 이 게임과 함께 닌텐도 DS의 판매량이 함께 늘어났는데, 이는 우리가 게임을 대중화하고 게임 인구를 늘린다는 목표를 차근차근 이뤄가고 있다는 증거였다.

그러한 노력으로 닌텐도 DS의 인기가 높아지는 가운데, 우리는 새로운 가정용 게임기의 개발에도 계속 열을 올리고 있었다. 전 세계 게이머들 앞에서 레볼루션이라는 이름으로 소개한 이 기기에는 게임을 즐기는 방식에 혁명을 일으키길 바라는 닌텐도의 소망이 깃들어 있었다. 우리는 닌텐도 팬들에게 이 게임기의 중요한 특징 하나를 언급했다. 바로 과거에 NES(패미컴)와

SNES(슈퍼 패미컴)로 출시된 게임들을 '버추얼 콘솔^{Virtual Console}'
이라는 온라인 서비스를 통해 다운로드하여 즐길 수 있다는 것
이었다.

우리는 2005년 도쿄 게임쇼^{Tokyo Game Show}에서 신형 게임기의 컨
트롤러를 공개하기로 했다. 이 기기로 모든 가족 구성원이 쉽게
게임을 즐기는 것이 우리의 바람이었던 만큼 컨트롤러는 표면
이 판판하고 길쭉한 TV 리모컨처럼 디자인했다. 왼손, 오른손
어느 쪽에 쥐고 게임을 해도 상관이 없도록 말이다.

이 무선 컨트롤러는 동작인식 기능, 방향 및 속도 감지 기능
을 탑재하여 사용자가 직접 휘두르거나 게임 화면 속의 커서를
움직이는 것이 가능했다. 누구나 쉽게 쓸 수 있도록 버튼 개수
는 최대한 줄였다. 숙련된 게이머들 수준에 맞는 복잡한 게임은
이 컨트롤러에 조이스틱과 버튼이 더 추가된 부가장치를 연결
해 즐길 수 있었다.

도쿄 게임쇼 현장에서 우리가 한 일은 신형 게임기의 컨트롤
러에 관해 이야기하고 사진을 몇 장 공개한 것이 다였다. 하지
만 게임을 즐기는 새로운 방식, 새로운 가능성을 두고 사람들의
상상력을 사로잡기에는 충분했다.

나는 2005년 말에 다시 일본을 찾아 레볼루션의 출시 준비와
더불어 게이머들에게 던질 새로운 메시지를 준비하는 데 힘썼
다. 회사 내부적으로는 팬들의 관심을 계속 끌도록 꾸준히 메시
지를 제시하되 가장 중요한 정보는 2006년 5월에 열릴 E3까지

절대 공개하지 않기로 약속된 상태였다.

당시 이와타씨는 2006년 3월에 열리는 게임 개발자 컨퍼런스Game Developers Conference: GDC에서 전년도에 이어 또다시 기조연설을 맡기로 결정되어 있었다. 그는 2005년도 GDC에서 '게이머의 마음Heart of a Gamer'이라는 제목으로 기조연설을 하며 극찬을 받았다. 닌텐도 사장 자리에 오르기까지 어떤 일들이 있었는지 이야기하면서 마음속에 존재하는 자신은 언제까지나 게이머로 남을 것이라는 내용이었다. 이 연설문은 '경쟁자들을 박살내고 명성을 끝장낸다'는 E3 첫인사말을 만들 때와 유사했다. 이와타씨 역시 돈 바룸와 오랜 시간 대화를 나누면서 본인의 성장배경과 행동 동기를 밝혔던 것이다. 나는 두 사람의 인터뷰를 바로 곁에서 몇 번 지켜봤는데 아주 즐거운 경험이었다.

그런데 행사를 준비하던 중에 한 가지 문제가 생겼다. 이와타씨의 목 상태가 후두염 때문에 심각하게 나빠진 것이었다. 다음날 연설 일정이 잡혀 있건만 그는 말을 한마디도 하지 못할 정도였다. 이대로 이와타씨의 목소리가 돌아오지 않으면 어떻게 해야 할지 돈과 나는 정신없이 대안을 살폈다. 그러다가 이와타씨를 무대에 올리고 내가 연설문을 대신 읊으면 어떻겠느냐는 말까지 나왔다. 그건 남의 개인사를 마치 성우가 외화를 더빙하듯 내 입으로 전달해야 하는 일이었다. 나는 과연 현장 상황에 맞춰 제대로 말을 할 수 있을지 고심하면서 밤새 연설문을 읽고 또 읽었다. 정말 다행스럽게도 다음날 이와타씨의 목 상태는 직접 연설을 할 수 있을 만큼 회복이 되었다. 나는 그날의 연설이 그가 했던 것 가운데 감히 최고였다고 말하고 싶다.

왜 Wii인가

2006년도 GDC에서 우리는 닌텐도의 남다른 방향성을 강조할 요량으로 〈브레인 에이지〉의 성공 사례를 활용했다. 레볼루션을 소개할 때는 신형 컨트롤러가 다른 개발사들의 게임 콘텐츠에 어떻게 쓰일 수 있고 어떤 가능성이 있는지, 또 그 개발 과정이 어땠는지를 설명하고자 이런저런 뒷이야기를 밝혔다.

그리고 2달쯤 뒤, 닌텐도는 드디어 새로운 가정용 게임기의 정식 명칭을 공개하기로 했다. 우리는 어떤 언어로든 쉽게 발음할 수 있는 이름을 원했다. 이는 최대한 많은 소비자에게 게임을 전파하겠다는 우리 목표를 재차 강조하는 수단이기도 했다. 그리하여 만인 앞에 공개된 이름은 바로 Wii였다. '우리'를 뜻하는 영어 단어 we와 발음이 같았던 이 이름은 당시 많은 것을 아우르려 했던 닌텐도 특유의 포용성을 부각시키기 위해 회사의 모두가 일치단결한 결과였다. 물론 오줌을 뜻하는 wee와도 발음이 같았던지라 이름으로 장난을 치는 사람이 적지 않으리란 예상도 있었다. 하지만 단어가 독특할 뿐 아니라 포용성까지 잘 드러냈다는 점에서는 이만한 이름이 또 없었다.

그해 E3는 우리의 이러한 메시지를 확실하게 전달할 수 있는 행사였다. 우리는 그 자리에서 닌텐도와 각종 협력사들이 개발

중이던 Wii와 DS용 소프트웨어들을 소개하고, 약 6만 명에 달하는 행사 참가자들이 이 게임들을 모두 체험할 수 있게 준비할 예정이었다. 이 계획은 특히 행사장에서 소개할 게임이 차고 넘치지만 기존에 쓰던 부스 크기는 너무 작다는 어려움이 있었다. 게다가 Wii는 더욱더 그런 것이, 컨트롤러를 테니스라켓이나 야구방망치처럼 휘둘러야 하는 게임들 때문에 시연 참가자들의 간격을 넓힐 필요가 있었다. 그뿐 아니라 Wii 게임을 여럿이서 함께 즐길 때는 다들 텔레비전 앞에 나란히 서야만 했다. 그런 이유로 우리는 부스 가까운 곳에 넓은 공간을 확보해 wii 게임 전용 시연장으로 활용했다.

방대한 양의 신작 게임들이 준비되어 있었지만, 우리의 주된 메시지를 전달할 게임은 두 가지였다. 게이머가 직접 만든 아바타, 즉 미[Mii]라는 캐릭터로 5가지 스포츠를 즐기는 〈Wii 스포츠〉와 2004년도 E3에서 짧게 예고편으로 공개했던 〈젤다의 전설: 황혼의 공주〉(이하 〈황혼의 공주〉)였다.

〈Wii 스포츠〉는 누구나 즐길 수 있는 게임을 지향했다. 야구와 테니스, 복싱, 골프, 볼링의 조합은 세계 어디에서나 먹힐 만했다. 이 게임에 사용하는 캐릭터는 Wii 게임기에 미리 설치된 소프트웨어로 만들 수 있었는데, 피부색, 키, 몸무게, 머리색과 모양, 얼굴 표정, 눈동자 색깔 등을 다양하게 고를 수 있었다. 이렇게 만든 캐릭터로 친구들의 캐릭터나 CPU를 상대로 스포츠 시합을 즐길 수 있었다. 이 게임은 아주 단순하면서도 경쟁심을 고조시키는 특징이 있었다. 심지어는 닌텐도의 개발진도 게임을 만들며 떠들썩하게 시합을 벌이곤 했다. 우리는 이 게임이 세대를 막론하고 누구나 컨트롤러를 집어 들게 만드는 Wii의 특별한 능력을 제대로 보여줄 것이라고 직감했다.

기존 팬들을 위한 게임

〈황혼의 공주〉는 〈Wii 스포츠〉와 많이 달랐다. 이 게임은 주인공인 링크를 움직여 적과 싸우고 퍼즐을 푸는 전통적인 '젤다의 전설' 스타일이었다. 게이머의 임무는 젤다 공주를 구하고 게임 속 세계인 하이랄을 지키는 것이었고, 게임의 대상층은 기존의 닌텐도 팬들이었다. 우리는 이 게임 역시 상당히 잘 팔릴 것이라고 내다보았다.

회사 내부적으로는 E3를 준비하는 내내 이 게임들 중 어느 쪽에 더 큰 비중을 두느냐로 격렬한 논쟁이 오갔다. 〈Wii 스포츠〉는 최고의 혁신작이었다. 비디오게임을 처음 접하는 이들을 포함하여 남녀노소가 컨트롤러를 들고 오락을 즐기게 하는 실로 새로운 경험 그 자체였다. 반대로 〈황혼의 공주〉는 닌텐도의 기존 팬이라면 반드시 해보아야 할 게임이었고 소매업체 입장에서는 큰 수익을 창출할 대박 상품이었다. 거기에 더해서 액티비전이나 EA 같은 대형 개발사들에게 우리 게임기로도 주요 소비자들의 입맛에 맞는 전통적인 액션, 스포츠, 슈팅게임을 충분히 낼 수 있다고 과시한다는 점에서 〈황혼의 공주〉는 아주 중요했다.

최종적으로 이와타씨와 나는 언론사 프레젠테이션의 마지막 부분에 〈Wii 스포츠〉를 배치하기로 의견을 모았다. 행사에 앞서서 우리는 추첨을 통해 미국 게이머 한 명에게 그날 세계 최초로 이 게임을 체험할 기회를 주기로 했다. 당첨자는 미야모토씨와 이와타씨, 그리고 나와 함께 무대위에서 〈Wii 스포츠〉의 테니스를 체험해 볼 수 있었다. 그렇게 〈Wii 스포츠〉로 피날레를 장식하면 온라인으로 그 광경을 지켜보는 전 세계 게이머들에게 우리의 혁신이 뚜렷이 와 닿으리라는 생각에서였다.

소매업체 쪽 프레젠테이션에서는 〈황혼의 공주〉로 행사를 마무리할 계획이었다. 이미 잘 알려진 시리즈였던 만큼 소매업체들로서는 이 게임의 잠재적인 수익성에 더 관심이 갈 것이라는 예상에서였다.

그 외에도 언론사 프레젠테이션에서는 인상적인 장면이 몇 가지 더 있었다. 그날 행사가 시작될 때 미야모토씨는 턱시도 차림으로 무대에 올라 Mii 캐릭터들로 이루어진 오케스트라를 지휘했다. 그러다가 그는 손을 이리저리 휘두르며 Wii 신작 게임의 시연 영상을 짧게 소개했다. 만면에 가득 머금은 웃음과 개성 넘치는 그 모습은 그야말로 미야모토씨다웠다. 나는 그에게서 무대를 이어받은 뒤 준비한 대로 Wii와 DS를 홍보하는 데 전념했다. 프레젠테이션은 대성공이었다.

아닌 건 아니다

사람들 반응이 얼마나 좋았던지 언론사 프레젠테이션이 끝난 뒤에 이와타씨는 고객사 프레젠테이션의 마지막 부분도 똑같이 하고 싶다는 말을 했다. 그 말인즉슨 프레젠테이션 초반에 〈황혼의 공주〉를 짧게 보여주고 마지막에 〈Wii 스포츠〉를 장시간 시연한 뒤 행사를 끝내자는 뜻이었다.

갑자기 계획을 변경하자는 말에 내 머릿속에는 두 가지 걱정이 떠올랐다. 우선 나는 처음부터 〈황혼의 공주〉로 행사의 끝을 장식하는 것이 소매업체들 쪽에서 더 좋은 반응을 이끌어 내리라고 믿었다. 그런 자리에 모이는 회사 임원들은 대부분 장부상의 손익만을 따진다. 그들은 우리한테 구매한 게임기와 소프트웨어, 부가장치 등을 고객들에게 팔아서 그저 돈을 벌기만을 원했다. 이 업체들이 우리의 전략을 이해하고 지지하는 것도 중요했지만, 어쨌든 그쪽에서 미는 것은 그간의 경험상 제일 잘 팔렸던 물건들이다. 유구한 역사와 함께 수백만 팬들을 거느린 '젤다의 전설' 시리즈는 바로 그런 물건에 해당했다.

더군다나 이와타씨가 원하는 대로 계획을 변경하면 손대야 할 것이 한두 가지가 아니었다. 조명과 음향, 대본 등을 복합적으로 고려하여 준비한 행사인데 리허설 한 번 없이 갑자기 바꾼다면 어딘가에 문제가 생길 소지가 있었다.

나는 이와타씨를 찾아가 단둘이서 그의 요구 사항에 관해 다시 이야기했다. "이와타 사장님, 고객사 프레젠테이션에서 〈Wii

스포츠〉와 〈황혼의 공주〉의 시연 순서를 바꾸고 싶다고 하셨죠?"

그러자 그가 말했다. "맞습니다. 언론사 프레젠테이션에서 나온 반응이 너무 좋아서 말이에요. 다들 Wii에 대한 관심이 정말 대단했어요. 그렇다면 아까랑 같은 형태로 발표를 진행해야 우리 거래처들도 그만한 관심을 보이지 않을까요?"

내 생각은 이러했다. "사장님, 말씀하신 대로 언론사 브리핑은 더할 나위 없이 좋았습니다. 〈Wii 스포츠〉는 정말 놀라운 게임이에요. 내일부터 행사 참가자들이 직접 게임을 해보면 훨씬 좋은 반응이 나올 겁니다. 그렇지만 전에도 논의했듯이 소매업체들이 요구하는 건 달라요. 그쪽에서는 우리 게임 라인업을 살펴보면서 Wii를 얼마나 주문해야 할지, 또 나중에 추가될 인기 소프트웨어는 뭐가 있을지 계산하는 중입니다. 아시다시피 젤다 시리즈는 게임기 판매를 보장하는 작품이에요. 거래처 사람들 입장에서는 이 게임의 잠재력이 얼마나 되는지 확인할 필요가 있습니다. 아까 기자들 앞에서는 이 게임을 아주 잠깐 소개하고 넘어갔어요. 젤다 시리즈는 미디어 쪽에서 익숙한 소재니까요. 조금만 얘기해도 다들 좋아서 난리였죠. 하지만 소매업체들은 이게 어떤 게임인지 더 보고 싶어할 겁니다."

나는 다시 말을 이었다. "그리고 하나 더 말씀드리자면, 발표를 겨우 두어 시간 남겨둔 이 시점에서 계획을 변경하는 건 재앙을 자초하는 행동입니다. 기계 장비나 설정을 괜히 잘못 건드

려서 지금까지 들인 노력을 헛되게 만들어서는 안 되겠죠. 저는 원래 계획대로 가는 게 옳다고 봅니다."

우리는 매번 그러듯, 거기서도 승강이를 벌였다. 티격태격 서로의 관점에 귀를 기울이면서도 각자 생각하는 반대 사유와 위험 요소 등을 이야기했다. 그러나 논의가 길어질수록 계획을 변경했을 때의 위험성이 점점 더 부각되었다. 결국 그는 마음을 돌려 원래 계획을 따르기로 했다. 한데 내가 느끼기에는 이 일로 이와타씨가 내게 조금 실망한 것 같았다. 아마 그는 내가 군말하지 않고 닌텐도의 글로벌 총수인 자신의 요구를 들어주길 바라지 않았을까 싶다. 하지만 나로서는 비즈니스를 위해서 또 우리 회사를 위해서 아닌 건 아니라고 확실히 말해야 했다. 신작 〈황혼의 공주〉에 대한 이해도를 높이는 것은 우리 쪽 시장을 위해 지극히 중요한 일이었다. 소매업체들이 이 게임에 기대감을 품는다면 분명 Wii에도 큰 관심을 둘 테니까.

게다가 〈황혼의 공주〉의 성공은 서구 게임 개발사들의 지지를 얻는 데 무척이나 중요했다. 그쪽 입장에서는 Wii라는 하드웨어로 기존 방식의 게임을 즐기는 사람들이 있다는 것을 반드시 확인해야 했다. 그들의 타깃은 Wii를 구매하고 자사의 스포츠게임이나 액션게임이 출시되길 기다리는 젊은 성인 남성 소비자들이었다. 〈황혼의 공주〉가 성공을 거둔다면 그런 의문도 자연히 해소될 수 있었다.

모든 내용을 완벽하게 짜맞춘 프레젠테이션을 발표 2시간 전에 대폭 수정한다는 것은 망하라고 고사를 지내는 셈이나 다름 없었다. 만약에 정말로 문제가 발생한다면 그 책임은 나와 우리 팀에게 돌아갈 게 뻔했다. 누가 그런 요청을 했는지는 아무도 기억하지 못할 테고.

나는 계획한 프레젠테이션의 구성이 소매업자들에게 잘 먹힐 것이라고 확신했다. 필시 그 사람들은 인터넷으로 언론사 프레젠테이션에서 〈Wii 스포츠〉의 인기가 얼마나 좋았는지 확인했을 것이다. 또 〈황혼의 공주〉 신작에 관하여 더 많이 알고 싶어하던 게이머들의 반응 역시 확인했을 것이다. 이러한 기대감은 이 게임의 완성도가 어떤지, 정말 Wii의 출시일에 맞춰 동시 발매가 가능한지 궁금증을 유발했다.

● 혁신을 위한 핵심 ●

리더는 어려운 일을 하는 사람이다. 앞선 일화만 해도 보통은 상사의 말을 그냥 따르기 쉽지만, 나는 그 상황에서 어떤 선택이 옳은 선택인지 분명히 알았다. 그래서 상사와의 관계나 사내에서의 입지에 해가 갈 수도 있는 상황임에도 내 생각을 고수했다.

선택의 기로에 놓였다면 우선 자신의 경험과 지식, 신념 등을 깊이 들여다보자. 그 결정에 어떤 위험이 도사리고 있는지 미리 살펴야 한다. 상대방과 의견 일치를 보았을 때, 또 다

> 른 대안을 밀고 나갈 때 과연 어떤 위험이 발생할 것인가? 그
> 런 판단이 모두 섰다면 그때 결정을 내리도록 하자.

모든 것이 변하다

내 생각이 들어맞았다. 발표 중에 더 상세한 정보를 다루고 Wii의 초기 구매자 거의 대부분이 〈황혼의 공주〉를 구매할 것이라는 우리의 예측에 소매업체들은 앞다투어 2가지 모두 초기 물량을 많이 할당해달라고 요청했다. 그 반응은 우리 예상을 훨씬 웃돌았다.

E3의 모든 일정이 끝나고 이와타씨가 일본으로 돌아가기로 예정된 토요일, 나는 그와 아침식사를 함께하며 수많은 거래처와 소비자들이 닌텐도를 향해 어떤 반응을 보였는지 이야기했다. "이와타 사장님, 이번 행사에서 우리는 의심할 여지없이 목표한 바를 이뤘습니다. 모든 게임 웹사이트에서 어제 행사장 문을 열자마자 우리 부스로 달려오는 사람들의 영상이 돌고 있어요."

금요일에 E3 행사장 출입구 앞에는 개장 몇 시간 전부터 길게 줄이 늘어서 있었다. 보통 이 행사의 마지막날이 오면 E3 입장 배지를 공식 배부 받은 참가자들은 배지를 누군가에게 주거나 팔곤 했다. 그 시점에 공식 참가자들은 관심 가는 제품들을 이미 다 보고 서둘러 집으로 돌아갈 준비를 했다. 일반 게이머

들이나 인근의 비디오게임 상점 관계자들은 목요일 저녁에 행사장을 떠나는 E3 참가자들에게 접근하여 다음날 쓸 입장 배지를 구하려 했다.

나는 이와타씨에게 신이 나서 말했다. "그 영상들을 보면요, 플레이스테이션 부스는 거들떠보지도 않고 직진만 하는 사람들이 많더군요. 다들 닌텐도 부스로 곧장 와서는 Wii와 DS를 보려고 줄을 섰어요. 소니 사람들이 그걸 보고 놀라서는 고개를 설레설레 젓더라구요!"

나는 다시 말을 이었다. "그리고 사장님, 아직 거래업체들과는 논의를 계속하는 중입니다만 Wii와 주요 소프트웨어에 대한 초기 수요가 우리가 잡았던 최대 예상치를 훌쩍 넘었습니다. 제가 내달 일본에 가면 그때 저랑 같이 생산 계획을 검토하셔야 해요. 단 생산량을 늘리는 것에 관해서는 지금부터 미리 생각을 해야 합니다."

이와타씨는 고개를 끄덕이면서 몇 가지 간단한 질문을 던졌다. 하지만 머릿속에는 무언가 다른 생각이 차 있는 듯했다. 나는 혹시 그가 고객사 프레젠테이션 때 〈Wii 스포츠〉와 〈황혼의 공주〉의 순서를 바꾸지 않은 일로 아직 나를 못마땅하게 여기는 것은 아닌지 의구심이 들었다.

그다음 주 월요일은 시작부터 분위기가 매우 좋았다. 며칠 전까지 E3를 준비하고 진행하느라 지친 상태였지만 다들 그전과 마찬가지로 행사와 연계된 후속 업무에 신나게 달려들었다. 회사에는 Wii 본체와 소프트웨어의 공급량을 늘려줄 것인지 묻는 소매업체들의 전화가 빗발쳤다. 정확한 제품 가격과 출시일을 언제 밝힐 것인지 묻는 거래처도 많았다. 우리는 이처럼 열띤 관심을 역으로 이용하여 그들에게 닌텐도 DS를 더 밀어달라고 요청했다.

Wii의 개발 비화를 알려달라는 기자들의 문의도 많았다. 우리 회사로서는 여름과 가을 그리고 Wii를 출시하는 2006년 연말까지 소비자의 관심을 계속 붙들어 둘 필요가 있었다. 그래서 그런 요청이 오면 항상 홍보팀이 신중하게 검토하고 대응에 나섰다.

이제 한숨 돌릴 새도 없이 Wii의 첫 광고 기획안도 얼른 마무리해야 할 필요가 있었다. 몇 주 뒤면 촬영에 들어가야 했기 때문이었다.

맙소사

그렇게 일이 정신없이 돌아가는 와중에 이와타씨가 며칠 뒤 다시 미국에 온다는 소식이 들렸다. 가슴이 철렁했다. 게다가 그는 도착하자마자 내게 할말이 있다고 했다. 이상해도 너무 이상했다. 그는 지난주 내내 나와 로스앤젤레스에서 이런저런 회의와 우리 둘이서 대화를 나눈 것까지 포함해서 이미 수십 시간을 함께 보냈다. 이제 와서 그렇게 금방 미국으로 돌아와야 할만큼 급한 일이 있단 말인가?

머릿속이 부정적인 생각으로 차오르기 시작했다. 거래처 프레젠테이션 도중에 받은 소프트웨어 주문 문의나 그전에 실랑이를 벌인 것 때문에 진짜 나한테 화가 난 건가? 그렇게 내 생각을 밀어붙였다고 해고할 생각인 걸까? 아니, 그보다도 그날 프레젠테이션의 진행 방향이 별로였나?

그렇지 않아도 우리가 의견 차이로 옥신각신했던 그날 일이 줄곧 마음에 걸리던 차였다. 하필이면 그때는 통역을 담당하던 미나가와씨도 없었다. 나로서는 이와타씨 앞에서 더이상 언쟁으로 신임을 잃는 일은 없었으면 했다.

그래도 내 입장을 제대로 표명하지도 않은 채로 그대로 해고처분이나 질책을 받을 마음은 없었다. 나는 영업·마케팅부에 우리 계획이 통했음을 증명하는 파워포인트 자료를 만들어달라고 했다. 닌텐도는 E3 행사 기간에 Wii와 〈Wii 스포츠〉〈황혼의 공주〉를 공개하며 언론사 브리핑과 소비자들의 온라인 관심도에서 압도적인 성과를 냈고, 우리에게는 그것을 잘 정리해둔 자료가 있었다. 당시 닌텐도는 과거 여러 게임쇼에서 올렸던 것 이상의 성적을 냈고 인기 면에서 다른 경쟁사들의 게임기와 소프트웨어를 크게 따돌렸다.

또한 우리에게는 미국의 소매업체들이 Wii와 DS를 얼마나 선호하는지를 조사한 자료도 있었다. 나는 그 수치가 아시아나 유럽 시장의 관심도를 한참 뛰어넘었다고 자신했다.

결국 나는 20장이 넘는 아주 상세한 보고서를 손에 쥐었다.

언론사 프레젠테이션에서는 〈Wii 스포츠〉에, 고객사 프레젠테
이션에서는 〈황혼의 공주〉에 초점을 맞추자던 내 제안을 철저
하게 변호하는 문서이자 내 판단이 옳았음을 잘 보여주는 자료
였다.

　이와타씨는 E3 참가자들이 우리 부스를 향해 돌진한 지 정확
히 일주일이 지난 5월 19일 금요일에 다시 미국에 왔다. 그는
공항에 내리자마자 곧장 닌텐도 오브 아메리카 사옥으로 왔다.
그리고 미국 출장 때마다 본인의 사무실로 쓰던 회의실로 향했
다. 평소에 출장을 오면 그는 항상 호텔에 먼저 들러 샤워를 하
고 옷을 갈아입었지만 이번에는 그러지 않았다. 그가 쓰는 사무
실에 블라인드가 쳐져 있다는 점도 달랐다. 이런 일은 처음이었
다. 게다가 전해듣기로는 나와 면담한 뒤 다른 전무, 상무급 임
원들하고도 개별면담을 하고 오후 늦게 다들 모여서 회의를 한
다고 했다. 하나 같이 이상한 일뿐이라 나는 겁을 집어먹었다.

　곧 닌텐도 오브 아메리카 사장인 키미시마 타츠미씨가 나를
불렀고 우리는 함께 이와타씨의 임시 사무실로 걸어갔다. 내 손
에는 '닌텐도 오브 아메리카 E3 결산보고서'라는 제목의 문서가
들려 있었다. 키미시마씨는 내 쪽으로 몸을 기울이면서 말했다.
"레지, 다 괜찮다네." 아니, 그게 대체 무슨 말이지?!

　방에 들어서자 회의용 탁자 상석에 앉아 있던 이와타씨가 나
를 그 오른쪽에, 키미시마씨를 왼쪽에 앉으라고 했다. 나는 비
행길이 어땠는지 물었지만, 사실 그의 표정만 봐도 결코 편치

않았음을 알 수 있었다. 이와타씨는 난기류가 심해서 잠을 거의 못 잤다고 말했다. 나는 그의 피로감이 이번 면담에 악영향을 미치지 않길 바랐다.

내가 준비한 보고서를 돌리려 하자 이와타씨는 멈추라는 말과 함께 내게 2장짜리 문서를 건넸다. 올 게 왔구나, 하는 생각이 들었다.

한데 제목란을 채운 것은 '승진'이라는 단어였다.

바로 첫 문장을 읽어봤다. "귀하께 닌텐도 오브 아메리카의 사장 겸 최고운영책임자 자리를 제안하게 되어 매우 기쁘게 생각합니다."

그 순간 떠오르는 말은 하나뿐이었다. "맙소사!"

● **혁신을 위한 핵심** ●

나는 가끔 어떻게 저 자리까지 올라오게 되었는지를 돌이켜보곤 한다. 물론 딱 떨어지는 정답은 없다. 다만 이것 하나만은 확실하다. 내가 회사의 수익 창출을 이끄는 임원이자 리더로서 성과를 내기 위해 그간 배운 것들을 모두 쏟아 부었다는 것이다. 그렇게 이뤄낸 성과는 차츰 주목을 받게 되고 이내 더 큰 책임으로 이어진다.

나는 늘 용기 있게 소신대로 행동했고, 필요하다면 기존의 틀을 모두 뒤엎었다. 자신의 관점을 밀고 나갈 줄도 알아야 한다.

또한 나는 언제나 진심이었다. 이와타씨와 함께하든 우리 팀원들과 함께하든 나는 늘 똑같았다. 진정성은 리더가 갖춰야 할 또하나의 귀중한 특성으로, 언젠가는 사람들에게 인정받고 보상받게 되어 있다.

13

용감한 결단

닌텐도 오브 아메리카의 사장이 된 나는 그간 내가 영업·마케팅부에서 펼치던 각종 경영 기법과 전략을 회사 전체에 적용하고자 했다. 새로운 직속 부하들과 동료 임원들에게 내가 각자의 업무영역을 파악하고 있으며 부서마다 주도적으로 일을 추진하도록 장려할 것임을 알려야 했다. 여기에는 재무, 정보전산, 운영관리, 제품개발, 총무 부서를 담당하는 고위 임원들이 포함되었다.

나는 그들과 개별면담을 나누며 각 분야를 세심하게 살펴보았다. 그리고 그 부하 직원들, 특히 훗날 이 회사의 리더가 될 가능성이 큰 상무나 부·차장급과 대화를 나누는 데 초점을 맞췄다. 나는 조직의 미래를 위해서 적재적소에 알맞은 인재가 배치

되어 있는지, 인력난을 겪는 곳은 없는지 확인하고 싶었다. 또 다양한 질문을 던져가며 우선적으로 할 일들을 환기시키고 현재 진행중인 중요한 프로젝트에는 지원을 아끼지 않겠다고 약속했다.

이렇게 전사적인 면담과 회의를 통해서 나는 즉각 손보아야 할 3가지 문제점에 초점을 맞췄다. 그 첫째로 닌텐도 오브 아메리카는 지나치게 폐쇄적이었다. 부서별로는 업무상의 우선순위가 정해져 있었지만, 다들 회사 전체적으로는 무엇이 중요하고 무엇이 우선인지 몰랐을 뿐더러 각 부분이 어떻게 맞물려 돌아가는지에 대한 이해가 전혀 없었다. 이는 선대 경영자들이 남긴 문제였다.

세계 시장을 관리하는 닌텐도 본사와 미국의 닌텐도 오브 아메리카는 각각 야마우치 히로시와 그의 사위인 아라카와 미노루荒川實를 중심으로 중앙집권적인 경영체제를 갖추고 있었다. 일본에서는 야마우치 사장이 모든 일을 주도했고, 닌텐도 오브 아메리카에서는 모든 결정권이 아라카와 사장에게 있었다. 이러한 경영 방식은 각 조직에서 부서간의 소통이 끊기고 팀워크가 사라지는 원인이 되었다.

문제의 축소판

이러한 폐쇄성을 보여주는 전형적인 사례가 바로 2005년 가을에 출시된 게임보이 미크로Game Boy Micro다. 이 시점에 우리는 이미 닌텐도 DS를 출시하고 이 제품을 장기적으로 성공시키는 데 초점을 맞추고 있었다. 게임보이 어드밴스는 사양길로 접어드는 중이었고 우리 미국 지사는 블랙프라이데이에 특가 행사로 남은 재고를 전부 처분하여 이 사업을 완전히 접기로 했다. 이렇게 계획을 잡은 것이 2005년 초였다. 그런데 얼마 지나지 않아서 나는 게임보이 미크로에 관한 소식을 처음으로 접했다. 반면에 운영관리팀과 제품개발팀 사람들은 이런 제품이 나온다는 것을 훨씬 전부터 알고 있었다.

내 관점에서 게임보이 미크로는 애당초 성공할 가망이 없었다. 이 게임기는 유난히 크기가 작았다. 컨트롤 버튼이 평범한 크기의 어른 손으로 조작하기에 어려웠을 뿐 아니라 화면 크기 역시 너무 작았다. 소비자 가전 분야에서는 점점 화면 크기를 키우고 있었는데, 이는 흐름에 역행하는 짓이었다. 그럼에도 이 기기의 개발 작업은 계속되었고 이제는 어쩔 수 없이 시장에 내야 하는 상황까지 이르렀다.

"이런 물건이 있다고 다 같이 일찌감치 논의를 했어야죠." 나는 돈 제임스와 마이크 후쿠다에게 말했다. "이 제품이 우리 계획에 걸림돌이 될 거라는 걸 다들 알고 의견을 모았더라면 우리 쪽 시장에 내지 않거나 그전에 아예 개발 프로젝트를 중단시켰을 거예요. 업무 협력만 잘 되었으면 지금 같은 결과는 나오지 않았을 겁니다." 그들을 질책할 생각으로 한 말은 아니었다. 당시에는 나와 같은 급의 임원들이었으니까. 내 요점은 회사 내부적으로 정보 공유가 되지 않는 탓에 닌텐도 본사에서 시작한 프로젝트를 우리 쪽에서 제대로 관리하지 못한다는 것이었다.

게임보이 미크로는 전 세계 시장에 출시되어 첫 달에 100만 대에 못 미치는 판매량을 기록했고 4개월 뒤인 2005년 말에는 판매량 200만 대를 넘기지 못한 채 그저 그런 성적을 남겼다. 나는 이 사례를 닌텐도 오브 아메리카를 위한 반면교사로 삼았다. 여기서 얻은 교훈은 조직 차원의 우선순위에 관하여 회사 수뇌부가 끊임없이 소통해야 한다는 것이었다. 사장으로서 내가 제시한 해법은 매주 주요 임원들과 정기 회의를 열어 중요도가 높은 핵심 업무들과 그 진척 상황을 검토하는 것이었다. 처음에는 툴툴대는 소리가 꽤 나왔다. 하나 같이 "진짜로 매주 모여서 회의를 해야 합니까?" 하고 되물으며 엄살을 부렸다. 회의가 많아진다는 데 기뻐하는 임원은 아무도 없었다. 그러나 막상 시작하고 보니 장점이 금방 눈에 보였다. 불평은 잦아들고 정보는 신속하게 공유되었으며 각종 계획을 진행하는 속도가 특히 눈에 띄게 달라졌다.

이후 우리는 새로운 회계연도를 맞아 그해의 업무적 우선순위가 무엇인지 쭉 정리해보았다. 이 활동은 큰 목표를 향해 회사 전체가 합심하는 데 도움이 되었다. 나는 이와타씨도 닌텐도 전체의 새해 목표와 업무상의 중요도를 따져 볼 수 있도록 우리가 세운 우선순위를 본사 쪽에 공유했다.

● 혁신을 위한 핵심 ●

조직의 리더들은 빈번한 회의와 전화통화, 온라인 소통을 통해 단합을 이끌어낸다. 팀 단위로 흩어져서 일하고 원격근무도 잦은 오늘날, 실제로 시간과 장소를 정하여 함께 만나는 일은 어느 때보다 그 중요도가 크다.

조직에 속한 팀과 개개인이 각자의 영역에만 매몰된 경우, 대체로 우선순위를 잘못 파악할 우려가 있다. 조직 내에서 기능이 다른 여러 집단이 서로 담을 쌓고 지낼 때 특히 더 그렇다. 한 조직이 발을 헛딛지 않고 계속 앞으로 나아가는 유일한 방법은 끊임없이 정보를 공유하고 모든 구성원이 같은 지침을 따르도록 하는 것이다.

성과와 보상의 연계

내가 두번째로 발견한 문제점은 닌텐도 본사와 닌텐도 오브 아메리카가 그간 일군 강력한 기업문화와는 별개로, 조직의 일원으로서 높이 평가하는 요소가 무엇이며 그것이 승진에 어떤 영향을 미치는지를 분명히 짚어주지 않는다는 것이었다.

2000년대 초에 닌텐도 오브 아메리카는 시대의 흐름을 거스르고 있었다. 당시 미국 태평양 연안 북서부의 기술 관련 고용 시장은 전에 없이 활발하게 돌아가는 중이었다. 취업자들은 수시로 연봉과 직급을 높여가며 이 회사에서 저 회사로 옮겨 다녔다. 그런데 닌텐도 오브 아메리카는 그렇지 않았다. 우리 직원 들의 근속기간은 다른 직장에 비해 유난히 긴 편이었는데, 평균 적으로 약 8년에 달했다. 닌텐도 특유의 재미난 분위기와 신상 품을 꾸준히 개발하고 출시한다는 점이 직원들에게 만족감을 주었기 때문이다.

그러나 결과에 대한 책임 소재와 개개인의 실적을 크게 따지 지 않는다는 점은 회사를 너무 편한 곳으로 만들어버렸다. 특히 성과가 떨어지는 직원들 입장에서는 이만큼 좋은 직장이 없었 다. 이 문제는 내가 입사하기 직전에 인사팀 책임자 플립 모스 와 나누었던 대화 주제, 즉 닌텐도가 인재 개발 전략에 소홀하 다는 사실과도 직결되어 있었다.

나는 영업·마케팅부를 관리하면서 일찌감치 성과관리체계 를 도입했다. 우리 부서의 모든 직원에게 반년에 한 번씩 자체 성과보고서를 내게 하고 팀장들에게 검토를 맡긴 것이다. 그런 다음에는 실적이 부족한 직원들의 능력을 향상시킬 방안을 강 구하고 정 여의치 않으면 퇴사를 제안했다. 물론 보강해야 할 부분이 무엇인지는 확실하게 짚어주었고 그들이 처한 곤경에 대해서도 인간적인 연민을 느끼고 공감했다.

실제로 우리 영업·마케팅 부서에는 사무적으로는 아주 뛰어 난데 대인관계는 완전히 꽝인 팀장이 하나 있었다. 그쪽 팀원들 은 내가 입사한 지 한 달도 채 되지 않아서 내 사무실로 찾아와 그자의 단점을 하나하나 읊으며 하소연했다. 그와 직급이 같은

타 부서 사람들과 이야기를 해보니, 그 팀장이 사람 관리를 못하기로 소문이 났지만 업무 능력이 워낙 좋은 탓에 다들 그런 문제점을 줄곧 간과했다는 것을 알게 되었다.

나는 그길로 곧장 그를 만났다. "일단 자네가 그동안 맡은 영역에서 훌륭한 전략을 펼쳐왔고 이쪽 일에서는 전문가라는 걸 나도 알아. 하지만 말이지, 자네는 30명이나 되는 팀을 관리하는 사람이야. 지금까지 팀원들을 어떻게 대하는지 쭉 지켜봤는데 문제가 심각하더군. 자네한테서는 팀원들을 존중하는 태도가 전혀 보이질 않아. 그 친구들이 더 발전하도록 도울 생각도 없는 것 같고 말이야. 자네는 팀의 리더이자 관리자로서 지금보다 훨씬 더 능률을 높여야 해. 아니면 앞으로 이 회사에서 자네가 맡을 역할은 없을 거야."

그는 충격을 받았다. 그전까지는 누구도 대놓고 이런 말을 한 적이 없었으니까. 우리는 그 자리에서 그가 기업 지도자 코칭 과정에 참가하도록 계획을 짰고 이후 2주마다 만나서 대인관계 능력이 향상되었는지 살폈다. 나는 그에게 코칭 담당자로부터 무엇을 배웠고 새로 익힌 지식을 팀원 관리에 어떻게 적용하고 있는지 보고하게 했다. 또 그의 부하 직원들도 따로 만나 하급자의 관점에서 얼마나 진전이 있었는지를 확인했다.

결과적으로 변화는 매우 지지부진했다. 수년간 주변에서 별다른 피드백이 없었고 또 있었다 한들 무시로 일관한 탓에 팀원들을 대하는 그의 불량한 태도는 개선이 아예 불가능할 정도로

굳어진 상태였다. 나는 그에게 앞으로 사람 관리는 할 필요 없이 업무 능력만 발휘하면 되는 새 역할을 줄 생각이라고 말했다. 그렇게 현실을 맞닥뜨리고 몇 주가 지나서 그는 결국 회사를 떠났다. 그 모습에 팀원들은 쾌재를 불렀다.

● 혁신을 위한 핵심 ●

조직이 구성원의 어떤 행동에 보상을 안겨주는지 명확히 하라. 그리고 부진한 실적에 대해서는 신속하게 반응하고 필요한 의견을 전달하라. 성과가 떨어지는 직원들을 조직에 그대로 두는 것은 그들 입장에서도, 그들이 속한 팀 입장에서도 모두 손해다. 게다가 우수한 성과를 낸 직원들에게도 회의감과 좌절감만 안겨줄 뿐이다.

능력은 출중한데 주위 사람들을 힘들게 하는 직원과 정면에서 부딪히기란 필시 인력을 관리하는 업무 중에서도 가장 까다로운 일일 것이다. 조직생활에서 어느 정도는 이런 위험을 감수해야 한다. 다만 아무리 능력이 뛰어나도 시종일관 독소를 내뿜고 주변을 썩게 만든다면 그런 인물은 애써 함께할 가치가 없다.

실적이 부족한 직원, 반대로 실적은 좋으나 동료들을 괴롭히는 직원을 해고하기란 영 만만치 않지만, 조직의 리더라면 반드시 숙달해야 하는 기술이다.

사장이 된 나는 이러한 고찰의 적용 범위를 회사 전체로 넓혔다. 그리고 고위 임원들, 인사부와 함께 닌텐도 오브 아메리카에 필요한 5가지 핵심역량을 설정했다.

사고: 끝없는 혁신과 범세계적인 시각 등 우리 회사가 각 구성원에게 바라는 사고방식을 반영한다.

성과: 계획에 따른 결과를 달성하고 행동하기 위한 방향성을 소개한다.

자아: 신뢰감과 융통성을 바탕으로 각 구성원이 어떻게 처신해야 하는가를 다룬다.

동료: 나와 다른 존재를 중시하는 태도, 협동 작업 등을 다룬다.

리더십: 효율적인 업무 조직을 만들고 지향점을 제시하는 데 초점을 맞춘다.

우리는 이 5가지 핵심역량을 널리 알리고 직원 업무평가에도 곧장 반영하기로 했다. 회사가 직원들에게 바라는 행동양식을 알기 쉽게 설명했고 차후에 어떤 긍정적인 변화가 일어나길 기대하는지도 밝혔다. 처음에는 이로 인해 이직하는 인원이 늘어났지만 사내 조사 결과로는 회사의 장래를 긍정적으로 보는 직원들의 비율이 대폭 증가한 것으로 나타났다.

문화 충돌

내가 발견한 우리 회사의 세번째 문제점은 모기업인 닌텐도 본사와 자회사인 닌텐도 오브 아메리카 사이에 존재하는 갈등이었다. 일본은 예나 지금이나 세계의 다른 시장과는 많이 다르다. 인구수가 상당하지만 산이 많은 지리적 특성 탓에 인구 분포가 특정 지역에 지나치게 집중되어 있다. 이러한 인구 과밀화로 주택 크기는 작아졌고 그 안에서 개인공간이 줄어든 대신 가족이 함께 쓰는 공용공간의 비중은 커졌다. 여러 세대가 함께 사는 가구가 많고 고령의 어르신들을 다들 공손히 받들어 모신다. 다른 선진국들에 비해 인종 구성도 무척 단순하다. 미디어 산업 역시 여전히 몇몇 지상파방송 쪽에 집중되어 있다.

비즈니스 관점에서 봤을 때 일본의 비디오게임 시장에서 닌텐도와 경쟁하는 적수는 단 하나, 바로 소니의 플레이스테이션뿐이었지만, 미대륙과 유럽에는 마이크로소프트의 엑스박스라는 또다른 강적이 있었다. 당시 서양에서는 1인칭 슈팅게임이 엄청난 인기를 끌었다. 일본에서는 할머니 곁에서 다 같이 보는 텔레비전으로 그렇게 살육전이 벌어지는 게임을 한다는 걸 아예 상상도 할 수 없었다. 서양 시장에서는 미디어 콘텐츠가 폭발적으로 늘어나는 추세였는데 그 시작은 디지털 유선방송이었고, 이후에는 인터넷을 통한 비디오 스트리밍 서비스가 그 바통을 이어받았다.

결과적으로 일본의 닌텐도 본사와 미국 지사는 전 세계 게임

산업의 미래와 우리 사업의 성장 방안에 관하여 상당히 다른 생각을 갖게 되었다. 내가 닌텐도 오브 아메리카의 사장이 될 무렵 우리 지사 임원들 사이에서는 서양권의 시각이 무시당하고 있다는 불만이 피어오르고 있었다. 닌텐도의 전체 수익과 매출에서 서양 시장이 75퍼센트 이상, 닌텐도 오브 아메리카만 해도 그 비중이 약 50퍼센트에 달했지만 내부 상황은 그러했다.

내가 내놓은 해법은 우리 지사가 맡은 사업 모든 부문에서 일본 본사와 더 많이 소통하는 것이었다. 재무에 관하여 의견을 주고받고, 기술적 인프라와 디지털 비즈니스에 관하여 상의하고, 제품개발을 함께 검토하고, 그러면서 닌텐도 오브 아메리카의 모든 영역에서 본사와의 접촉이 늘었다.

그러나 나는 기능적인 단위에서 의견을 교환하는 데 그치지 않고 우리가 하나의 사업체로서 보다 넓은 범주에서 무엇을 필요로 하고 원하는지를 분명히 전달하고자 했다. 우리 시장에 맞는 특별한 신상품이 필요하다든가, 이쪽 근무 여건에 맞게 디지털 인프라를 구축하고 싶다든가. 나는 교토의 본사 임원들이 회의를 열 때마다 우리 지사가 제 기능을 다할 길이 무엇이고 어떤 결정이 이쪽 사업을 더 키우는 데 도움이 될지 수시로 고려해달라고 요구했다.

이와타씨와 직접 소통하는 빈도도 더 늘렸다. 내가 일본으로, 이와타씨가 미국으로 번갈아 출장을 다닌 덕에 우리는 거의 한 달에 한 번 꼴로 만났다. 그럴 때마다 이와타씨와 나는 다른 사람들과 몇 차례 회의를 갖고 그 뒤에 단둘이서 이야기를 나누었다. 대화 주제는 대부분 단기적인 사업 현안과 게임 시장의 미래에 초점이 맞춰졌다. 나는 그런 자리에서 종종 그에게 논쟁의 소지가 있는 의견을 제시했다. 최종 결정을 촉구하기 전까지 사안을 곱씹어볼 시간을 주기 위함이었다.

이와타씨나 본사 임원들이 미국을 방문하면 우리는 여러 부서 직원들과 함께 저녁식사를 하곤 했다. 이러한 자리는 서로를 더 잘 이해하고 개인적인 이야기나 경험들을 공유할 좋은 기회가 되었다. 하지만 내가 일본에 출장을 갈 때는 본사의 고위 임원들과 저녁을 함께 먹은 적이 거의 없었다. 그건 이와타씨가 내내 쉬지 않고 일하면서 다른 임원들과 늦은 시각까지 회사에 머물렀기 때문이 아니었나 싶다. 그들은 사무실에서 간단히 끼니를 때우고 저녁 시간이 한참 지나서까지 새로운 게임 개발 프로젝트를 논의하는 경우가 많았다.

그런데 내가 닌텐도 오브 아메리카의 사장으로 부임한 초기에 교토를 방문했을 때 이와타씨가 함께 저녁을 먹자고 제안했다. 참으로 감격스러웠다. 이와타씨가 부하 직원에게 같이 저녁을 먹자고 하는 일은 좀처럼 없었기 때문이다. 우리는 교토에서 제일가는 고급 식당으로 향했고, 예술적으로 차려진 예닐곱 가지의 고급 요리를 차례대로 즐겼다.

우리는 식사를 하면서 각자의 어린 시절을 이야기했다. 그러다가 우리 둘 다 어릴 적에 집에 있던 백과사전을 전부 읽었다는 것을 알고는 웃음이 터졌다. 내가 읽었던 시리즈는 26권짜리 『월드북 백과사전The World Book Encyclopedia』이었다. 우리는 마음속에 어떤 열정을 품었는지, 또 어떤 여정 끝에 이렇게 서로 만나게 되었는지를 이야기했다. 이와타씨는 말했다. "레지, 우린 참 닮은 점이 많네요."

"이와타 사장님, 그게 무슨 말씀이신지요?" 그는 세계 정상급 게임 개발자이자 닌텐도의 제4대 사장이었다. 나는 겁 없이 일을 벌이는 마케터이자 디스럽터였고.

"레지, 닌텐도라는 회사는 직원들의 근속기간이 아주 긴 편입니다. 하지만 당신과 나는 외부에서 온 사람들이지요." 그는 2000년에 공식적으로 이 회사에 합류하여 2002년에 사장이 되었다.

"우리에게는 이 회사의 문화를 이해하고 지켜가는 동시에 회사를 계속해서 발전시켜야 하는 아주 특별한 도전 과제가 주어졌습니다. 나는 당신이 자기 의견을 개진하기 전에 이쪽 사람들의 시각을 진심으로 이해하려고 노력해주었으면 합니다. 당신은 너무 강압적인 면이 있어요. 본사 임원들은 물론이고 일반 직원들도 다들 당신을 만족시키고 싶어합니다. 당신이 내는 아이디어는 정말 훌륭해요. 그렇지만 항상 당신 생각이 맞는 건 아닙니다. 그러니 부디 다른 사람들의 관점이 어떨지도 꼭 헤아려주길 바랍니다."

그것은 진심에서 우러나온 충고였다. 그는 이어서 이런 말을 했다. "물론 그건 나한테도 해당되는 말입니다. 나는 닌텐도가 새로운 방향으로 나아가도록 노력하는 중입니다. 미야모토씨와 다른 임원들께서는 아주 오랫동안 이 회사에서 근무해오셨습니다만, 나는 우리의 새로운 여정에 그분들이 반드시 함께하도록 만들 생각입니다."

식사가 끝나갈 즈음 그 말을 듣고서 나는 우리가 상사와 부하 직원 혹은 멘토와 제자의 관계에서 친구 관계로 나아가고 있다고 느꼈다. 그때부터 나는 이와타씨의 폭넓은 시각을 내가 하는 모든 일에 반영하고 받아들이기 시작했다. 닌텐도에서만이 아니라 이후의 삶까지도……

● 혁신을 위한 핵심 ●

모름지기 리더라면 자기 자신을 바로 보는 능력을 갖춰야 한다. 보통 리더라고 하면 제 아이디어를 밀어붙이고 팀원들에게 지금 가진 능력의 120퍼센트를 요구하여 성공을 이루는 경우가 많다. 최고의 리더들은 타인에게 조언을 구하고 그것을 발전의 기반으로 삼을 줄 안다. 내 아이디어에만 얽매여 다른 사람들의 관점을 받아들이지 못하는 꽉 막힌 사람이 되지 말자.

Wii를 출시하다

내가 닌텐도 오브 아메리카의 사장 부임 초기에 내렸던 중대한 결정 가운데 하나는 Wii를 언제 어떻게 출시하느냐는 것이었다. E3를 성황리에 마쳤지만 닌텐도는 이 제품의 자세한 출시 정보를 아직 공개하지 않은 상태였다. 판매 개시일, 제품 가격, 게임기와 함께 구매 가능한 소프트웨어 등을 모두 결정해야 했다. 우리는 2006년 9월 중순에 정보를 공개하기로 계획하고 본사측과 구체적인 사항을 의논하기 시작했다.

이와타씨와 나는 미국 시장에서 Wii를 가장 먼저 출시하기로 곧장 의견을 모았다. 이 전략은 닌텐도 DS를 출시했을 때도 잘 통했고, 우리 지역에는 일본이나 유럽에 없는 대규모 쇼핑 행사 블랙프라이데이가 있기 때문이었다. 또한 우리는 초기 출하분 중 가장 많은 물량을 닌텐도 오브 아메리카에 공급하기로 했다.

하지만 E3에서 고객사 프레젠테이션을 준비할 때와 마찬가지로 〈Wii 스포츠〉를 어떻게 활용할지를 두고서 또다시 입씨름이 벌어졌다. 신비한 매력이 있는 게임이라는 점은 두말할 필요가 없었다. 또 Wii 리모컨에 의해 게임을 즐기는 방식이 어떻게 변화하고 닌텐도의 고객 저변이 얼마나 넓어지는지를 확실히 보여줄 수단이기도 했다. 당시에 본사 개발팀은 열정적인 게이머들을 만족시키기 위해 이 게임에 깊이를 더해줄 요소를 몇 가지 추가하고 있었다. 여러 명이 함께 즐길 수 있도록 경쟁 요소를 포함시켰음은 물론이다.

나는 모든 구매자가 이 멋진 콘텐츠를 접할 수 있게 〈Wii 스포츠〉를 Wii 본체와 패키지 구성으로 묶어서 내자고 주장했다. 그러나 이와타씨는 이 제안을 들은 뒤, 오랫동안 입을 꾹 다물었다. 형광등 안정기의 웅웅거리는 소리가 귓가에 어렴풋이 들리고 내가 무안함을 느낄 정도로 한참을 있다가 그는 나직하게 말했다. "레지, 닌텐도는 귀중한 콘텐츠를 공짜로 나눠주지 않습니다. 우리 직원들은 특별한 경험을 창출하기 위해 열심히 노력하고 있어요. 〈Wii 스포츠〉는 소비자들에게 우리 게임기를 구매하도록 동기를 부여하는 독특한 소프트웨어입니다. 그리고 우리는 이런 게임들이 아주 오랫동안 잘 팔릴 것으로 내다보고 있어요. 아무래도 안 될 말입니다. 〈Wii 스포츠〉를 패키지식으로 내서는 안 돼요."

나는 즉각 반박했다. "이와타 사장님, 우리 소프트웨어의 가치는 저도 잘 압니다. 항상 독특한 소프트웨어가 닌텐도를 차별화해왔다는 것도 잘 알고요. 하지만 말이죠, 아시다시피 Wii는 비디오게임 역사에서 정말 특별한 콘셉트를 자랑하는 게임기입니다. Wii는 독특한 게임 방식에 중점을 두고 있죠. 이 기기의 목표는 현재의 작은 틈새시장을 벗어나 게임을 대중적인 영역으로 확장시키는 겁니다. 〈Wii 스포츠〉에는 그렇게 할 힘이 있어요. 〈Wii 스포츠〉는 Wii를 가진 모든 게이머를 하나로 이어줄 수 있을 겁니다. 또 소비자들에게 얼른 이 게임기를 구해서 남다른 재미를 느끼고 싶다는 그런 마음이 막 샘솟게 할 테고요."

나는 한마디를 덧붙였다. "그리고 말입니다, 이와타 사장님, 닌텐도는 이미 게임기 판촉을 위해 소프트웨어를 묶어서 낸 전례가 있습니다." 실제로 나는 오래전 〈슈퍼 마리오 월드〉가 동봉된 SNES를 구매했던 경험이 있었다.

이날의 대화는 이후 몇 달간 계속된 기나긴 토론의 서막에 불과했다. 나중에 이 방향이 옳다고 이와타씨를 겨우 설득했지만, 개발부서 총책임자인 미야모토씨도 상대해야만 했다. 나는 2006년 7월에 간 교토 출장에서 새로 개발된 게임을 접한 뒤 그간의 노력이 어느 정도 진전을 이루었다고 느꼈다.

"레지, Wii를 출시할 때 소비자들 마음을 확 끌 만한 소프트웨어를 같이 제공하자는 당신 생각은 잘 알겠어요." 미야모토씨는 이와타씨, 마이크 후쿠다가 함께한 회의에서 통역사를 통해 이렇게 말했다. "일단 이 게임을 봐주세요. 우리는 당신이 제시한 아이디어에 〈Wii 스포츠〉 대신 이 게임을 활용하자는 생각입니다." 개발팀은 내게 〈처음 만나는 Wii〉의 초기 버전을 보여주었다. 이 소프트웨어는 Wii 리모컨의 기능과 활용성을 잘 보여주는 몇 가지 미니게임을 담고 있었다. 일찍이 E3에서 공개했던 게임들을 조금 더 보완하여 한데 모은 것이었다.

수록된 게임들 자체는 재미있었다. 처음에 해본 것은 사격이었다. 그다음은 탁구였고 포켓볼도 있었다. 하지만 전체적인 주제나 구성 면에서 〈Wii 스포츠〉 같은 응집성이 부족했다. 그리고 몇 시간씩 몰입해서 즐길 정도로 깊이가 있지도 않았다. 음식으로 말하자면 솜사탕 같았다. 한순간 즐겁기는 하나 딱히 포만감을 주지는 못하는 그런 것.

"미야모토씨, 이 미니게임들은 전부 재밌네요. 개발팀 여러분이 이 게임들을 E3에서 공개한 이후에 얼마나 공들여 보완했는지 잘 알겠어요. Wii 리모컨의 기능도 정말 멋지게 활용했고 말이죠." 나는 곧바로 내 생각을 밝혔다. "그치만 여기에서 〈Wii 스포츠〉가 주는 그런 충실한 느낌은 못 받을 것 같습니다. 이 소프트웨어는 게임기와 묶어서 내더라도 〈Wii 스포츠〉를 같이 내는 것만큼 효과가 나지는 않을 겁니다."

하지만 내게는 다른 생각이 있었다. "사실 방금 아이디어가 하나 떠올랐어요. 이 미니게임 컬렉션을 Wii 본체랑 패키지로 내지 말고 Wii 리모컨을 판매할 때 판촉용으로 같이 주는 건 어떨까요?" 회의실에는 15초가 지나도록 정적만 흘렀다.

이윽고 마이크 후쿠다가 침묵을 깨고 일본어로 무언가를 말했다. 나는 이와타씨와 미야모토씨의 표정을 유심히 지켜보다 그 뒤에 들려온 영어 통역에 귀를 기울였다. "레지의 말이 맞아요. 우리 목표대로 소비자들에게 이 Wii라는 기기를 빨리 이해시키는 데는 〈Wii 스포츠〉가 훨씬 낫습니다. 또 이 미니게임들은 우리 시장에서 제값을 요구할 만큼 완성도가 높지도 않고요. 이 소프트웨어를 최대한 우리 목적에 맞게 쓰려면 어찌해야 할지 생각해볼 필요가 있겠네요. 이 게임을 별도판매하는 Wii 리모컨에 끼워 넣는 건 이례적인 일이지만, 소비자들에게 Wii 리모컨을 더 많이 공급하는 데는 도움이 되겠지요."

그렇게 해서 마이크와 나는 두 가지 패키지 제품에 대한 동의를 얻고자 했지만, 그 모습에 세계 최고의 게임 기획자는 불편한 심기를 드러냈다. 미야모토씨 특유의 환한 미소와 장난기 어린 눈빛은 자취를 감춘 지 오래였다. 그의 목소리는 단호했다. "아니, 두 분은 사람들이 두루 좋아할 게임을 만드는 노고가 어떤지를 몰라도 너무 모르십니다. 이건 우리가 각고의 노력을 다해서 만든 작품이에요. 우리 소프트웨어를 거저 줄 마음은 없다는 말입니다."

그러나 이와타씨는 이미 우리 아이디어에 흥미를 느끼고 있었다. "미야모토씨, 후쿠다씨와 레지씨도 게임 개발진의 노고는 분명히 높이 평가하고 있습니다. 다만 저쪽 시장은 이곳 일본과 사정이 다르기 때문에 저분들 나름대로 해법을 찾으려는 겁니다." 그는 서양과 일본의 인기 게임 장르가 얼마나 다른지 논하며 우리 쪽 시장 상황을 설명했다. 그리고 2005년 말에 마이크로소프트가 새로 출시한 엑스박스 360이 서양 시장에서 얼마나 잘나가고 있는지도 이야기했다. 닌텐도 본사측에 우리 지사가 원하고 필요로 하는 것들을 지속적으로 알려온 노력이 단단히 뿌리내리는 순간이었다.

이날의 회의는 합의를 보지 못한 채 끝이 났다. 우리 의견에 동조하는 사람들도 많지 않았다. 하지만 끝내는 모든 서양 시장에서 Wii와 〈Wii 스포츠〉를 패키지 구성으로 내자고 미야모토씨와 이와타씨를 설득하는 데 성공했다. 그 대신 일본에서는 〈Wii 스포츠〉를 독립된 소프트웨어로 판매하기로 했다.

결과적으로 이 결정은 2가지 판매 방식을 시험하는 모양새가 되었다. Wii는 전 세계 게임기 판매 개수에서 신기록을 세웠다. 가장 많이 팔린 지역은 미대륙과 유럽으로, 이들 시장에서는 술집과 양로원, 유람선 내에서 〈Wii 스포츠〉를 여럿이 함께 즐기고 경쟁하는 현상이 나타났다. 이 소프트웨어를 Wii와 묶어서 내자고 제안한 것은 용감한 결정인 동시에 옳은 결정이었다.

〈처음 만나는 Wii〉와 Wii 리모컨을 패키지로 내는 것 역시 옳은 결정이었다. 이 묶음 상품은 일본을 포함하여 전 세계적으로 판매되었고 〈처음 만나는 Wii〉는 Wii 역사상 다섯번째로 가장 많이 팔린 게임이 되었다.

● **혁신을 위한 핵심** ●

계속해서 어려운 결정에 부딪히기를 마다하지 마라. 그러한 상황을 회피하지 않고 최대한 좋은 쪽으로 활용할 줄 알아야 한다. 까다로운 결정을 앞두었을 때는 주어진 사안을 여러 각도에서 심사숙고하라. 단 아무리 어려워도 결정은 꼭 내릴 것! 이후의 결과에 순응하는 것은 물론이다.

굳은 믿음에는 용기가 필요하다

닌텐도가 Wii와 DS를 생산하고 판매했던 수년간 우리는 여러 차례 용단을 내렸다. 일례로 닌텐도는 2008년과 2009년에 두 게임기의 생산량을 대폭 늘리기로 했다. 그런데 제품 생산과 유통에 소요되는 시간 때문에 이 결정은 당해 연도보다 무려 일 년을 앞서서 내려야만 했다! 각 제품을 전 세계적으로, 그것도 2년 연속으로 2,000만 대씩 팔 수 있으리라고 확신을 갖는 데는 깊디깊은 사업적 통찰이 필요했다. 물론 크나큰 용기도.

닌텐도 오브 아메리카가 내린 또하나의 용감한 결정은 wii에 넷플릭스Netflix 온라인 서비스 기능을 추가한 것이었다. 우리가 이 아이디어를 밀고 있던 2009년에 넷플릭스는 이제 막 DVD 대여 사업에서 온라인 비디오 스트리밍 사업으로 그 비중을 옮겨가던 중이었다. Wii에는 다른 경쟁사들 제품과는 달리 DVD 재생 기능이 없었기에 우리는 당시 넷플릭스가 확장에 힘쓰던 온라인 비디오 구독 서비스로 승부를 걸 참이었다. 이 기능은 처음부터 북미 지역에만 적용할 계획이었다. 유럽에서는 넷플릭스 서비스를 소비하는 규모가 비교적 작은 편이었고 일본에서는 아예 없다시피 했으니까. 닌텐도 본사 사람들은 이 사업에 어떤 가능성이 있는지 전혀 가늠하지 못했다.

이 시기에 이르러 닌텐도 오브 아메리카는 의사결정을 과감하게 할 뿐 아니라 타당하게 하는 것으로도 정평이 나 있었다. 이에 일본 본사의 지지를 얻어 우리는 2010년 1월부터 Wii에 넷플릭스 기능이 추가된다고 발표했다. 그렇게 여럿이서 즐길 수 있는 〈Wii 스포츠〉에 더하여 넷플릭스까지 품으면서 Wii는 거실 텔레비전의 필수 동반자가 되었다. 그리고 그해 연말까지 Wii는 비디오게임 역사상 가장 빠른 속도로 팔려 나갔다.

리더는 항시 어려운 결정에 부딪힌다. 원활하게 돌아가는 조직에서는 각 구성원에게 제 나름의 권한이 있고 쉬운 결정일수록 그 집단의 하부에서 내려지기 때문이다. 가장 골치 아프고 후폭풍이 큰 사안에 관한 결정은 리더에게 맡겨진다.

물론 리더라고 해서 특별히 미래를 내다볼 방법이 있을 리 만무하다. 아무리 높은 자리에 있어도 어떤 결정이 제대로 통할지 어떨지 미리 알 길은 없다. 하지만 리더는 눈앞의 과제를 두고 여러모로 궁리한다. 지금과는 다른 시각으로 문제를 보고자 논의의 폭을 넓히고 거듭 검토에 임한다. 그리고 마침내 필요한 결정을 내리고 그 결과를 받아들인다. 나 스스로 결정을 내리고 밀어붙이기 전에 다른 사람들의 관점을 헤아리라던 이와타씨의 조언은 이 과정에서 끊임없이 새로운 교훈을 안겨주었다.

14

돌고 돌아서 마침내

비디오게임 산업의 독특한 점은 기업들이 성공하기 위해서 혁신의 속도를 거의 일정하게 유지해야 한다는 것이다. 일반적으로 닌텐도 오브 아메리카에서는 한 해에 50개가 넘는 신상품이 출시된다. 다양한 신작 게임과 새로운 부가장치, 기존 제품에서 기능과 디자인이 변경된 하드웨어 등이 놀랄 만큼 빠르게 쏟아져 나온다. 이런 일을 잘 해내려면 기업 안팎의 구성원들에게 참신한 아이디어를 전달하고자 노력하는 견실한 문화가 필요하다. 우리 제품을 구매하는 소비자들과 다양한 협력업체 및 우리 회사 직원들에게 놀라움과 기쁨을 안겨줄 방법을 부단히 고민해야 하는 것이다.

닌텐도 DS나 Wii 같은 비디오게임기는 대략 7년을 주기로 파괴적인 도약을 이루며 다음 세대로 넘어가야 한다. 새로운 10년을 준비해야 할 무렵인 2010년에 닌텐도는 다음 혁신을 일구려 한창 애쓰고 있었다. 그때 찾던 것은 판매량이 무려 1억 대를 넘은 대히트작, 바로 닌텐도 DS의 뒤를 이을 환상적인 기기였다. 닌텐도는 그간 소비자들의 다양한 건의 사항을 현실화할 기술에 대해 줄곧 고민해오던 중이었다.

소비자 행동 패턴을 바탕으로

내가 신제품 개발 논의에 참여한 이래로 우리의 초점은 게임 방식에 혁신을 불러올 소비자들의 3가지 주요 행동 패턴에 맞춰졌다. 첫번째는 일상적으로 인터넷에 접속하는 경향이었다. 스마트폰의 도입으로 증대된 온라인 연결성은 Wi-Fi 보급과 함께 모든 휴대용 전자기기로 확산되었다. 우리는 소비자들이 닌텐도의 신형 휴대용 게임기를 소지한 채 서로 엇갈려 지나치거나 무선인터넷에 접속하여 게임 정보를 업데이트하고 새로운 경험을 하는 모습을 상상했다. 이는 '모름지기 소비자라면 새로운 디지털 기술을 통해 항시 놀라운 경험을 하길 원할 것'이라는 우리의 믿음에도 딱 들어맞았다.

소비자들의 행동 패턴 그 둘째는 언제 어디서나 즐길 수 있게 게임을 직접 다운로드하려는 욕구가 커지고 있다는 것이었다. 물론 그 대상은 규모가 크고 온갖 콘텐츠를 꽉꽉 채운, 이쪽 업계 용어로는 트리플에이^{AAA}라고 하는 게임일 수도 있고 요즘 휴대폰 게임 시장에서 유행하는 용량이 작고 단순한 게임일 수도 있다. 우리는 이 모든 경험을 아우르는 닌텐도의 온라인 게임숍이 플레이스테이션과 엑스박스, 애플, 구글의 콘텐츠 판매장과는 분명히 차별화되리라고 믿었다. 그리고 신제품의 우선적인 목적이 닌텐도 DS를 대체하는 것이었던 만큼 우리에게는 다른 가정용 게임기 제조사들이 갖지 못한 휴대성이라는 장점도 있었다.

　소비자들의 주요 행동 패턴 가운데 셋째는 3D 입체영상 콘텐츠에 대한 관심이 차츰 늘고 있다는 것이었다. 3D 영화는 1950년대 이래로 영화관에 종종 등장했으나 초기 작품들은 그 수준이 열악했다. 이후 1980년대 들어 《죠스^{Jaws}》와 《13일의 금요일^{Friday the 13th}》 같은 인기 영화 시리즈를 통해 새로운 경험을 할 수 있었지만 3D 영상은 필수 요소가 아니라 액세서리 같은 느낌이었다. 영화 내에서의 역할이라고는 상어가 연구실을 향해 돌진한다거나 칼날이 눈앞으로 가까이 다가오는 장면 등에서 관객의 비명을 유발하는 것뿐이었다. 이 기술이 제대로 뿌리를 내린 것은 영화 《아바타^{Avatar}》가 대성공을 거두고 3D 안경이 극장에서 쓰이면서부터다. 2010년에 이르러 가전업체들은 3D 텔레비전을 생산·판매하게 되었고 이러한 기술을 토대로 다양한 콘텐츠가 만들어졌다.

　닌텐도는 3D 그래픽 기술과 관련하여 길고도 복잡한 역사를 갖고 있었다. 1990년대 초에 닌텐도는 3D 그래픽으로 게임의 몰입 효과를 높이는 방법을 여러모로 실험했다. 이 실험은 2가지 방향으로 나뉘었는데, 하나는 전통적인 가정용 게임기 제작 기술과 영상미를 갖춘 닌텐도 64의 탄생으로 이어졌고 또다른 하나는 1995년에 3D 착시 기술을 적용한 버추얼보이[Virtual Boy]의 출시로 이어졌다.

버추얼보이는 나름대로 흥미롭지만 개발이 완전치 못한 제품이었다. 이 기기를 사용하려면 두툼한 고글 형태의 본체를 탁자 위에 올리고 접안렌즈에 눈을 바짝 댄 채 적색과 흑색만으로 이루어진 게임 화면을 보아야 했다. 버추얼보이를 접해보지 못했던 나는 나중에 그것을 선물 받고 나서야 어떤 게임기인지 알게 되었다. 제품 출시 당시에 소비자들에게는 어떻게 와닿았을지 모르겠으나 직접 써보니 조잡하다는 느낌이 강했다. 출시된 게임 개수도 손에 꼽을 만큼 적었다. 결국 상업적으로 완전히 실패한 버추얼보이는 금방 버림받기에 이르렀고, 관련 인력은 닌텐도 64와 3D 폴리곤 이미지를 활용한 오픈 월드형 게임을 개발하는 쪽으로 재배치되었다.

그러나 닌텐도는 포기하지 않고 몰입감 높은 3D 게임을 만들 방법을 찾았다. 성가신 안경이나 별도의 연결장치 없이 진짜 입체영상을 재현하겠다는 일념으로 다양한 기술을 연구했다. 그리고 마침내 2010년, 더욱 발전된 액정 화면과 빨라진 그래픽 처리 속도, 정교한 게임 조작과 이미지 구현을 가능케 한 고성능 집적회로가 한데 모이게 되었다. 우리는 그해 3월에 닌텐도

3DS^{Nintendo 3DS}를 발표하고 6월에 열린 E3 행사에서 실물을 공개했다.

백문이 불여일견

닌텐도 3DS는 역사상 가장 많이 팔린 휴대용 게임기의 계승자가 되기에 충분했다. E3 행사에서 우리는 첫 프레젠테이션을 마치며 3DS를 직접 보여주고 '백문이 불여일견^{Seeing Is Believing}'이라는 슬로건을 강화하기 위해 관객석으로 150명이 넘는 게임 시범 인원을 투입했다. 참가자들의 반응은 엄청났다. 그해 행사에서는 Wii로 출시될 '마리오'와 '젤다의 전설' 신작도 공개했다. 하지만 가장 큰 환호는 이전의 닌텐도64용 게임들을 진짜 3D 그래픽으로 되살릴 것이라고 밝힐 때 쏟아져 나왔다. 특히 역대 최고의 비디오게임 중 하나로 손꼽히는 〈젤다의 전설: 시간의 오카리나〉는 온 발표회장을 들썩이게 했다. 20여 년 전 같은 목적을 두고 따로따로 개발된 버추얼보이와 닌텐도64의 유산이 하나로 합쳐지는 순간이었다.

나는 닌텐도 3DS의 증강현실^{Augmented Reality: AR} 기능을 소개할 때 무척 가슴이 설렜다. 오래전부터 기술 전문가들은 완벽한 가상현실^{Virtual Reality: VR}의 가능성을 이야기해왔다. 하지만 지금까지 그러한 콘텐츠와 경험은 구현되지 못한 상태였다. 닌텐도 3DS는 후면에 장착된 두 개의 카메라로 AR 게임을 즐길 수 있었고 제품 자체에 AR 기능을 체험할 수 있는 요소들도 딸려 있었다. 그러나 무엇보다 중요한 것은 이 콘텐츠가 재미있을 뿐 아니라 앞으로 AR에 더 큰 가능성이 있음을 증명했다는 점이었다. 실제로 2016년 애플의 iOS와 구글의 안드로이드 기기용으로 전 세계에 출시된 모바일 AR 게임 〈포켓몬 GO〉는 10억이 넘는 다운로드 횟수와 매달 1억 5,000만 명 이상의 사용자 수를 기록했다.

　E3 행사와 2010년 가을 동안 있었던 몇 차례의 발표는 닌텐도 3DS의 출시에 차곡차곡 힘을 더했다. 그러나 이 일련의 과정은 다시 한번 나와 이와타씨의 의견충돌로 이어졌다. 그해 12월에 열린 한 회의에서 우리는 출시 예정 게임들을 모두 살펴보았다. 나로서는 정말 실망스러운 정보로 가득했다. 일단 닌텐도가 출시할 게임이 두 개밖에 없었다. EA나 액티비전 같은 파트너 개발사들이 3DS와 동시 발매할 게임도 다 해봐야 15개 남짓이었다. 계획대로 2011년 3월부터 게임기를 팔고 연말까지 기세를 쭉 높여가기에는 초기 출시작들이 영 부실했다. 게다가 서양 시장에서 가장 기대를 모으던 〈젤다의 전설: 시간의 오카리나 3D〉는 출시 예정표에 이름도 올리지 못한 상태였다.

혁신의 값어치

　이윽고 회의 주제는 소프트웨어 출시 일정에서 신형 게임기의 가격으로 넘어갔다. 나는 먼저 내 생각을 말했다. "이와타 사장님, 출시 가격을 정하는 데 있어서 우선 닌텐도 3DS와 관련된 전체 상품들을 고려할 필요가 있습니다. 우리가 3D 기술로 고객들에게 제공할 입체적인 경험은 정말 재미있고 또 앞으로의 잠재력 역시 상당하다고 봅니다. 하지만 기기와 동시 발매할 게임들이 많지 않다는 것이 염려스럽습니다. 저는 보다 공격적인 가격 정책을 펼쳐야 한다고 판단하여 이 제품을 미국에서 199달러에 출시했으면 합니다."

그러자 이와타씨는 곧장 반박했다. "레지, 우리가 지금까지 더 높은 가격을 줄곧 논의하지 않았던가요? 당신도 알겠지만 이 기기는 제조 단가가 비쌉니다. 그리고 Wii와 DS처럼 현재 시장에 나와 있는 우리 상품들을 위해서도 가격 문제는 신중하게 다룰 필요가 있어요. 지금은 판매가를 더 높이는 데 초점을 맞춰야 합니다."

당시 미국에서 Wii는 199달러에 팔렸지만 우리 지사는 한참 전부터 가격을 낮춰야 한다고 느끼고 있었다. 인터넷 연결성을 위시하여 일부 기능이 빠진 Wii의 새로운 보급형 모델에 관해서도 논의가 진행되었지만, 우리 쪽 시장에서는 관심 밖의 이야기였다. 기존의 기능을 모두 갖춘 오리지널 Wii는 149달러로 가격을 조정할 필요가 있었고 게임기 역사상 최다 판매량을 기록한 플레이스테이션2를 왕좌에서 몰아내려면 최종적으로는 99달러까지 낮추는 것이 좋았다.

"레지, 당신도 알다시피 앞으로도 Wii의 생산원가를 줄이기는 어려울 겁니다." 이와타씨가 말을 이었다. "지금까지 Wii를

8,000만 대 이상 팔았지만 본체와 Wii 리모컨을 생산하는 데 드는 부품 비용이 여전히 만만치 않아요. 아무래도 당신이 원하는 수준까지는 가격을 내리지 못할 것 같군요."

● **혁신을 위한 핵심** ●

판을 뒤흔드는 파괴적인 혁신에는 여러 가지 형태가 있는데, 그중 하나가 가격에 기반한 혁신이다. 다가가기 쉬운 가격으로 넓은 소비자층에 일거다득의 혜택을 안겨주는 전략은 시장을 크게 뒤집을 수 있다. 실제로 빅풋 피자가 그랬다. 실현만 되었다면 모든 기능을 갖춘 99달러짜리 Wii 역시 그랬을 것이다.

헛스윙

그렇지만 그날은 굳이 이야기의 방향을 틀어 기존 게임기들의 가격을 논할 때가 아니었다. 내 경험상 그러한 부류의 논의에는 조심스레 접근해야 할 뿐 아니라 원하는 결과를 내려면 타이밍을 잘 잡는 것이 무엇보다 중요하다. 일단 이 회의에서는 닌텐도 3DS를 성공적으로 출시할 방법만 생각하고 싶었다.

"이와타 사장님, Wii와 관련된 큰 계획이나 가격 문제는 다음 번에 상의하시죠. 지금 확실히 해야 할 건 3DS를 제대로 출시하는 일이라고 봅니다. 아마 닌텐도 팬들은 우리 예상대로 이 신제품이 출시되자마자 앞다퉈 구입할 겁니다. 다들 닌텐도가 만든 게임들을 사랑하고 이 회사가 항상 멋진 게임을 선사한다는 걸 아니까요. 하지만 스마트폰이 등장하고 이 신문물이 소비자들에게 다채로운 경험을 안겨주기 시작한 이래로 우리는 점점 더 큰 압박을 받고 있습니다. 게다가 현재 계획상으로는 새로 나올 3DS용 게임들 가격을 전작인 DS용 게임들보다 더 높이 책정하기로 되어 있죠. 그러니까 이런 요소를 전부 고려해야 합니다. 저는 3DS가 오랫동안 성공을 거두길 바라고 이 목표를 이룰 가장 좋은 방법이 출시 가격을 199달러로 잡는 것이라고 믿습니다." 나는 그렇게 내 뜻을 강하게 피력했다.

"레지, 자세한 출시 정보를 발표할 때까지 아직 몇 주가 남았어요. 당신의 의견은 내가 더 생각해보고 다른 임원들과도 상의해보겠습니다. 이 건은 내년 1월 초에 다시 이야기합시다."

이후 크리스마스가 지나고 교토에서 다시 만난 이와타씨는 이렇게 말했다. "레지, 3DS를 199달러에 내고 싶은 마음은 이해합니다. 하지만 우리 계산으로는 그 가격에 내는 게 불가능해요. 당신도 알겠지만 손해를 봐가면서 하드웨어를 파는 건 우리 입장에서 영 내키지 않는 일이죠. 판매가를 219달러나 229달러 정도로 잡는 건 어떨까요?"

서양 시장에서 그런 가격을 매긴다는 건 말이 안 되는 짓이었다. 가격을 책정하는 방식이 일본과는 완전히 다르기 때문이다.

서양 시장에서 소매가는 기업들이 단순히 제안만 할 수 있을 뿐 지정하지는 못한다. 일부 유럽 국가에서는 제조사가 소매업체와 가격을 어떻게 매길지 논의조차 하지 못한다.

게다가 미국에서는 100달러가 넘는 상품의 경우 소매상들이 보통 금액 끝 단위를 49달러나 99달러로 맞추길 선호한다. 따라서 이런 현실을 반영한 닌텐도 3DS의 예상 소매가는 199달러 아니면 249달러였다.

우리 쪽 시장에서 게임기의 유통마진은 대략 4퍼센트 정도로 낮은 편이었다. 그래서 우리가 219달러나 229달러를 제안한다 해도 판매업체들은 소비자가격을 그냥 249달러로 책정하고 더 큰 차익을 취할 가능성이 컸다. 만약 일이 그렇게 돌아가면 우리의 수익을 극대화할 기회가 날아갈 뿐 아니라 다음 세대 하드웨어를 출시할 때 소매상들이 4퍼센트 수준의 마진으로 돌아가길 꺼리는 문제까지 생길 수 있었다.

나는 이런 현실을 알기에 이와타씨의 요청을 받아들일 수 없었다. "아뇨, 이와타 사장님, 말씀하신 가격은 저희 쪽 유통업체들의 계산 방식으로 보면 말이 되지 않는 숫자입니다. 199달러 아니면 249달러, 이 둘 중에 하나여야 해요. 저는 199달러로 정하길 강력히 추천 드리는 바이고요."

이와타씨는 고개를 저으며 말했다. "아니오, 그건 불가능한 일입니다. 그럼 249달러로 하는 수밖에 없군요."

그렇게 결정은 내려졌고 내 임무는 최선을 다해 신제품 출시 준비에 임하는 것으로 좁혀졌다.

● 혁신을 위한 핵심 ●

나는 중요한 결정을 내리거나 혁신적인 아이디어를 제시하고 설득하는 일을 야구의 '평균 타율'에 대입하여 생각한다. 이때 고려하는 통계치는 2가지다. 시장 반응을 토대로 어떤 결정이 좋았고 나빴는가, 그리고 내 아이디어 중 어떤 것이 동의를 얻었고 얻지 못했는가.

우수한 리더들은 이 2가지 영역에서 모두 평균 타율이 높다. 나는 의사결정에서 7할 5푼, 아이디어 쪽에서 9할 5푼의 타율을 올리려고 노력해왔다. 아직까지 한 번도 도달하지 못한 높디높은 목표지만 말이다.

그러나 세상 누구도 매 타석에서 안타를 기록하지는 못한다. 내 모든 결정이 옳을 리 없고 모든 회의가 내 생각에 대한 동의로 끝날 리 없다.

나는 3DS 출시 가격을 199달러로 하자고 경영진을 끝내 설득하지 못한 것이 닌텐도에서 겪은 최대의 실패라고 보았다. 야구로 치면 크게 헛스윙을 날린 셈이다. 하지만 숙련된 솜씨로 열심히 배트를 휘두르다 보면 헛스윙보다는 안타가 더 많이 나오기 마련이다.

당시의 일은 이와타씨와 내 생각이 끝까지 일치를 보지 못한 정말 몇 안 되는 사례 중 하나였다. 닌텐도 본사의 일부 고위 임원들은 서구 시장의 전반적인 생리를 전혀 이해하지 못했다. 미디어산업 지형부터 그 무렵 한창 떠오르던 전자상거래라든가 온·오프라인의 다양한 판매경로를 동시에 활용하는 다채널 소매업 등 모든 것이 그들로서는 알쏭달쏭할 뿐이었다.

나는 일본 밖의 비즈니스 사정을 더 잘 이해시키고자 모든 방면에서 본사 고위 임원들과의 소통을 더욱 강화했다. 그리고 이와타씨에게 나를 닌텐도의 글로벌경영위원회 일원으로 넣어달라고 요청했다.

간극을 줄이다

당시에 닌텐도는 오래된 일본식 기업지배구조로 운영되고 있었다. 이사회는 회사의 대표이사 2, 3명과 외부감사인 2, 3명으로 구성되었는데 실제로 개최되는 경우는 드문 편이었다. 진짜 중요한 결정을 내리는 자리는 사내의 경영위원회였다. 이 모임은 이와타씨와 미야모토씨, 닌텐도의 글로벌 최고재무책임자(내가 입사한 초기에는 모리 요시히로森義博씨가 맡았고 2013년부터는 미국 지사에서 일본 본사로 이동한 키미시마 타츠미씨가 맡았다), 글로벌라이선싱 겸 일본 내 영업·마케팅 책임자(하타노 신지波多野信治씨), 하드웨어 연구·개발 책임자(타케다 겐요竹田玄洋씨)로 이루어져 있었다.

위원회는 격주로 회의를 열어 회사의 장단기 계획들을 의논했다. 다들 게임 비즈니스의 역사와 닌텐도의 철학을 누구 못지않게 잘 아는 사람들이었다. 그러나 서양 시장에 관한 상업적 지식은 거의 없다시피 했다. 결국 이들은 닌텐도 3DS의 출시 가격을 249달러로 하는 데 뜻을 모았다.

나는 중요한 의사결정권을 지닌 이 모임에 서양의 사업적 시각을 접목해야 한다며 이와타씨를 졸랐다. 그도 그럴 필요성은 있다고 보았지만 항상 내 요청을 받아들이지 않았다. 내가 사장에 부임한 뒤 닌텐도 오브 아메리카의 이사회 의장을 맡은 키미시마씨는 매달 일본 본사를 방문하여 경영위원회에 참석하곤 했다. 그때마다 그가 우리 지사의 활동성과를 보고한 것은 분명하지만, 우리가 무엇을 주된 원동력으로 삼아 실적을 냈고 앞으로 어떤 문제가 생길 위험이 있는지 또 그 해결책이 무엇인지를 더 자세히 아는 쪽은 두말할 필요도 없이 나였다.

하지만 이와타씨는 나를 끝끝내 이 경영위원회에 불러주지 않았다. 그 대신 그의 사후에 닌텐도 제5대 사장이 된 키미시마씨가 기존의 체계를 변경하여 새로운 임원단 회의를 조직했다. 그리고 나는 그 자리에 이름을 올린 최초의 미국인이 되었다.

● 혁신을 위한 핵심 ●

세계적인 기업을 효과적으로 운영한다는 것은 곧 현재 진출한 주요 시장들의 복잡다단한 특성을 훤히 꿴다는 뜻이다. 물론 누구도 그런 일을 혼자 하지는 못한다. 큰 사업을 성공적으로 이끌려면 한 지역을 잘 알고 다른 지역의 사업 관행에도 두루 관심을 가진 리더들의 도움이 필요하다. 세계적인 시각을 갖춘 이들로부터 각지의 독특한 사업 방식이나 선호 사항 등을 서로 돌아가며 배우는 것이다. 이런 과정을 거친 뒤에는 수시로 각 시장의 공통점을 찾고 전 세계를 아우르는 바람직한 해결책을 도출하는 데 힘써야 한다.

닌텐도 3DS는 일본에서 2011년 2월 하순에, 서양 시장에서는 같은 해 3월 하순에 출시되었다. 사전 주문량이 굉장히 많았고 처음 몇 주간은 이례적인 수준의 판매량을 기록했다. 그해 3월 말일에는 전 세계 판매량이 360만 대를 훌쩍 넘었다. 그 무렵에 나온 신형 게임기들 가운데서 성적이 가장 좋았고 연말연시의 쇼핑 시즌을 벗어나서도 잘 팔렸다는 점에서 특히 의미가 있었다.

그러나 얼마 지나지 않아 판매가 부진해지기 시작했다. 내 예상대로 닌텐도의 대다수 열성팬들은 3DS를 향해 우르르 몰려들었다. 그러나 시장 전체로 보면 회의적인 반응이 컸다. 아니나 다를까 비싼 소비자가격과 동시 발매 소프트웨어가 부족하다는 단점이 쌍으로 악영향을 미치고 있었다.

대전환

4월과 5월 중에 나와 이와타씨는 다음 단계로 무엇을 할지 많은 대화를 나누었다. 이후 출시 예정작으로는 굉장한 소프트웨어들이 준비되어 있었다. 닌텐도 게임으로는 〈젤다의 전설: 시간의 오카리나 3D〉〈스타폭스 64 3D〉〈슈퍼 마리오 3D 랜드〉〈마리오 카트 7〉이 있었고 다른 개발사들의 게임으로는 '레지던트 이블' '피파' '심즈' 시리즈의 신작이 있었다. 하지만 역시나 계획을 원활하게 진행하려면 3DS 본체의 가격을 조정할 필요가 있었다. 그래서 나는 다시 한번 이 사안을 꺼내들었다.

"이와타 사장님, 기기 가격을 50달러만 낮춘다면 판매에 더 탄력이 붙을 겁니다. 제 생각에는 신작 게임들이 나오는 초가을에 가격을 인하하는 게 좋을 것 같은데요. 그때까지는 저희 시장의 유통업체들한테 닌텐도 3DS를 어떻게든 계속 밀어 달라고 할 수 있을 겁니다."

"레지, 나도 당신이 미대륙의 고객사들을 잘 붙들 수 있을 거라고 믿습니다. 지금까지 그쪽 업체들의 요구 사항도 잘 관리했고 시장에 풀린 재고도 적절하게 유지해왔으니까요. 문제는 다른 시장들 상황이 아주 어렵다는 겁니다. 소매상들이 출시 초기에 재고를 엄청나게 가져갔는데 이제는 그걸 우리한테 다시 받아달라고 계속 조르고 있어요."

이런 일은 섣불리 진행했다가 난감한 결과를 맞을 수도 있다. 제조사 입장에서는 상품들이 처음 출고된 상태 그대로 깨끗

하게 돌아오길 바란다. 그러나 유통업체들은 이미 포장을 뜯은 물건까지 포함해 재고란 재고는 죄다 반환하려고 한다. 그 결과 정상적인 가격으로는 다시 팔지 못하는 하자품이 발생하고 만다.

"사장님, 그 요청은 받아들이시면 안 될 것 같습니다. 한 지역만 그렇게 처리해도 나중에 전 세계시장으로 문제가 번질 위험이 있어요. 그러니 이 안건은 그냥 폐기하시죠."

"레지, 다른 시장 거래처들이 이렇게 압박을 가하는 걸 막으려면 아주 신속하고 단호하게 대처할 필요가 있겠어요. 어쩌면 당신이 제안한 50달러 인하안보다 더 공격적으로 나가야 할지도 모르겠습니다."

"이와타 사장님, 더 공격적으로 대응하는 건 가능하지만 그러면 전 세계적으로 우리 수익에 악영향이 미칠 겁니다. 또 만약에 이 시점에 가격인하 조치를 취한다면 3DS를 일찍 구매한 충성고객들을 위해서 별도의 보상책도 마련해야 할 겁니다. 중요한 고객들이 우리한테서 덤터기를 썼다고 느껴서는 안 되니까요."

그래서 우리는 닌텐도 3DS 홍보대사 프로그램Nintendo 3DS Ambassador Program을 기획하여 초기 구매자들에게 닌텐도 온라인 게임숍에서 NES와 게임보이 어드밴스용 게임 10가지를 무료로 다운로드할 수 있는 기회를 제공했다. 그리고 미국에서 기기 가격을 무려 80달러나 인하하여 169달러에 판매하기 시작했다.

이 조처는 출시 4개월 만인 2011년 7월 말에 단행되었다.

그야말로 '대전환'이라는 말이 어울리는 일이었다. 닌텐도는 이 결정으로 수익 면에서 큰 손실을 보았다. 그러나 이로 인해 닌텐도 3DS의 장기적인 흥행 궤도에 변화가 생겼고 2011년 연말 쇼핑 시즌부터는 매상이 대폭 늘어났다. 또한 가격을 내림으로써 유통계와 게이머들의 부정적인 반응도 어느 정도 극복할 수 있었다.

나는 이 일련의 경험을 통해 어떤 문제나 기회가 닥치면 결단력 있게 움직여야 한다는 교훈을 다시 한번 깨우쳤다. 우리는 3DS의 부진이 계속되도록 그냥 두고 보지 않았다. 필요한 전략을 짜고, 제대로 실행하기 위해서 신속하게 움직였다.

또한 당시의 경험은 우리 기업에 오랫동안 충성을 다한 고객들이 무엇을 원하고 필요로 하는지 충분히 고려해야 한다는 것을 또다시 일깨워주었다. 우리는 때맞춰 닌텐도 3DS 홍보대사 프로그램을 시행했고 그 덕분에 파격적인 가격인하 발표 이후에도 기존의 열성팬들은 3DS에 줄곧 심취할 수 있었다. 그들은 변함없이 닌텐도의 신제품을 옹호했고 그에 대한 보답으로 우리가 제공한 무료 게임들에 대해서도 소셜 미디어를 적극 활용해 긍정적인 반응을 남겼다.

● 혁신을 위한 핵심 ●

새로운 계획과 전략을 세우고 실행하는 데 모든 면에서 완벽한 사업가는 없다. 어떤 아이디어든 어느 시점에는 시장에서 실패를 겪기 마련이다.

실패를 겪었다고 해서 지나치게 조심스러워질 필요는 없다. 그것이 사람으로서 자연스러운 반응일 수는 있으나 생산성과는 거리가 멀다는 것을 기억하라.

기꺼이 위험을 무릅쓰고, 공격적으로, 판을 완전히 뒤흔들겠다는 의지와 함께 앞으로 나아가자.

15

전환의 기술

닌텐도는 3DS 출시 문제를 두고 고심하는 동안 차세대 가정용 게임기 개발 계획에도 힘쓰고 있었다. Wii는 시장에 등장한 이후 처음 4년간 많은 판매 기록을 깼다. 그러나 6년 차에 이르러서는 판매량이 뚝 떨어진 상태였다. 가격을 199달러에서 149달러로 낮추고 색상을 바꿔 검은색과 빨간색 제품을 내는 등 판매량을 늘리기 위한 통상적인 전략은 이미 다 써본 상황이었다. 즉 이 시점에서 Wii의 후계기를 개발할 필요성이 생긴 것이다.

기존과는 다른 새로운 가능성을 생각하다

닌텐도가 그리는 혁신의 바탕은 사용자를 즐겁게 하되 기존 게임기로는 느낄 수 없는 새로운 경험을 만들어내는 데 있었다.

이런 특징은 비디오게임 시장에서 기술적인 측면, 이를테면 더 높은 화면해상도와 더 큰 연산 능력 등을 우선적으로 고려하는 경쟁사들과 다른 점이었다.

우리는 텔레비전에서 소형 단말장치로 자연스럽게 게임 화상을 옮길 수 있는 기기를 구상했다. 많은 가정에서 거실 텔레비전을 둘러싸고 수시로 주도권 다툼이 벌어지는 것을 고려한 아이디어였다. 큰 텔레비전으로 게임을 즐기다가 그때그때 손에 든 장치로 화상을 이동시킬 수만 있다면 더는 싸울 일도 없을 테니까.

또 우리는 컨트롤러에 터치스크린을 장착하여 사용자가 진행중인 게임 내용과는 별도로 메뉴 창을 여닫거나 아이템을 신속하게 사용하는 것도 가능하다고 보았다. 실현만 된다면 큰 텔레비전 화면을 미려한 게임 그래픽으로만 채울 수 있는 방법이었다.

마지막으로 궁리한 것은 손에 든 단말기 화면과 텔레비전 화면 사이에서 상호작용을 하며 노는 게임 방식이었다. 예를 들어 단말기 화면 속의 다트를 텔레비전에 비친 다트판으로 쏘아 보내는 모습을 한번 상상해보라.

닌텐도 개발자들은 이러한 가능성에 몹시 흥분했다. EA나 유비소프트Ubisoft 같은 게임 회사의 개발자들 역시 들뜬 마음을 감추지 못했다.

우리는 2011년 6월에 열린 E3 행사에서 새로운 가정용 게임기 Wii U를 발표했다. 초기 반응은 긍정적이었으나 이것이 새로운 게임기인지 아니면 Wii의 신형 컨트롤러인지 혼동하는 사람들이 적지 않았다. 우리는 신제품의 전체 콘셉트를 명확하게 밝혔지만 기기 특성을 잘 살리고 돋보이게 해줄 실제 게임소프트웨어는 공개하지 않았다.

닌텐도의 팬들은 이러한 상황을 두고 2012년 E3가 다가올 때까지 일 년 내내 열심히 의견을 주고받으며 논쟁을 벌였다. 우리도 이러한 반응을 인지하고 Wii U의 특장점을 공격적으로 알리려 했다. 그래서 E3 행사가 시작되기 전에 전 세계의 수백만 소비자를 대상으로 온라인 프레젠테이션을 진행했다. 이 영상 콘텐츠는 닌텐도가 추구하는 방향성을 심층적으로 파고들고, 삶의 질을 높여주는 신형 게임기의 특징적 기능들, 이를테면 화상채팅 기능이라든가 유선방송과 넷플릭스, 아마존 인스턴트 비디오^Amazon Instant Video 같은 스트리밍 서비스를 포함한 '모든 영상 콘텐츠'의 관리 기능 등을 강조했다. 이러한 내용과 구성은 경영 서적인 『블루오션 전략』과 『혁신기업의 딜레마』를 활용하여 우리의 계획과 전략을 소개했던 몇 년 전, 즉 닌텐도 DS와 Wii를 준비하던 시절의 경험을 반영한 것이었다.

그뒤 실제 E3 행사 기간에는 Wii U로 만날 수 있는 훌륭한 콘텐츠에 초점을 맞췄다. '피크민' '슈퍼 마리오' '젤다의 전설' 등 닌텐도 팬들이 가장 좋아하는 게임 시리즈의 신작들이 무대 위에서의 시연과 예고 영상을 통해서 차례차례 공개되었다. 물론 닌텐도의 여러 협력사가 개발한 환상적인 게임들도 함께 선을 보였다. 바로 다음 주에 나는 코미디언 지미 팰런$^{Jimmy\ Fallon}$이 진행하는 토크쇼《레이트 나이트$^{Late\ Night}$》에 출연하여 Wii U를 홍보했다. 시청자들의 반응은 상당히 좋았다.

　Wii U는 2012년 추수감사절을 코앞에 두고 출시되었다. 늘 그렇듯이 초기 판매량은 호조를 보였고 미국에서만 처음 6주간 약 90만 대가 팔렸다. 그러나 2013년 초부터 판매가 둔화되기 시작했다. 이 기기에 대한 구매욕을 크게 일으킬 만한 소프트웨어가 부족한 탓이었다. 미국에서는 Wii U와 함께 23종의 게임이 발매되었는데 그중에 '필수'라고 할 만한 것은 하나도 없었다. 다들 재미는 있었지만, 소비자를 곧장 게임기 구매로 이끌 힘은 없었다.

악전고투

　닌텐도의 핵심 소프트웨어인 '마리오 카트'와 '젤다의 전설' 시리즈는 2014년 전까지 Wii U로 출시되지 않았고 그나마도 시간이 한참 지나서 나왔다. 이후 새로운 엑스박스와 플레이스테이션이 2013년 연말에 출시된다는 발표까지 나면서 Wii U는 활로를 찾기 위한 고전을 거듭했다.

　우리는 또다시 어려운 상황에 직면했고 즉각 대처에 나서야 했다. Wii U는 처음 출시될 때 2가지 버전이 있었다. 299달러에 데이터 저장용량이 작은 흰색 제품과 349달러에 데이터 저장용량이 4배 더 크고 〈닌텐도 랜드〉라는 소프트웨어를 포함한 검은색 제품이었다. 우리는 2012년 E3 프레젠테이션에서 〈닌텐도 랜드〉를 집중조명하며 이 게임이 〈Wii 스포츠〉처럼 하드웨어 판매의 견인차가 되어주길 바랐다. 그러나 결과는 기대에 미치지 못했다. 게임기 판매를 뒷받침하기에는 게임의 구성과 분량이 충분치 못했기 때문이다. 다만 기기 판매량에서는 이 게임을 포함한 검은색 제품이 더 비싼 가격에도 불구하고 흰색 제품을 크게 앞섰다.

나는 미국 시장에서 흰색 Wii U를 없애고 유통되는 제품을 모두 검은색 사양으로 통일시키기로 결정했다. 그리고 2013년 여름에는 가격을 299달러로 낮췄다. 또 일본 본사와도 상의하여 우리 지역 게이머들의 관심을 끌 만한 특별 상품을 만들었다. '젤다의 전설'풍 문양을 입힌 검은 Wii U에 〈젤다의 전설: 바람의 지휘봉 HD〉를 더해서 팔거나 〈뉴 슈퍼 마리오 브라더스 U〉와 보너스 콘텐츠인 〈뉴 슈퍼 루이지 U〉를 게임기와 함께 내는 식이었다.

판매촉진을 위해서 한정판 하드웨어와 신규 소프트웨어를 패키지 구성으로 내는 것은 비디오게임업계에서 흔히 있는 일이다. 그러나 신제품을 출시한 지 일 년도 채 되지 않아서 이런 방법에 의존한다는 이야기는 어디서도 들어본 적이 없었다. 5년 남짓한 게임기의 수명 주기 동안 Wii U의 생명줄을 유지해줄 연관 상품과 가격 전략이 확실히 부족한 상태였다.

● **혁신을 위한 핵심** ●

진행중인 사업이 곤경에 처했다면 단호하게 즉각 행동에 나서야 한다. 주변 상황이 점점 악화되는 중인데 여유를 부릴 시간이 어디 있을까. 위기에 빠져도 자신만의 원칙과 지금 하는 일의 근간에 충실해야 한다. 우선은 주어진 상황을 안정시키는 데 힘쓰자. 그런 다음 비즈니스를 다시 성장시키며 앞으로 다가올 혁신에 대비하는 것이다.

레벨업을 위한 숙제

이후 내 관심은 2곳에 집중되었다. 우선 닌텐도 오브 아메리카는 소매업체들이 Wii U에 대한 관심을 잃지 않고 계속 유통에 힘쓰도록 지원했다. 출시 계획상 아직 중요한 소프트웨어들이 남았기 때문이었다. 그중 하나가 닌텐도 최초로 다대다多對多 대결 방식에 초점을 맞춘 슈팅게임 〈스플래툰〉이었다.

이 게임은 그동안 전 세계 게이머들이 서로 경쟁할 수 있는 네트워크 환경을 구축하려고 닌텐도가 많은 공을 들였던 만큼 전략적인 측면에서 무척 중요했다. 게다가 장르도 서양 시장에서 인기가 좋은 슈팅게임에 속했다. 단 그 스타일은 굉장히 닌텐도스러웠다. 게임 캐릭터들이 총알을 쏘지 않고 색색의 잉크 방울을 쏘았기 때문이다. 게임의 목표도 단순히 적을 공격하는 것이 아니라 더 많은 땅을 자기 팀의 잉크로 뒤덮는 것이었다.

우리는 〈스플래툰〉이 닌텐도의 새로운 인기 게임 시리즈로 올라서고 머지않아 e스포츠 종목으로도 선정 되리라 내다보았다. 나는 이와타씨와 키미시마씨를 설득하여 이 게임 홍보에 쓸 마케팅 자금을 더 끌어모았다. 그 결과 매출도 높이고 '스플래툰'이라는 이름을 서양 시장에 깊이 각인시키는 데도 성공했다.

내가 또하나 관심을 둔 일은 Wii U가 안고 있는 문제를 명확히 진단하고 그 정보를 조만간 개발에 들어갈 차세대 가정용 게임기에 적용하는 것이었다. 사실 몇 가지 문제점은 대번에 눈에 보였다. 일단 닌텐도가 직접 만드는 게임들이 원래 내걸었던 일정대로 나오질 않았다. 이 말은 곧 소비자들이 Wii U만의 새로운 콘텐츠를 접하는 데 있어 시간적인 공백이 크다는 뜻이었다. 게임업계에서 통하는 진리 중 '확실한 독점 콘텐츠가 있어야 게임기가 팔린다'는 말이 있다. 그때 우리는 좋은 게임을 적절한 속도로 내지 못했다.

이 문제에 더해서 닌텐도의 구멍난 출시 일정을 중간중간에 메워줘야 할 독립 개발자들의 콘텐츠 역시 부족했다. 이는 우리 회사의 게임 제작툴 때문이었다. 그동안 닌텐도는 하드웨어의 기밀정보를 지키기 위해 늘 자체적으로 만든 제작툴에 의존했고 다른 회사의 제작툴을 사서 쓰는 일이 드물었다. 하지만 이제는 시대가 달라졌다. 오늘날 게임업계에는 유니티[Unity]나 언리얼엔진[Unreal Engine]처럼 최고의 기술로 끝내주는 게임 제작툴을 만드는 회사들이 존재한다. 이런 프로그램은 우리 쪽 사정과 무관하게 꾸준히 업데이트되었으므로 닌텐도 내부의 신제품 연구 개발 타이밍을 감추는 데도 도움이 될 수 있었다. 게다가 이미 크고 작은 수천 여곳의 개발사들이 익숙하게 써오던 프로그램이었기에 콘텐츠를 완성하고 출시하는 속도가 일정하다는 장점도 있었다. 닌텐도는 기존의 접근법에서 탈피하여 외부 제작 툴을 차세대 기기의 개발 구성 요소로 삼을 필요가 있었다.

그래도 Wii U에는 절대 잊어서는 안 될 장점이 하나 있었다. Wii U 구매자들은 게임을 큰 텔레비전 화면에서 전용 컨트롤러에 장착된 화면으로 옮겨가며 즐길 수 있어서 좋다고 했다. 그러나 무선연결이 유지되려면 컨트롤러와 본체가 대략 6미터에서 9미터 사이에 있어야 하고 중간에 벽 같은 장해물도 없어야 했다. 게임을 하다가 본체에서 너무 멀어지거나 무언가에 가로막히면 컨트롤러의 연결이 끊기니 사용자는 번번이 언짢을 수밖에 없었다.

전환의 스위치

이렇게 Wii U의 장단점을 분석한 자료는 이후 닌텐도의 차기 가정용 게임기, 암호명 NX를 개발하는 원동력이 되었다. 우리는 텔레비전의 대형 화면을 통해 사용자에게 멋진 경험을 선사하는 동시에 완벽하게 휴대용으로 전환할 수 있는 하이브리드 게임기를 만들 생각이었다. 이 아이디어는 게이머들이 늘 바라던 희망 사항, 즉 출근이나 등교 때문에 집을 떠나서도 계속 게임 세계를 모험하고 싶다는 마음을 반영한 것이었다. 나는 본사 측과의 신제품 개발 회의에서 시간과 장소의 제한 없이 게임을 이어가는 기능에 관해 이야기했고, 이 주제는 곧 NX의 핵심 콘셉트가 되었다.

　2014년과 2015년에 나와 이와타씨, NX 개발팀은 수없이 아이디어를 주고받고 회의를 거듭했다. 우리는 단순히 제품 콘셉트에 합의하는 데 그치지 않고 텔레비전과 연결된 거치형에서 휴대용으로 '전환^{switch}'하는 기능을 전면에 드러내기 위해 제품 명도 '닌텐도 스위치^{Nintendo Switch}'로 정했다. 또한 Wii U를 위해 개발된 중요 작품 〈젤다의 전설: 브레스 오브 더 와일드〉의 출시일을 고심 끝에 연기하기로 했다. 차후 Wii U와 닌텐도 스위치로 함께 내기 위해서 연기하기로 했다.

　이와타씨는 닌텐도 스위치의 제품화 계획이 한창 진행되던 도중에 세상을 떠났지만, 이 기기에는 그의 손길이 많이 닿아 있다. 직관적인 사용자 인터페이스라든가 본체에 붙였다 떼었다 할 수 있는 독특한 컨트롤러 조이콘^{Joy-Con}이 그러했고 풍부한 게임 자료를 구비한 온라인숍 역시 그가 남긴 유산 중 하나였다.

　닌텐도 스위치는 2017년 3월에 출시되었다. 발매를 앞두고 몇 달간 우리는 이 제품에 대한 관심을 유발하기 위해 다양한 전략을 전개했다. 2016년 10월에는 온라인으로 제품 콘셉트를 보여주는 예고 영상을 내보냈고, 나는 그뒤《더 투나잇 쇼^{The}

Tonight Show《에 출연하여 게임기 실물을 공개하면서 진행자인 지미 팰런에게 닌텐도 외부 사람으로는 최초로〈젤다의 전설: 브레스 오브 더 와일드〉를 시연할 기회를 주었다. 그리고 기대감을 고조시킬 목적으로 게임기를 아직 출시하지도 않은 시점에서 미국프로미식축구리그National Football League: NFL 결승전인 슈퍼볼Super Bowl의 중계방송에 광고를 내보냈다.

우리는 출시와 관련한 모든 일을 완벽하게 수행했다. 제품 가격을 299달러로 적정하게 매겼고, 우리 제품의 남다른 콘셉트와 포지션을 분명하게 제시했으며, 기기 판매를 견인할 훌륭한 소프트웨어들을 계속해서 공급했다. 그 결과 우리가 세운 첫 영업 목표의 150퍼센트가 달성되었고, 이후 일년간 닌텐도 스위치는 판매량 1,500만 대를 넘어서며 6년에 걸친 Wii U의 총판매량을 가볍게 눌러버렸다. 이 글을 쓰는 시점에도, 닌텐도 스위치는 비디오게임 역사상 가장 빠른 속도로 팔려나가고 있다.

● **혁신을 위한 핵심** ●

사람들은 업무 수행력을 간과하는 경향이 있다. 아무리 좋은 아이디어라도 일처리를 제대로 하지 않으면 죽도 밥도 되지 못한다. 그러니 탁월한 업무 수행력의 가치를 널리 알리고 조직에 그 책임을 지우도록 하라.

거시적인 성공

참으로 흐뭇한 결과였지만 나로서는 그보다도 실패와 좌절을 이겨내고 다시 일어서는 회복탄력성과 전략적 초점의 중요성을 깨친 것이 더 컸다. 2013년부터 2017년까지 닌텐도는 숱한 도전에 직면했다. 닌텐도 3DS의 초기 성과가 부진했고 이 사업이 치명타를 입기 전에 상황을 반전시켜야만 했다. 또 스마트기기와 디지털 애플리케이션 시장의 성장세가 커지면서 닌텐도는 이 흐름을 따라잡기 위해 노력해야 했다. 모바일게임 사업에 진입하겠다는 결정이 내려졌고 이후 출시한 여러 가지 애플리케이션은 다행히 소비자와 상업적인 관점 양면에서 성공을 거두었다.

그러나 Wii의 뒤를 이은 야심작 Wii U는 고전을 면치 못했고, 우리는 실패를 딛고 나아갈 방책으로 이 기기의 핵심 요소들을 차세대 가정용 게임기인 닌텐도 스위치에 이식했다. 그뒤 고객들이 스위치를 구매할 가치를 충분히 느끼고 소장하고 싶은 신작 게임이 꾸준히 발매되도록 제품 관리와 지원을 철저히 했다. 여기서 짚고 싶은 것은 혁신적인 기업들, 사람들에게는 성공을 추구하며 불가피하게 맞는 실패와 그에 뒤따르는 위험부담을 극복해내는 회복탄력성이 존재한다는 사실이다.

그뿐 아니라 성공한 기업들은 자사의 역사적인 자산을 깊이 이해하고 위기가 닥쳤을 때 이것을 전략적으로 활용할 줄 안다. 닌텐도만의 자산은 새로운 게임 스타일을 도입하고 추진하는 도전 정신이었다. 이 정신은 그 옛날 '가정에서도 오락실처럼 게임을 즐기게 하자'는 목표를 내걸었던 NES부터 동작인식 기술을 활용한 Wii까지 줄곧 전해 내려왔고, 시간과 장소의 제약 없이 게임을 즐길 수 있는 닌텐도 스위치 역시 동일한 전략적 초점을 이어받고 있었다.

내게는 이러한 비즈니스 교훈을 체득한 것이 정말 중요했다. 당시의 경험으로 닌텐도가 비로소 굳건한 지반 위에 올라섰다는 느낌이 들었기 때문이다. 닌텐도 스위치는 정말 믿기 어려울 만큼 잘 팔렸고 소프트웨어 매출은 그보다도 훨씬 좋았다. 〈젤다의 전설: 브레스 오브 더 와일드〉〈슈퍼 마리오 오디세이〉〈마리오 카트 8〉〈슈퍼 스매시 브라더스 얼티밋〉은 모두 게임기를 수백만 대씩 파는 데 기여했다. 그리고 내 바람대로 외부 기업의 게임 제작툴을 받아들인 덕분에 닌텐도 스위치는 독립 개발자들의 혁신적인 소프트웨어가 모여드는 일종의 안식처가 되었다.

그런 한편으로 이와타씨의 죽음은 나라는 인간에게 인생이 찰나처럼 흘러감을 깨닫게 해주었다. 그리고 얼마 후 나는 다시금 앞으로 나아가 또다른 방식으로 내 에너지를 쏟아낼 기회를 맞았다. 아직 내게는 시간이 남아 있었다.

16

다음 세대

2019년 2월, 닌텐도 오브 아메리카 경영진의 저녁 모임이 열린 어느 날이었다. 이때는 내가 우리 지사의 차후 연간 전략과 재무 계획까지 이미 다 살펴본 시점이었다. 나는 보통 1월 말이나 2월 초면 4월 1일에 시작되는 새 회계연도에 앞서 우리 지사의 전반적인 재무 상태를 보고하고 닌텐도 전체의 예상 실적에 대비한 우리 쪽 목표치를 정하기 위해서 일본으로 출장을 갔다. 그리고 회사 재정과 관련한 숫자들이 확정되면 나는 우리 임원들과 온종일 회의를 진행하며 닌텐도 오브 아메리카의 실적을 높여줄 핵심사업과 우선순위를 결정했다. 이 활동을 시작하는 기점은 늘 회의 전날 모여서 하는 저녁 회식이었다.

그날 저녁은 2가지 이유에서 특별했다. 하나는 인사팀의 수장이었던 플립 모스가 2달 뒤에 회사를 떠나기로 했고 그 자리가 우리 임원진과 함께하는 마지막 실무 회의라는 것이었다. 후임자가 누구인지는 일찌감치 발표해두었고 그 사람은 그날 저녁과 다음날 회의에도 함께 참석했다.

플립과 나의 관계는 15년 전 면접날 점심시간에 벌인 논쟁으로 다소 불편하게 시작되었지만, 그뒤로 우리는 닌텐도 오브 아메리카의 변화를 주도하는 둘도 없는 파트너가 되었다. 신입사원을 모집하고 교육하는 과정부터 직원들의 행동 역량과 회사의 보상 구조까지 모든 부문이 플립과 함께하는 동안 쭉 향상되었다. 그에게나 나에게나 모두 만족스러웠던 멋진 여정이었다.

● 혁신을 위한 핵심 ●

이따금 비즈니스 관계는 어색하고 불편하게 시작되기도 한다. 그럴 때는 시간과 에너지를 들여 관계를 개선하자. 섣부른 판단 대신 동료 직원을 이해하기 위한 노력을 계속하자. 설혹 첫발을 잘못 디뎠더라도 세월의 흐름과 함께 소중한 관계로 거듭날 수 있다.

한편 그날 저녁이 특별했던 두번째 이유는 내가 그 자리를 빌려서 공식적으로 퇴직을 선언했다는 데 있었다. 참석 인원 가운

데 절반 정도는 이미 그 소식을 알고 있었다. 플립과 신임 인사팀 책임자도 내가 떠난 뒤에 시행할 조직개편 작업을 함께 계획했기에 내가 어떤 말을 꺼낼지 알았다.

내 후임자로 선정된 더그 바우저^{Doug Bowser} 역시 그러했다. 더그는 약 4년 전에 영업팀 책임자로 채용된 인물이었다. 마리오의 숙적인 바우저^{Bowser}•와 이름이 같다는 것을 넘어서서 더그의 이력은 그야말로 닌텐도에 안성맞춤이었다. 그는 나와 마찬가지로 P&G에서 직장생활을 시작했다. 다만 그때도 영업 부문을 맡았기 때문에 내가 P&G 소속으로 있을 때 함께 일한 적은 없었다. 또 그는 닌텐도로 오기 직전에 업계 최대의 게임 개발사이자 배급사 중 하나인 일렉트로닉아츠^{Electronic Arts}에서 8년 넘게 일했다. 그리고 우리 회사에서는 빠르게 적응하고 발전을 거듭하여 2016년에는 마케팅팀까지 같이 관리하게 되었다.

나는 자리에 모인 사람들에게 말했다. "여러분, 지금까지 우리는 많은 성공을 함께 해왔지요. 그 덕분에 닌텐도 스위치가 많은 기록을 깨고 있습니다. 소프트웨어는 전례가 없는 수준으로 팔려나가고 있고요. 우리 지사는 모든 부분에서 최고의 실적을 올리며 글로벌 닌텐도의 수익성을 강화하고 있습니다. 하지만 무엇보다 중요한 사실은 우리 조직이 건실하다는 겁니다. 지금까지 우리 회사는 최고위 임원들을 외부에서 데려올 필요 없이 내부적으로 승진을 통해 직원들에게 차례차례 더 큰 임무를 맡기며 세대교체를 이뤄왔습니다. 그런 이유로, 저는 이번 기회에 이 회사를 떠나기로 결정했습니다."

많이들 충격을 받은 듯했다. 일부는 표정에서 당혹감을 감추지 못했다. 내 눈가에도 눈물이 살짝 차올랐다. 하지만 계속해야 했다.

"다들 놀라셨을 거라는 걸 압니다. 무슨 생각을 하실지 알겠는데, 일단 아니에요, 건강 문제가 있는 건 아닙니다. 그냥 이건 제가 한참 전부터 생각해왔던 겁니다. 다만 떠나기 위한 제 나름의 전제 조건이 있었죠. 이 회사를 단단한 기반 위에 올려놓는 거였어요."

이 말을 하면서 나는 돈 제임스를 바라보았다. 돈은 과거 닌텐도의 주력사업이 닌텐도 64에서 게임큐브로 옮겨가던 무렵에 운영관리팀 전무로 진급했다. 이 시기에 닌텐도 오브 아메리카는 재무와 영업·마케팅 쪽 책임자들도 함께 교체했다. 돈은 회사가 어려울 때 임원 인사를 단행하고 조직을 개편하기가 얼마나 힘겨운지 직접 겪어서 잘 알았다.

"그리고 차기 경영진을 인선하는 것 역시 제가 꼭 해야 할 일이었습니다. 제 후임자는 더그 바우저입니다. 더그가 우리 영업·마케팅 부서를 얼마나 잘 이끌었는지는 다들 아실 거예요. 이 친구는 닌텐도 본사의 주요 임원 분들과도 긴밀하게 관계를 유지해왔습니다. 물론 앞으로도 계속해서 그들과 좋은 관계를 쌓아 가겠지요. 나는 더그가 우리 버섯왕국 지부의 열쇠를 물려 받을 적임자라고 믿습니다." 나는 분위기를 조금 띄울 생각으로 '슈퍼 마리오'를 연상시키는 농담을 함께 던졌다. 다들 눈물을 글썽이고 있었기 때문에.

"아무튼 저는 플립과 같은 날, 그러니까 2019년 4월 15일에 이 회사를 떠날 겁니다. 여태 우리가 많은 계획을 함께 세워 왔습니다만, 닌텐도 오브 아메리카의 다음 챕터를 준비하는 이번 일이 그 마지막이 되겠군요."

> ● **혁신을 위한 핵심** ●
>
> 훌륭한 리더들은 조직이 그들 없이도 계속 잘 돌아간다는 것을 깨달으면 이내 그 자리를 떠난다. 이는 후대에 길이 전해 질 유산을 창조하는 최후의 단계라 하겠다. 조직의 성공을 지속하기 위해 필요한 멘토링과 계승 계획이 모두 완료에 이른 것이다.

이 말과 함께 우리는 건배를 들었다. 이어서 나는 닌텐도 오브 아메리카에서 겪었던 일들을 하나둘 꺼내들었다. 그중에는 지금까지 이 책에서 언급했던 일화들이 많았다. 갑작스레 아쉬운 소식을 전했던 만큼 그동안 우리가 이 업계를 뒤바꿀 어마어마한 게임들을 만들기 위해 얼마나 애썼는지를 즐겁게 되돌아보는 것이 적절하다는 생각이었다.

다음날 우리 회사에 닥칠 변화를 어디에 어떻게 알려야 할지 계획을 세우면서 진짜 업무가 시작되었다. 사실 전날 모임에서 전한 소식이 줄곧 비밀로 부쳐지길 기대하기는 어려웠다. 딱히 악의는 없겠지만 누군가가 한정된 인원에게만 알려진 이 기밀 정보를 다른 곳에 누설할 가능성이 분명히 있었기에, 나는 2주 안에 내 퇴임과 더그의 승진 소식을 언론에 내기로 결정했다. 그리고 그렇게 발표가 난 뒤에는 워싱턴주와 캘리포니아주, 뉴욕시 등 각지에 퍼져 있는 우리 회사의 지부 직원들과 연달아 회의를 열었다. 더그와 나는 주요 협력사들과도 수차례 전화통화를 나누었다.

이 과정에서 닌텐도 오브 아메리카가 앞으로 더그의 방식대로 돌아갈 것이라는 점을 확실히 해야 했다. 애초에 사업적인 접근 방향이나 미디어와의 친밀도에서 그가 나와 같을 수는 없었다. 나는 닌텐도가 가시적이고 강력한 리더십을 필요로 하던 위태로운 시기에 미국 지사의 사장이자 최고운영책임자가 되었다. 나와 이와타씨, 미야모토씨가 단합하여 닌텐도 안팎에서 펼쳤던 활약은 가히 전설적이라 할 만했다. 그러나 더그에게는 리더로서 그 나름의 스타일과 아이디어가 있었다. 나는 우리 회사의 모든 구성원이 이 점을 이해하고 받아들이기를 바랐다.

그 뒤의 2달은 기억이 자세히 나지 않는다. 그 무렵에는 더그와 더 많은 시간을 보내면서 그가 영업·마케팅 일을 할 때 깊이 관여하지 않았던 재무와 정보전산, 제품개발 분야를 같이 살폈다. 또한 주요 임원들을 만나서 회사가 앞으로도 문제없이 잘 돌아갈 것이라고 납득시키는 데도 상당한 시간을 들였다.

● 혁신을 위한 핵심 ●

세상에 완전히 똑같은 리더는 존재하지 않는다. 그러므로 리더십이 넘어가는 과정에서는 전임자와 후임자의 차이를 고려해야 한다. 기존의 리더는 앞으로 일하는 방식이나 사업에 대한 접근 방향이 달라질 것임을 명확히 주지시키고 조직이 계속해서 긍정적인 성과를 낼 수 있으리라 격려하며 신임 리더가 잘 자리잡도록 도와야 한다.

때로는 그 과정에서 조직 구성원들이 이렇게 묻기도 한다. "이제 저는 어떻게 합니까? 저를 몇 년은 더 가르치고 키워주신 뒤에 가셔야죠." 이런 상황을 맞아 개개인에 대한 조언과 평가까지 병행해야 한다는 점에서 리더십 이양 과정에는 지극히 전략적으로 접근할 필요가 있다.

한편 이 시기에는 링링예술대학교의 래리 톰슨$^{Larry\ Thompson}$ 총장에게서 전혀 예상치 못한 전화가 걸려오기도 했다. 당시에 내

딸이 이 학교의 일러스트레이션 전공 졸업반이었던지라 처음
에는 혹시 아이한테 무슨 문제가 생긴 것은 아닌지 걱정했다.
"아뇨, 그럴 리가요." 래리는 이어서 말했다. "이번에 전화 드린
용건은 당신과 관련된 겁니다. 올해 5월에 있을 우리 학교의 졸
업식에서 축사를 맡아달라고 정식으로 부탁드리고 싶어서 말
입니다."

"총장님, 저로서는 대단한 영광입니다. 안 그래도 제 딸이 올
해 졸업을 하거든요. 제가 그동안 해마다 한두 번씩은 학교를
방문해서 거기에 아는 사람들이 좀 있어요. 특히 딸 아이 친구
들을 많이 알죠. 그래서 저도 그렇지만 그 아이들한테 아주 기
억에 남는 경험이 될 겁니다. 그런데 그전에 하나 말씀드려야
할 것이, 5월이면 저는 더이상 닌텐도 오브 아메리카의 사장이
아닙니다."

"레지, 그렇다면 더할 나위 없이 좋네요! 오히려 퇴임 후 첫
공식석상에 모시게 되어서 저희야말로 영광입니다. 꼭 와주십
시오. 오셔서 우리 학생들에게 당신의 지혜와 응원의 메시지를
전해주세요." 그렇게 해서 회사를 떠난 뒤에 있을 첫 일정이 잡
혔다.

나는 학생들에게 정말 도움이 되는 졸업 축사를 쓰고 싶었다.
닌텐도 오브 아메리카 사장으로 일하던 마지막 몇 년간 나는 코
넬대학교의 요청으로 나의 주 활동 무대였던 다이슨응용경제
경영대학, 그리고 내가 몸담은 게임·미디어산업과도 관련성이

깊은 커뮤니케이션학과의 자문위원을 맡았다.

　다시 찾은 모교에서는 종종 학생들을 만나 내 개인사와 더불어 삶과 일에서의 중요한 원칙들을 공유했다. 그런 자리에서 접한 솔직한 반응은 내가 브롱크스에서 코넬로, P&G에서 닌텐도로 거취를 옮기며 얻은 귀중한 교훈들에 한층 더 힘을 보탰다. 그들은 내가 다른 사람들과 마찬가지로 줄곧 다양한 장애물과 난관에 직면했다는 데 놀랐고 인내를 거듭하며 모두 극복해냈다는 데 또 한번 놀랐다.

　이런 경험이 있었던 만큼 나는 적당히 듣기 좋은 이야기와 옛 격언 등을 섞어 만든 여느 기업인들의 연설문과 다르게 링링예술대학교의 졸업식 축사에 다음과 같은 내 5가지 인생 원칙을 녹여내기로 했다.

　내게 일어나는 일은 나 자신에게 달렸다: 나는 앞날이 창창한 젊은이들이 자기 삶의 일부분을 남에게 맡기는 경우를 많이 보았다. 부모님이나 선생님, 다른 연장자나 조언자들에게 중요한 일을 떠넘기는 것이다. 내가 코넬대학교에 들어가기 위해 부단히 방법을 찾고 직장생활을 하면서 직접 나아갈 길을 찾았듯이, 자신이 갈 길은 스스로 정하고 스스로 책임져야 한다.

　인생이란 절대 만만치 않으니 전력을 다하라: 겉으로 보아서는 그저 성공한 인생처럼 보이지만 나는 몇 번이나 큰 시련에 부딪혔다. 끈기와 투지는 세상 모든 이가 갖춰야 할 필수 덕목이다.

다른 대안에 마음을 열어라: 알 수 없는 위험을 감수하기 싫어서 P&G 대신 원래 계획대로 은행에 들어갔다면 내 삶은 지금과 판이하게 달라졌을 것이다. 물론 닌텐도에 들어가지 말라던 사람들 말을 따랐더라도 그랬을 테고.

두려움을 받아들여라: 내가 극복해야 했던 두려움 가운데 하나는 많은 사람 앞에 나서서 유창하게 말을 해야 하는 것이었다. 이 능력을 익히지 못했다면 아마 나는 비즈니스에서나 개인적으로나 수많은 기회를 날려버렸을 것이다.

현재에 충실하게 살고 일상에서 재미를 찾아라: 나에게는 스쿠버다이빙을 열심히 즐기고 잘 쉬면서 다양한 스트레스로부터 활력을 되찾을 방법을 탐색하는 것이 실제로 성공을 이루는데 무척 중요했다.

나는 마치 E3 프레젠테이션을 앞둔 것처럼 열정적으로 졸업식 축사 준비에 매달렸다. 심지어 나보다 앞서 현직을 떠난 돈 바류에게 글 검토를 맡겼고, 우리는 마치 옛날로 돌아간 듯 단어 하나하나를 꼼꼼히 따져가며 축사를 고쳐 썼다. 나로서는 퇴직 생활의 스타트를 끊기에 딱 좋은 방법이었다.

예전에 맨 처음 퇴직을 생각했을 때 여러 곳에서 이런저런 조언을 들었지만 그중에서도 내 주치의의 생각이 가장 현명했던 것 같다. "레지, 당신은 은퇴했다고 편히 앉아서 그냥 놀고 지낼 수 있는 위인이 못 돼요. 본인이 어떤 활동을 정말 좋아하는지 생각해보고 마음 맞는 단체나 사람들하고 같이 할 방법을 찾도록 하세요."

● 혁신을 위한 핵심 ●

어떤 프로젝트든지 가고자 하는 지향점을 정해두고 시작해야 한다. 이는 이루고 싶은 목표를 그림으로 표현하는 것과 같다. 다시 말해 명확해야 한다. 몇 가지 단어나 어떤 이미지로 정확히 나타낼 수 있어야 한다. 또한 듣는 사람을 끌어당기고 좋은 동기를 안겨줄 수 있어야 한다. 그러나 때로는 목표를 향해 계속 나아가기가 힘든 날이 있다. 그럴 때는 자신만의 비전선언문을 들여다보며 내가 무엇을 이루려 하는지 다시 한번 떠올리고 에너지를 끌어올리도록 하자.

나는 여태 여러 브랜드와 회사들을 오가며 그래 왔듯이 퇴직 후에도 어떤 목표를 그리고 좇아야 할지 생각했다. 그리고 깨달은 것은 내가 회사를 키우고 사람들이 발전하도록 돕는 일을 정말 좋아한다는 사실이었다. 맨 처음 관리직을 맡은 시절부터 내게 가장 큰 보람과 즐거움으로 다가온 순간은 언제나 직장 동료들의 성장에 보탬이 되었을 때였다. 또 비즈니스를 성장시키고

복잡한 도전 과제를 극복하는 데 관해서는 두말할 필요도 없었다. 그리하여 나는 퇴직 후에 이런 일들을 할 방법이 있을지 살피기로 했다.

나의 비전선언문은 이러했다. '차세대 리더들에게 영감을 불어넣고 자신감을 더해주자.' 이 목표를 이룰 방법으로는 사람들을 직접 만나 일대일로 소통하거나 보다 큰 규모로 강연회를 여는 것을 생각했고, 이 책 역시 그러한 수단 중 하나였다. 나는 내일의 리더들, 기업들을 성장시키는 데 힘이 되리라는 희망을 안고 소중한 지역공동체와 여러 사업체에 기여할 길을 찾아 나섰다.

한데 마침 이런 생각을 정리할 무렵에 코넬대학교의 다이슨 응용경제경영대학에서 특별한 기회를 제안해왔다. 학교측은 한 학년간 기업 경영인을 초빙하여 학생들과 교수단, 행정 직원들을 대상으로 크고 작은 수업과 강연, 상담 등을 진행하는 리더십 교육 프로그램을 오래전부터 고려해왔다고 했다. 초빙자가 할일은 1년에 2, 3번, 일주일씩 이타카캠퍼스에 머물며 조직의 리더로서 익힌 다양한 교훈과 원칙들을 공유하는 것이었다.

나는 이 기회를 놓칠 수 없었다. 성인기 이후 내 여정의 바탕이 되어준 학교에 궁극적으로 '은혜를 갚는 일'이었으니까. 리더십 교육 프로그램을 위해 이타카캠퍼스를 다시 찾은 첫날, 나는 조직을 이끄는 나만의 원칙을 주제로 대규모 강연을 펼쳤고 큰 목표 설정과 과감한 의사결정의 중요성 등 지금까지 이 책에서 다루었던 소재와 관련 일화들을 많이 언급했다. 장소는 학교에서 가장 큰 강연장 중 하나였다. 나는 학교측에 강연이 끝나면 질문을 하거나 사진 촬영을 원하는 참가자가 많을 테니 잘 대비하라고 미리 주의를 주었다. 처음에 행사를 준비하던 직원들은 내 말을 대수롭지 않게 여겼다. 그러나 날짜가 점점 다가오면서 참가 신청 인원이 강연장의 수용 한계를 넘어서자 보안 담당자들은 한껏 신경을 곤두세우게 되었다.

나는 '차세대 리더십의 원칙Principles for Next Generation Leadership'이라는 제목으로 프레젠테이션을 마친 뒤 30분 정도 질의응답 시간을 갖기로 했다. 장내에 마이크 2개를 설치하고 줄을 선 참가자들이 차례로 질문을 던지는 형식이었다. 아니나다를까 내 예상대로 많은 인원이 마이크 앞에 몰려들었고 나의 개인사부터 닌텐도와 함께한 시간은 물론 당시의 정치문제까지 포함하여 아주 다채로운 질문이 날아들었다. 그 덕분에 질의응답 시간은 내내 활기가 넘쳤고 마무리하는 데도 오래 걸렸다.

그 뒤의 시간은 나와 짧게 대화를 나누거나 함께 사진을 찍고 싶은 참가자들에게 배정되었다. 늘어선 줄을 빨리 줄여보려고 몇 번씩 단체사진을 찍었건만 다 끝내기까지는 거의 2시간이 걸렸다. 진이 쏙 빠졌지만 동시에 엄청난 성취감을 느낄 수 있는 경험이었다.

생각해보니 내게는 이미 또하나의 특별한 기회가 마련되어 있었다. 일찍이 저명한 저술가이자 기자인 해럴드 골드버그Harold

Goldberg는 뉴욕시 안팎의 빈곤 지역들을 오가며 비디오게임을 매개로 청소년들이 글쓰기 능력과 비판적 사고력, 의사소통 능력을 키우도록 돕는 비영리단체를 운영해왔다. 나는 2018년 말에 그를 도와 드림야드예비학교Dreamyard Preparatory School에서 한차례 강연을 진행한 적이 있었다. 그곳은 예술 분야에 특화된 공립고등학교로, 어릴 때 내가 살았던 브롱크스 슬럼가의 공동주택에서 5킬로미터도 채 되지 않는 거리에 있었다.

그날 내가 학생들에게 전달한 메시지는 단순했다. '나 역시 너희와 같았다. 그러니 너희도 나처럼 될 수 있다.' 내가 나고 자란 우리 집안의 경제 수준은 좋게 봐야 중하층이었다. 그러나 목표를 이루는 데 줄곧 전념하는 내 태도는 성공의 길로 들어서는 데 큰 힘이 되었다. 학업과 운동부 활동, 직업적인 성취를 막론하고 그동안 내가 걸어온 여정의 핵심은 분명 투지와 결단력이었다.

나는 성공을 이루려면 능력과 기회가 모두 필요하다고도 말했다. 능력은 학교와 가정에서, 또 집안의 어려운 경제 사정을 돕기 위해 아르바이트 일터에서 쏟는 고된 노력으로부터 탄생한다고. 기회는 그렇게 얻은 능력을 발휘하며 중요한 무언가를 이루고자 한걸음 나아갈 때 만들어진다고.

드림야드 학생들은 내 말 한마디 한마디에 귀를 기울였고, 내 마음은 그들이 살아가는 이야기를 듣고서 더욱 큰 의욕으로 차올랐다. 학생들은 어려운 집안 사정과 주변 환경에도 불구하고 착실히 성공을 이뤄가고 있었다. 나는 거기에 조금 더 힘을 보태고 싶었다.

해럴드는 내가 일찌감치 퇴임 계획을 전했던 몇 안되는 사람들 가운데 하나였다. 우리는 각종 게임 관련 행사에서 만나 여러 차례 인터뷰를 나누고 드림야드도 함께 방문하면서 점점 가까운 사이가 되었다. 그는 내게 이런 말을 던졌다. "레지, 혹시 우리 단체 일을 같이 더 해볼 생각 없어요? 우리가 어떤 일을 하는지는 다 보셨으니 확실히 아시겠죠. 저는 당신 이야기를 들을 때 학생들 표정이 어떤지 똑똑히 봤어요. 당신은 이 아이들에게 영감 그 자체에요."

돌이켜보면 코넬대학교에 입학하기 전까지 내게는 부모님을 제외하고 딱히 멘토라고 할 만한 사람이 없었다. 내 주변에는 역경을 어떻게 극복했는지 알려주거나 큰 꿈을 현실로 이루기 위한 혜안을 제시해주는 사람이 전무했다. 브롱크스와 맨해튼 남단 지역의 청소년들을 위해 그런 일을 하기에 나보다 적격인 사람은 없었다. 결국 나는 해럴드 골드버그의 뉴욕비디오게임비평단New York Videogame Critics Circle에 합류해 퇴직 후 첫번째 이사직을 맡게 되었다.

그뒤로도 내게는 또 한번 나의 원점을 돌아볼 순간이 찾아왔다. 그 옛날 내가 P&G에서 채용했던 여성 지원자, 브랜드매니지먼트의 틀을 깨고 그곳에서 오랜 세월 성공적인 경력을 쌓아온 바로 그 디나 하월이 장난감 회사 스핀마스터Spin Master의 설립자들에게 나를 소개한 것이다. 이 회사는 보자마자 예전의 닌텐도가 떠올랐다. 대단히 창의적이고 혁신적이지만 일을 추진하고 훌륭히 수행하는 능력을 아직 키워가는 도중이었기 때문이다. 대표적인 자사 브랜드로는 퍼피구조대^{Paw Patrol}와 바쿠간^{Bakugan}이 있었고 영상물과 모바일게임으로도 새로운 브랜드가 속속 만들어지고 있었다. 당시의 수익 규모 15억 달러를 넘어서서 더 크게 성장하길 꿈꾸던 이 회사는 내가 그간 쌓아온 경험과 역량에 딱 맞는 곳이었다.

나는 퇴직 1주년을 맞이한 직후 스핀마스터와 비디오게임 유통 기업인 게임스탑의 신임 이사가 되었다. 그와 동시에 코로나19가 전 세계적으로 유행하면서 수많은 기업과 학교들이 문을 닫기 시작했다. 2020년 3월에는 복합 문화·기술 관련 행사인 사우스 바이 사우스웨스트^{South by Southwest}에서 기조연설을 맡을 예정이었으나 안타깝게도 행사가 아예 취소되고 말았다. 이사진 모임은 모두 원격회의로 전환되었지만 어려운 상황에서도 사업을 계속 키우고 직원들을 지키려는 회사의 노력에 발맞춰 그 빈도가 엄청나게 늘었다.

그 과정에서 내가 과거에 직면했던 사업상의 위기 상황과 거기서 얻은 교훈들을 공유하기도 했지만, 이번 전염병 사태는 완전히 사정이 달랐다. 너 나 할 것 없이 모두가 그날그날의 도전을 마주하며 새롭게 배워나가고 있었다.

나는 전화통화를 주고받고 화상회의를 진행할 때마다 사업

을 꾸려가거나 까다로운 일들을 다루는 데 있어서 항상 원칙에
충실해야 한다는 것을 거듭 강조했다. 무엇보다도 일선 작업자
들을 안전하게 보호하고 사무직 직원들이 효과적으로 재택근
무를 수행하도록 돕는 것이 중요한 상황이었다. 특히나 바이러
스가 퍼지는 것을 막기 위한 방역 수칙이 수시로 바뀌던 그때,
정답은 역시 올바른 원칙을 따르는 것이었다.

끝맺으며

직장생활이든 책이든 마무리를 잘 하기란 아무튼 쉽지 않다. 그 간의 수많은 경험을 현실적으로 도움이 되면서도 기억에 잘 남 게 요약하려면 과연 어떻게 해야 할까? 이런 목표를 모두 충족 시킬 결과물을 남기고 싶지만 방법은 있는 걸까?

내가 이 책으로 전하려는 메시지는 크게 2가지였다. 하나는 사회생활을 해가는 과정에서 가장 영향력이 큰 사람들에게서 배우라는 것이다. 그런 인물들한테서는 같은 직장을 다니는 동 안은 물론이고 시간이 지나 더는 함께하지 못할 때도 무언가를 배우게 된다.

또다른 하나는 '한번 디스럽터는 영원한 디스럽터'라는 것이 다. 나는 이제 닌텐도에서 일하지 않지만 그럼에도 여전히 판을 흔들고 뒤집을 기회를 노리고 있다. 파괴적인 혁신은 내 삶에 활력을 불어넣고 큰 보람을 안겨주는 일로, 나는 누구나가 이러 한 기쁨을 누리길 바라는 바이다. 그러면 이 2가지 메시지를 풀어낼 내 마지막 이야기에 조금만 더 주목해주길 바란다.

최고수들에게 배우다

이 책을 쓰는 동안 나는 그동안 직장생활을 하며 맺어온 주요 인간관계를 쭉 언급했다. 하지만 그중에서도 특별히 2가지 관계에 관해서는 앞에서 한 것보다 조금 더 설명을 덧붙이고 감사한 마음도 함께 전하고 싶다.

첫째는 이와타 사토루 사장과의 관계다. 지금까지 내 친구이자 멘토였던 그와의 중요한 회의나 대화를 묘사할 때 나는 주로 우리 의견이 어긋나거나 갈등을 빚는 상황에 초점을 맞추었다. 모두 둘도 없이 극적인 순간이었지만 어디까지나 평상시와는 다른 예외적인 사례였다.

사실을 말하자면, 우리는 뜻이 일치하는 경우가 훨씬 많았고 논쟁을 벌이기보다는 대부분 서로의 아이디어를 더 개선하고 발전시켜나가는 편이었다. 나로서는 이와타씨가 본인의 생각을 조기에 자주 공유해주고 내 조언과 서구적인 관점에 귀기울여준 것이 참으로 다행이었다. 그는 공개회의에서 내 의견과 제안 사항에 대하여 칭찬하곤 했는데, 그런 것이 일본 기업에서는 정말 보기 드문 모습이었다. 또 이와타씨는 닌텐도 유럽 지사의 회의에도 나를 몇 번인가 초대해 그쪽의 성과와 미래 계획에 관해 내 의견을 묻기도 했다. 나는 한편에서 그를 보필하며 게임 업계의 판을 뒤집고 또 그의 임기 동안 닌텐도가 전 세계적으로 엄청난 성과를 올리는 데 일조했다는 사실이 자랑스러웠다.

둘째는 미야모토 시게루씨와의 관계다. 그와는 이와타씨를 대할 때보다 훨씬 격식을 갖춘 사이였지만 나는 그의 창의력과 천재성을 곳곳에서 접할 수 있었다. 미야모토씨를 만나는 자리는 교토 본사에서 그룹 전략 회의를 하거나 신제품을 검토할 때가 대부분이었다. 이런 회의 시간에 그가 질문을 던지는 경우는 그리 많지 않았다. 그보다는 혼자서 가죽 커버로 된 작은 공책에 무언가를 쓰거나 그릴 때가 많았다. 나는 닌텐도에 입사한 초기에 그와 점심을 함께하면서 공책에 무엇을 적느냐고 물었다.

"레지씨, 내가 이런저런 아이디어를 포착하느라 그래요. 항상 새로운 아이디어를 생각하고 있거든요."

이런 모습은 몇 년 뒤에 미야모토씨가 신제품 출시 행사로 뉴욕시를 찾았을 때 또 볼 수 있었다. 당시 그의 곁에는 본사 홍보 책임자이자 통역 담당인 미나가와씨가 함께했다. 미나가와씨는 미국을 방문하면 매번 그러듯이 저녁을 먹고서 나와 술을 한잔하러 갔다. 나는 스카치위스키를 좋아하는 그의 취향을 알고 뉴욕에서 가장 오래된 식당 중 하나이자 최고급 위스키와 와인이 즐비한 킨스 스테이크하우스Keens Steakhouse에 미리 예약해둔 상태였다.

호텔 로비에서 미나가와씨를 기다리는데 갑자기 그에게서 전화가 왔다. "레지, 미야모토씨가 우리 자리에 같이 끼고 싶으시다는 데 괜찮나요?"

"물론이죠. 재밌겠는걸요. 그런데 미야모토씨가 술을 안 드신다고 들었는데요. 우리가 한잔씩 하는 동안 뭘 하시려는 거죠?"

"레지, 미야모토씨는 그냥 당신하고 같이 편하게 시간을 보내고 싶으시대요. 커피를 정말 좋아하는 분이니까 막 내린 신선한 커피만 있으면 괜찮을 거예요."

우리는 식당에 자리를 잡았다. 미야모토씨는 블랙커피를, 미나가와씨는 30년산 스카치위스키를, 나는 보르도 와인을 주문했다. 가운데 앉은 사람은 미나가와씨로, 미야모토씨가 하는 말을 내게 영어로 통역해주고 또 반대로 미야모토씨(영어를 꽤 잘 알아듣는 편이었다)가 복잡한 영어 단어나 개념을 이해하도록 도왔다.

이야기를 나누다 보니 어느새 미야모토씨는 식당 천장을 주시하고 있었다. 대가 얇고 기다란 담배 파이프가 무수히 걸려 있는 모습에 주목한 것이었다.

"레지씨, 이 담배 파이프들은 왜 이렇게 걸려 있는 거죠?"

얕은 역사 지식이지만 내가 알기로 17-18세기 미국에서는 지역 술집이나 여관의 단골손님들이 담배 파이프를 가게에 맡겨놓고 다녔다고 한다. 점토로 만든 파이프가 워낙 깨지기 쉬운 탓에 이런 식당에 가져다놓고 줄곧 보관한 것이다. 단골손님들은 식사가 끝나면 각자의 파이프로 담배를 태우곤 했다. 나는 미야모토씨에게 그렇게 설명했지만 그 정도로는 부족하다는 대답이 돌아왔다. "여기에 어떤 사연이 있는 건지 조금 더 알고 싶네요." 그래서 종업원을 불러 천장의 담배 파이프에 관해 물었지만 그쪽도 내가 아는 것과 별 다를 바 없었다. 우리는 계속해서 다른 종업원들에게도 질문을 던졌다. 그리고 웨이터장을 시작으로 홀 지배인을 거쳐 총지배인에 이르러서 마침내 시어도어 루즈벨트[Theodore Roosevelt], 베이브 루스[Babe Ruth], 더글러스 맥아더[Douglas MacArthur] 같은 명사들이 포함된 파이프 클럽[Pipe Club]에 관하여 자세한 이야기가 나왔다. 총지배인은 그보다 더 근래 이 식당에 파이프를 맡긴 유명인사들의 이름도 언급했다.

미야모토씨는 미나가와씨의 통역으로 이야기를 전해 들으며 줄곧 미소를 지었다. 그는 곧 고개를 젖혀 천장의 담배 파이프들을 지긋이 바라보았다. 그 순간 나는 미야모토씨의 머릿속에서 온갖 아이디어가 소용돌이치는 모습을 상상했다. 만약 앞으로 언젠가 새로운 닌텐도 게임을 하다가 천장에 길고 가느다란 담배 파이프들이 들어찬 공간이 등장한다면 그 아이디어가 어디서 나왔는지 다들 기억해주기 바란다.

지난 수년간 게임업계에서 가장 창의적이고 혁신적인 두 사람, 미야모토씨 그리고 이와타씨와 함께 일하며 많은 것을 배울 수 있었던 것이 내게는 얼마나 다행이었는지 모른다.

아무래도 아닌 일

닌텐도를 떠난 뒤에도 나는 새로운 교훈을 얻고 시장의 판을 뒤집을 방법을 계속 찾았다. 그러다가 게임스탑 이사회의 일원으로 떠들썩한 한 해를 보낸 뒤 나는 그 자리에서 물러나기로 결정했다. 처음에 내가 게임스탑과 손을 잡은 이유는 미국 내 500대 기업 중 하나인 이 회사가 다시금 입지를 다지고 혁신하는 데 보탬이 되리라고 보았기 때문이다. 그러나 증권가의 전망은 그 반대였다.

당시 대형 헤지펀드들은 게임스탑의 주식을 '공매도'●하는 데 힘썼다. 투자 관점에서 이 회사 주가가 오르지 않고 떨어지리라고 내다본 것이었다. 내가 2020년 4월로 예정된 이사회 합류를 앞두고 게임스탑의 최고경영자나 다른 이사들과 대화를 나눌 무렵, 주가는 한 주당 5달러가 채 되지 않았고 금융시장은 신형 플레이스테이션과 엑스박스가 출시되는 연말 이전에 이 회사가 파산할 것으로 예상했다. 게다가 그해 봄에 코로나19 사태가 터지면서 하방 압력은 더욱 가중되었다.

그런 와중에 게임스탑 경영진은 이사회의 감독과 지원 아래 필요한 일들을 물밑에서 착착 진행하고 있었다. 전염병 사태로 한정된 시간만 영업하거나 아예 쉬는 점포들이 많았던 탓에 본사는 각지의 상가 건물주들과 협상하여 임대료를 낮추려 애썼다. 또 소비자가 원하는 상품을 실제 매장에서나 게임스탑 웹사

● 주식을 빌려서 판 뒤 주가가 떨어지면 해당 주식을 싸게 사들여 대여자에게 갚는 식으로 차익을 얻는 방법

이트에서나 똑같이 구매할 수 있도록 온라인판매 서비스에도 투자를 늘려갔다. 경영진은 연말연시 쇼핑 시즌에 큰 실적을 올리는 데 필요한 인기 상품들을 확보하기 위해 여러 게임 제조사와도 꾸준히 교섭을 진행했다.

그렇게 코로나19 대유행기에 생존할 길을 모색하고 채무를 일부분 청산하면서 게임스탑의 주가는 2020년 가을 동안 기존의 2배 이상으로 뛰어올랐다.

그런데 한편에서 훨씬 더 큰 기회를 엿보던 투자자가 하나 있었다. 바로 성공한 온라인 애완용품 판매업체 츄이^{Chewy}의 공동 창업자 라이언 코헨^{Ryan Cohen}으로, 그는 그동안 게임스탑의 전체 지분 가운데 약 10퍼센트에 달하는 주식을 끌어모은 상태였다. 내가 이사로 선임되기 바로 전년도에는 그에게 이사회에 합류해달라는 요청도 있었다. 이내 사양하겠다는 말이 돌아왔지만, 확실히 그는 이 회사에 흥미를 느끼고 있었다.

2020년 11월, 라이언은 게임스탑 이사회에 보낸 편지를 대중에게 공개했다. 사측에 많은 변화를 촉구하는 글이었는데 실상은 이미 모두 진행중인 사안들이었다. 경영진은 대주주와 공공연히 설전을 벌이기보다 라이언과 함께 츄이 출신의 전직 임원 2명을 이사로 받아들이길 택했다. 참가 시점은 2021년 1월이었고 함께 발표된 계획은 이후 6월에 열릴 주주총회를 기점으로 이사회 규모를 축소한다는 것이었다. 당시에 내 이름은 차기 이사진 명단에 포함되어 있었다.

일단 나는 이사직 연임 여부를 결정하기 전에 새로운 이사들과 일련의 소통을 시도했다. 그들이 어떤 사람이고 그간의 이력과 앞으로의 계획이 어떤지 궁금했기 때문이다. 물론 그 중심에는 그들이 전략적인 혜안과 혁신적인 아이디어를 갖춘 파트너를 찾는지 아니면 그저 자기들 말만 듣고 따를 거수기를 원하는지 알고 싶은 마음이 있었다.

마침 이사회 내에 새로 전략기획 및 자본배분위원회^{Strategic} ^{Planning and Capital Allocation Committee}를 만들기 위해 논의가 진행되고 있었다. 회사에 주어진 모든 잠재적 선택지를 전략적 관점에서 깊이 검토하는 그런 기구였다. 나는 이 위원회의 일원이 되어 게임스탑의 혁신안을 살피는 일을 맡겠다고 제안했다. 분명 일리가 있는 소리였다. 이사회에서 이쪽 업계를 가장 잘 아는 사람은 나였으니까. 내게는 게임스탑 고객들에게 단순히 소니나 닌텐도 같은 게임기 제조사 웹사이트에서 소프트웨어를 다운로드해 얻는 것보다 훨씬 값진 서비스를 제공할 아이디어도 적진 않았다. 또 나는 과거에 게임 회사 소속으로 게임스탑과 거래를 해왔고 일반 소비자의 위치에서 게임스탑 매장을 애용해왔다. 그만큼 이 회사가 어떤 점에서 불만스러운지 또 어떤 부문에서 가능성이 있는지도 잘 알았다.

하지만 내게 돌아온 대답은 '거절'이었다. 그들은 이 위원회를 소규모로 운영할 생각이라고 말했다. 일을 신속하게 처리하고 싶어서 그렇다지만, 내 귀에는 본인들이 정한 방향에 토를

다는 사람은 원치 않는다는 뜻으로 들렸다.

내 머릿속에는 경고음이 울려 퍼졌다. 라이언이 세계 최대의 애완용품 기업인 펫스마트^{PetSmart}에 츄이를 매각할 때 츄이의 가치는 10억 달러 정도였다. 게임스탑은 50억 달러 규모의 회사였고 자사 웹사이트를 통해서 이미 10억 달러에 가까운 상품 판매 수익을 올리는 중이었다. 분야가 완전히 달랐다. 시장에 관여하는 인자나 전반적인 규모 등이 너무나도 달랐다.

게다가 기업지배구조가 다르다는 점도 걱정스러웠다. 라이언이 경영하던 시절의 츄이는 개인회사였다. 즉 그가 무엇이든 마음대로 할 수 있는 곳이었다. 게임스탑에는 회사의 일거수일투족을 알려야 하는 주주들이 있었고 꼭 준수해야 하는 관리 규범이 있었다.

이러한 대화가 있고 얼마 지나지 않아서 나는 라이언에게 이사직을 연임하지 않겠다고 뜻을 전달했다. 실제로 전직 츄이 임원들을 제외하고 나를 포함한 모든 사외이사들이 게임스탑 이사회를 떠나기로 했다.

● 혁신을 위한 핵심 ●

판을 뒤집는 혁신도 우선 진실성이 뒷받침되어야 한다. 이사회의 일원으로든 실제 경영을 하는 위치에서든 언제나 관건은 중요한 핵심 원칙들을 충실히 따르면서 변화를 추구하는 것이다. 만약 두 가지를 동시에 이룰 수 없다면 그 자리를 떠나 변혁을 일으킬 또다른 날을 기약하라.

게임은 계속된다

현재 나는 한 사람의 투자자이자 조언자로서 게임 비즈니스에 계속 관여하고 있다. 이 업계에 친구들이나 예전 회사일로 아는 사람들이 많은 만큼 아직 개발중인 아이디어를 일찍 접할 기회도 종종 생긴다. 이제 그런 과정에서 만난 젊은 기업 리더들, 획기적인 발상으로 게임업계의 판을 뒤집길 꿈꾸는 이들에게 나는 멘토로서 다가가고 있다.

퇴직 이후에는 창의적인 여러 프로젝트에 동참하는 행운이 계속 따랐다. 그중에서 제일 신나는 것은 뉴욕비디오게임비평단의 설립자 해럴드 골드버그, 아카데미상 수상작 제작자이자 코넬대학교 동문인 라이언 실버트$^{Ryan Silbert}$와 함께 진행중인 게임 관련 다큐멘터리 제작 일이다. 다만 콘텐츠를 완성하기까지는 아직 갈 길이 멀어서 자세한 내용이나 발표 시기를 밝히기는 어렵다. 여하튼 이러한 영상 작업과 인터넷방송 등은 차세대 리더들에게 영감을 불어넣고 자신감을 더해주자는 내 나름의 사명을 진척시키는 데 분명 도움이 될 것이다. 그 가능성 앞에 지금 내 마음은 한껏 들떠있다.

기업 이사회 활동과 새로운 프로젝트들은 나날이 커져가는 파괴적 혁신의 가치를 생각해보기에 충분한 시간을 주었다. 우리가 사는 세상은 끊임없이 바뀌고 있다. 비즈니스, 기후, 정치, 사회정의 등 어느 분야나 마찬가지다. 하지만 해법이랍시고 내놓는 것들은 늘상 그대로이고 허구한 날 낡고 고리타분한 각본과 전술에 기대기만 한다.

이런 구닥다리 해법과 더불어 우리를 더욱 힘든 상황으로 밀어넣는 것은 모험에 대한 두려움이다. 흔히 사람들은 일을 너무 강하게 밀어붙이거나 지금과는 완전히 다른 방향을 제안하면 주위의 반감을 살 것이라고 걱정부터 한다. '퇴짜'를 맞고 싶지 않아서 말이다.

우리가 살며 일하며 공존하는 이 시대는 거대하고 복잡한 문제들을 마주하고 있다. 과거의 사고방식만 고수하고 다른 길을 택하는 데 겁만 내서는 제대로 된 해결책이 나올 리 없다. 기꺼이 판을 흔들고 뒤집어야 한다. 파괴적 혁신은 획기적인 발상을 낳고 문제를 더욱더 효과적으로 해결하는 길을 열어준다.

이제 우리가 해야 할 일은 각자의 인생 항로에 올바른 목표점을 찍고 새로운 사고방식, 새로운 접근법과 함께 공격적으로 나아가는 것이다. 변화를 주도하라. 파괴적 혁신을 만들자.

감사의 말

그동안 내 삶의 여정에는 수많은 코치와 멘토, 후원자들을 만나는 축복이 함께했다.

내 인생의 첫번째 코치는 부모님이었다. 두 분은 옳고 그름을 분별하는 법과 각종 원칙의 근본적인 가치를 가르쳐주셨다. 안타깝게도 아버지는 이 책을 막 쓰기 시작할 무렵에 돌아가셨다. 어머니는 우리 가족의 옛이야기를 쓰는 나를 위해 오래된 사진들을 꺼내어 세세한 내용을 바로잡아주셨다. 그러다가 그 시절에 어머니가 몰랐던 나의 이런저런 일화를 듣고서는 오히려 놀라셨다.

중고등학교 시절에는 늘 어울려 다니는 좋은 친구들이 있었다. 몇 년 전에는 당시 가장 친했던 친구들 4명과 다시 연락이 닿았는데 우리는 이 모임에 브렌트우드 파이브라는 이름을 붙였다. 다들 그간 훌륭한 경력을 쌓고 행복한 가정을 꾸려온 덕분에 우리가 만나서 나누는 대화에는 옛 추억담과 새로운 경험담이 멋지게 균형을 이루고 있다. 내가 이 원고를 쓰면서 중심을 잘 잡을 수 있었던 데는 녀석들의 공이 컸다.

브렌트우드 친구들과 마찬가지로 코넬대학교에서 사귄 친구들과 파이시그마카파[Phi Sigma Kappa]●의 감마 지부 회원들, 직장생활을 하며 한 단계 한 단계 밟아가는 동안 만난 동료들 역시 나의 성장에 도움을 주었다. 특히 닌텐도 재임 기간에 알게 된 친구들과 동료들이 그러했는데, 그 수가 너무 많아서 일일이 언급하지 못할 정도다. 그들이 내게 보여준 우정과 성원에 감사하다는 말을 전한다.

이 책의 곳곳에서 나는 그간의 여정에 큰 힘이 되어준 멘토들을 이야기해왔다. 코넬대학교의 에이플린 교수님과 앤더슨 교수님. P&G의 밥 길. 기네스와 더비사이클의 개리 매튜스. VH1의 존 사이크스. 닌텐도의 이와타 사토루. 이들 한 사람 한 사람은 내가 비즈니스 리더이자 하나의 인간으로 제 틀을 갖추는 데 있어 더없이 귀중한 존재였다.

이 책이 출간된 것은 내가 퇴직한 직후 골린(닌텐도 오브 아메리카의 홍보대행사)의 명예 회장 프레드 쿡이 우리집을 방문한 덕분이었다. 그는 우리 부부와 함께 저녁을 들면서 저서인 『즉흥[Improvise]』에 관해 이야기했고 나에게도 책을 써보라고 권했다.

● 학업과 사교 활동을 중심으로 한 유서 깊은 남학생 서클로, 북미 지역의 여러 대학교에 지부가 설립되어 있다.

내친김에 그는 출판 전문가 브루스 웩슬러에게 나를 소개했다. 장르를 막론하고 수많은 베스트셀러의 탄생에 기여해온 브루스는 전체 개요와 각 장의 내용을 빈틈없이 살피고 원고 편집까지 맡았다. 그가 손을 댈 때마다 이 책은 한층 멋지게 변했다.

코로나19 사태와 물류 대란을 겪는 와중에 새라 켄드릭, 론 하위징아, 시슬리 액스턴을 비롯한 하퍼콜린스 리더십^{HarperCollins Leadership}의 전 직원들은 이 초보 작가가 책을 쓰는 과정에서 길을 잃지 않도록 끊임없이 도움의 손길을 내밀었다. 숱한 고난 속에서 이 도전을 행복한 경험으로 탈바꿈시켜준 그들에게 고마움을 전하고 싶다.

하워드 윤과 바버라 헨드릭스, 니나 노촐리노, 이 세 사람은 끝없이 의문을 품고 다른 방향을 모색하길 바라던 내가 이 프로젝트를 계속 추진할 수 있도록 힘써준 보물 같은 조력자들이었다.

나는 성심성의껏 교정작업을 맡아준 두 사람에게도 참으로 고맙다고 말하고 싶다. 내 아내 스테이시는 원고에서 중복되는 표현들을 모두 잡아내고 글을 어떻게 고치면 좋을지 여러모로 고민해주었다. 또 처제인 에이미 루스는 기꺼이 시간을 내어 뛰어난 문법 지식으로 내 글을 꼼꼼하게 검토해주었다. 만약 이 책에서『시카고 스타일 매뉴얼^{The Chicago Manual of Style}』에 어긋나는 부분이 보인다면 그건 전적으로 내 잘못이다.

그리고 앞서 이름을 밝혔던 분들에 더하여 다음 분들께도 특별한 감사의 말씀을 전한다. 제니퍼 아처, 앨리슨 홀트 브러멜 캄프, 지미 팰런, 릭 플램, 캐리 버그스트롬 홀스, 켄 칼웰, 조지 해리슨, 짐 헨더슨, 브랜든 힐, 스티븐 존스, 데이브 카스, 제프 케일리, 마크 켈러, 릭 레슬리, 돔 마이올로, 칩 마텔라, P.J. 맥닐리, 안나 네로, 브루스 레인스, 아르준 센, 케빈 셰리, 라이언 실버트, 스티브 싱어, 재컬리 스토리, 레슬리 스완, 리안 라미레즈 스비어크, 앤드루 스위낸드, 아일린 태너, 롭 톰슨, 크리스티 톰킨스, 리사 즐로트닉.

끝으로 이 책을 읽어주신 독자 여러분 그리고 여러 행사와 온라인으로 나를 계속 찾아주시는 모든 분께 감사의 말씀을 드린다. 내가 살아온 이야기와 나름의 통찰이 부디 여러분의 인생 여정에서 현상을 타파하는 데 도움이 되었길 바란다.

우리의 임무는
게임을 만드는 것입니다

초판 인쇄   2024년 10월 17일
초판 발행   2024년 10월 31일

지은이   레지널드 피서메이
옮긴이   서종기

책임편집   심재헌
편집   김승욱 이도이
디자인   조아름
마케팅   김도윤 김예은
브랜딩   함유지 함근아 박민재 김희숙 이송이
        박다솔 조다현 정승민 배진성
제작   강신은 김동욱 이순호

발행인   김승욱
펴낸곳   이콘출판(주)
출판등록   2003년 3월 12일 제406-2003-059호
주소   10881 경기도 파주시 회동길 455-3
전자우편   book@econbook.com
전화   031-8071-8677(편집부) 031-8071-8681(마케팅부)
팩스   031-8071-8672
ISBN   979-11-89318-63-5 03320